Guillaume Paoli

Die lange Nacht der Metamorphose

Über die Gentrifizierung der Kultur

Matthes & Seitz Berlin

Inhalt

Prolog: #theorierecycling

Nach den Regeln der intellektuellen Konfektionsindustrie muss ein Buch, sobald es einen theoretischen Anspruch erhebt, eine eigentümliche Begriffsschöpfung in sich tragen. Der Leitsatz der Branche lautet: Einzige Aufgabe des Philosophen ist, stets von Neuem Begriffe zu schneidern. In der hart umkämpften Welt des *Prêt-à-penser* konkurrieren die Topmodelle der Deutung um die beschränkte Aufmerksamkeit einer übersichtlichen Klientel. Ein Autor macht sich durch sein eigenes Vokabular identifizierbar. Hier wie überall kennt die Akzeleration keinen Halt. Manche Nachwuchstheoretiker bringen es bereits fertig, alle fünf Minuten einen neuen Begriff per Twitter in die Welt zu schleudern. Dieser wird dann von Followern wie ein Abzeichen getragen, um die Zugehörigkeit zu einem bestimmten Denktrend zu signalisieren. Dabei müssen Begriffsschneider so wenig fürchten, von Kollegen widerlegt zu werden, wie sie selbst andere widerlegen wollen. Das wäre so unflätig, wie wenn auf dem Laufsteg zwei Mannequins anfingen, sich zu prügeln. Die Zeit der großen Duelle ist vorüber. Alle leben in friedlicher Koexistenz, sitzen artig in denselben Talkshows, liefern nacheinander ihre eigene Interpretation des Weltgeschehens und beglückwünschen sich gegenseitig für die anregende Debatte. Jeder soll nach seinem Jargon selig werden. Von den Jargonauten dürfen wir aber nicht erwarten, dass sie das Goldene Vlies finden. Sie haben es zur Chimäre erklärt.

Selbstverständlich reicht es für einen saisonalen Neologismus nicht aus, neu zu sein. Er muss auch vor *Radikali-*

tät strotzen, *unkonventionelle Antworten* liefern, einen *verstörenden Blick* auf das Gewöhnliche werfen, den Leser *provozieren* und ihn zum *Umdenken* bringen. Ließe sich der Zustand der Kultur nach den Klappentexten der Bestseller beurteilen, erlebten wir die permanente Revolution. Seltsam ist nur, dass man zur gleichen Zeit überall hören kann: Hilfe, wir ersticken zwischen den aufgeblähten Zitzen der Konsenskultur! Alles scheint voraussehbar, selbstgefällig und lau. Wegen Konformismus beklagen sich ja alle über alle: die Journalisten über die Medien, die Leser über die Journalisten, die Literaturkritiker über die Nachwuchsautoren, die Professoren über ihre Studenten, die Restaurantgäste über die Gastronomie, die Hipster über ihre gentrifizierte Umgebung, und überhaupt: die Deutschen über die Deutschen. Es scheint also einen allgemeinen Konsens über die Unerträglichkeit des Konsenses zu geben. Nichts ist konformistischer, als den Konformismus anzuprangern. Entsprechend schwierig erweist sich die Suche nach ungebahnten Wegen. Doch wieder und wieder treten eloquente bis brillante Redner auf die Bühne, die ihre Zuhörer mit einer gut dosierten Mischung aus Professoralität und Unterhaltung zu fesseln wissen, welche den geistigen Appetit so nachhaltig befriedigt wie Zuckerwatte.

Die übliche Erklärung für die wunderbare Begriffsvermehrung lautet: Da die Welt immer komplexer und abstrakter wird, bedürfen Theorien, die ihr gerecht werden wollen, eines immer höheren Niveaus an Komplexität und Abstraktion. Auf den ersten Blick ist die Erläuterung plausibel. In der Tat sind viele plumpe, unterkomplexe Erklärungen im Umlauf, und sie machen uns das Leben nicht einfacher. Doch ist das Argument ein trügerisches. Wer mit unentwirrbaren Problembündeln überfordert ist, wäre gut beraten, dem Vorschlag zu folgen: *Simplify!* Das gute alte Rasiermesser des Wilhelm von Ockham muss her. Zur Erinnerung: Es war gerade seine Empörung gegen die Komplexität, die Kopernikus dazu brachte, ein einfacheres, eleganteres Weltbild zu entwerfen. Allein aus ästhetischen Gründen konnte er sich mit dem vertrackten ptolemäischen System und dessen wuchernden Epizyklen nicht abfinden. Gott konnte doch nicht so schlampig gewesen sein! Freilich geht es uns heute nicht mehr darum, Gottes Plan zu entschlüsseln (außerdem ist hoffentlich keiner so größenwahnsinnig, sich für Kopernikus zu halten). Wir wären schon damit zufrieden, wenn unsere Lebensumstände einigermaßen entzifferbar wären. Dabei haben wir gelernt, dass Komplexität auch ein Alibi ist, mittels welchen Experten sich einer demokratischen Kontrolle entziehen. Denken wir an die Finanzsphäre. Wer hat schon den Überblick über hochabstrakte Konstrukte wie Subprimes, Derivate oder Credit Default Swaps? Und wer will ihn überhaupt haben? Gezielt wurde ein undurchsichtiges System errichtet, damit Gemeinsterbliche nicht erahnen können, was mit ihrem Geld geschieht (2008 wurde offenkundig, dass selbst die Finanzjongleure keinen Überblick hatten, doch änderte das nichts an der Toxizität ihrer Fabrikate). In diesem Fall zumindest kann als sicher gelten: Selbstermächtigung geht nur mit dem Abbau der Komplexität und der Aufstellung klar definierter Regeln einher.

Während der fünf Jahre, die ich in Leipzig meine philosophische Praxis betrieb, verwendete ich viel Energie darauf, meine sich ihrer mangelnden Kenntnisse schämenden Gäste davon zu überzeugen, das Denken sei zu kostbar, um es den Berufstheoretikern zu überlassen. Wer das tut, schwelgt in jener selbst verschuldeten Unmündigkeit, von der einst das Projekt der Aufklärung den Menschen zu befreien versprach. Gewiss ist die Anstrengung des Begriffs nicht jedem ohne Weiteres zugänglich. Aber so wie die finanzielle sollte die theoretische Expertise überprüfbar sein. Meinen Besuchern empfahl ich einen kleinen Test, der von einer Forderung Noam Chomskys inspiriert ist: Die Kompetenz fähiger Physiker, Laien hochabstrakte Gegenstände wie schwarze Löcher oder Gravitationswellen verständlich machen zu können, indem sie die ganze Mathematik weglassen, auf Details verzichten und zusammenfassen, worum es im Großen und Ganzen geht, sollte – so Chomsky – auch von einem Linguisten, Poststrukturalisten oder einem Soziologen erwartet werden – und erst recht von einem spekulativen Realisten, möchte man anfügen. Verlangt also nach Erklärungen in gemeingebräuchlichen Worten! Denn ist der Baum der Erkenntnis einmal vom Weihnachtsschmuck der Phrasendrescherei entblößt, weist er allzu oft ein ärmliches Geäst auf. Betrübliche Plattitüden wie: Rassismus ist böse. Kapitalismus ist ungerecht. Alles ist relativ.

Es sind zu viele Begriffe unterwegs. Wie die monetäre kommt die semantische Hyperinflation einer Hyperentwertung gleich. Wer zum Einkaufen eine Schubkarre voller Geldscheine braucht, ist nicht deswegen reicher. Die geistige Ökologie gebietet, die Produktion zu verringern. In dieser Domäne wie in der materiellen heißt also der bewusste Umgang: *Recycling*. Gebrauchte Theorien werden gesammelt und aussortiert, abgenutzte Teile von wiederverwertbaren getrennt, ideologische Giftstoffe entsorgt. Eher sollten wir von theoretischem *Upcycling* sprechen, bei dem es nicht darum geht, alte Ideen kaputt zu schlagen, sondern ihnen in Kombination mit anderen Teilen einen höheren Wert zu geben, so wie aus alten Autoreifen und Plastikschnüren Flipflops hergestellt werden. Was verwendet werden kann, wird verwendet. Das, was sich nach genauerer Prüfung als redundant oder inkonsistent erweist, kann weg.

In diesem Sinne unterscheidet sich der Recyclinghof

grundlegend vom geläufigen intellektuellen Baumarkt. Wie wir wissen, ist seit Foucault unter Denkern üblich, die eigene Produktion als »Werkzeugkiste« anzubieten. Die Metapher zeugt von falscher Bescheidenheit: »Ich liefere nur das Werkzeug; den Praktikern oder zumindest der Leserschaft überlasse ich die Aufgabe, es richtig anzuwenden.« Das hört sich an wie ein Echo aus der Zeit, als stalinistische Bürgersöhne sich vor der Gestaltungsmacht der Arbeiterklasse – sprich der Partei – demütig verbeugten. Zudem kann sich der Theoretiker auf diese Weise der peinlichen Frage entziehen, welchen konkreten Nutzen seine Gedankenkonstrukte wohl hätten: »Für Anweisungen bin ich nicht zuständig, über den Gebrauch sollen Gruppen und Individuen selbst entscheiden.« Als ob die Gestalt eines Schraubendrehers seine Funktion, Schrauben zu drehen, nicht bedingen wurde! Zwar kann man mit dem Hammer philosophieren und mit einem Küchenmesser jemanden umbringen, vorausgesetzt, dass es scharf genug ist. Meistens stellt sich aber heraus, dass nur eine Anwendung der theoretischen Werkzeugkiste praktikabel ist und zwar: sie auseinanderzunehmen, um eine weitere Werkzeugkiste zusammenzustellen.

Dementsprechend werde ich im Folgenden keine These, sondern eine Hypothese aufstellen. Sie ist nicht meine, es gab sie schon. Wie eine vorgefundene Brille möchte ich sie anprobieren, testen, ob sie richtig sitzt und wie die Welt durch ihre Gläser aussieht. Anschließend wird sich vielleicht herausstellen, dass sie unbrauchbar ist und in die Mülltonne gehört. So entspräche die Methode in etwa der *reductio ad absurdum* der alten Logiker. Dafür müssen wir aber in einem ersten Schritt so tun, als ob die Behauptung absolut erwiesen und unwiderlegbar sei. Ohne Wenn und Aber. Behalten wir dabei die Anekdote über Niels Bohr und das Hufeisen im Kopf. Als Heisenberg einmal bei Bohr zu Besuch war, staunte er darüber, dass über seiner Tür ein Hufeisen hing. Auf die Frage, ob er etwa an Glücksbringer glaube, antwortete sein Gastgeber: »Natürlich nicht, aber es wird erzählt, dass es auch funktioniert, wenn man nicht daran glaubt.«

Mit dieser Brille auf der Nase begeben wir uns durch die »Lange Nacht der Metamorphose«. Darunter ist weder ein kulturpessimistischer Klagegesang noch ein zwangsoptimistischer Weckruf zu verstehen. Gemeint ist Folgendes: Bekanntlich werden in Großstädten öffentliche Einrichtungen periodisch für Events zu ungewöhnlichen Zeiten mit dem Ziel geöffnet, nach einem ruhelosen Tag die Aufmerksamkeit der überforderten Bewohner zu gewinnen. Auf die »Lange Nacht der Museen« folgte bald die »Lange Nacht der Wissenschaften«, dann unzählige andere, die manchmal eine unfreiwillige Komik aufweisen – was sollen wir von der »Langen Nacht der Religionen« halten? An diesen Brauch anknüpfend wird in der Langen Nacht der Metamorphose ein Shuttledienst durch ein Universum sonderbeleuchteter Erscheinungen der Jetztzeit angeboten, mit vielseitigem Programm für Jung und Alt.

1. Mutantengedanken

Nehmen wir vorübergehend diese Behauptung für unbezweifelbar: Eine *anthropologische Mutation* ist in vollem Gange. In letzter Zeit fand eine brachiale Veränderung statt, die die geistige Verfasstheit der Individuen betrifft. Sitten und Denkweisen, die vormals als selbstverständlich galten, scheinen nicht mehr nachvollziehbar, dafür werden Zustände akzeptiert, gegen die vergangene Generationen sofort auf die Barrikaden gegangen wären. Ohne dass eine physische Veränderung sichtbar wäre, unterscheidet sich der Jetztzeitgenosse in seiner Subjektivität, in seinem Bezug auf die äußere Welt, in seiner Art, mit anderen zu kommunizieren, in seiner Intimität, in seiner Kultur im weitesten Sinne des Wortes vom herkömmlichen Menschentyp so substanziell wie der Hund vom Wolf. Die Hypothese klingt erst einmal eher unseriös und wie aus einem schlechten Horrorstreifen, ich weiß. Einstweilen sei zur Begründung bloß ein subjektiver Eindruck erwähnt. Immer häufiger begegnen sich Menschen, die sich, obwohl sie in derselben Stadt leben, dieselbe Sprache teilen und mehr oder weniger demselben sozialen Milieu und derselben Altersgruppe angehören, auf eine ganz neuartige Art fremd sind. Die einen gerieren sich wie die letzten Mohikaner und halten an Dingen fest, die offenbar im Begriff sind zu entschwinden, während die anderen die ganze Positivität eines unaufhaltbaren Wandels auf ihrer Seite zu haben scheinen. Als ich verschiedene Leute auf diese mysteriöse Entwicklung ansprach, fiel in der Unterhaltung manchmal so ganz nebenbei der Terminus

»anthropologische Mutation«, als ob dieses Phänomen nun einmal allseits bekannt sei und keiner weiteren Erläuterung bedürfe. Woher stammt die Vorstellung? Sie wurde von keinem Philosophen oder Wissenschaftler aus der Taufe gehoben, sondern von einem Schriftsteller und Filmemacher. Seinerzeit verkündete Pier Paolo Pasolini, dass die Konsumgesellschaft einem Tsunami ähnlich die vertraute soziale Landschaft weggespült habe. Alle Eigenschaften, die Menschengruppen voneinander differenzierten (soziale Herkunft, Denkweise, Umgangssprache, Wertekodex, Sexualität, Fantasie) seien durch einen einheitlichen, radikal neuen Typus ersetzt worden. Wenn er dafür den Begriff der »anthropologischen Mutation« auswählte, dann eben um zu betonen, dass in seinen Augen die Transformation, obgleich er sie speziell in Italien beobachtete, ein planetares Ausmaß angenommen hatte. Es war nur eine Frage der Zeit, bis sie die entlegensten Regionen aller Kontinente heimsuchen würde. Und sie war unumkehrbar, weil zusammen mit der Welt von gestern die Bedingungen für eine alternative Zukunft unwiderruflich zerstört worden waren.

Es ist jetzt eine Weile her, als Pasolini seine kühne Hypothese äußerte. Wenn sie stimmt, dürfte der Umbruch in allerlei Gegenständen und Artefakten nachspürbar sein, so winzig und peripher diese auch immer sind. Wie seinerzeit Walter Benjamin von unscheinbaren Objekten eine ganze Welt herleitete, könnte eine symptomatologische Untersuchung nach und nach den Verlauf der Wasserscheide vorzeichnen, die das Gebiet vor der Mutation (v. d. M.) von dem Gebiet nach der Mutation (n. d. M) trennt. Dabei ist es ratsam, sich auf wenige Fallbeispiele zu beschränken. Tatsächlich wurde diese Übung bereits unternommen: In einem anregenden Essay machte sich der Schriftsteller Alessandro Baricco (auch ein Italiener) den »Barbaren« auf die Spur, und zwar, wie er betont, nicht um diese zu kritisieren (das ewige Dekadenz-Gejammer), sondern um sie zu verstehen. Dafür wählte er drei Beispiele aus: Fußball, Bücher, und Wein. Von Ersterem habe ich keine Ahnung, zum Zweiten kommen wir später, doch da mir Letzterer am Herzen liegt, möchte ich Bariccos Beispiel folgend mit ihm anfangen, sozusagen als Aperitif.

Diese eine Wandlung ist offensichtlich: Noch vor relativ kurzer Zeit wurde Wein allein in wenigen Ländern Europas getrunken, in noch weniger Regionen angebaut, und die edlen Tropfen stammten ausschließlich aus Frankreich und Italien. Heute wird er vornehmlich von Chinesen wie Amerikanern konsumiert und an immer mehr Flecken auf der Erde hergestellt. Auf den ersten Blick ist also die Veränderung bloß eine Ausbreitung, sie hängt mit der Globalisierung des Geschmacks und der Produktionsverhältnisse zusammen. Nur ist in dem Prozess alles verloren gegangen, was den Wein v. d. M. ausmachte. Angefangen mit seiner intimen Bindung zum *terroir.* Darunter wurden die physikalischen Begebenheiten des Bodens und die örtliche Sonneneinstrahlung verstanden, aber nicht nur. Im Grunde stellte das *terroir* den besonderen Bund zwischen Natur und Kultur dar, welcher von einem Weinbaugebiet zum anderen variierte. Es waren Erfahrungen und Praktiken, die über Jahrhunderte die lokalen Gegebenheiten transformiert hatten. Für die Veredelung eines Weines ist das *terroir* wichtiger als die Rebsorten. Hinzu kommt das göttliche Wunder, dass ein bestimmter Wein besonders mit Speisen harmoniert, die ausgerechnet in derselben Region vorzufinden sind. Ein Hautes-Côtes de Beaunes eignet sich kongenial zu einer Andouillette à la lyonnaise, Glasaale aus der Loire-Mündung zu einem gut gekühlten Muscadet. Der Gaumen ergötzt sich an der Vielfalt der Erfahrungen, die mit jedem Ortswechsel zunehmen.

Alles veränderte sich, als in den Siebzigerjahren (merken wir uns den Zeitpunkt: auf der Suche nach den Anfängen der Mutation werden wir immer wieder auf ihn stoßen) Propheten aus den USA eine häretische Botschaft predigten. Wein, verkündeten sie, lässt sich so gut wie überall anbauen. In den meisten Regionen der Welt ist genug Sonne da, der Boden lässt sich entsprechend aufarbeiten, einzige Voraussetzung ist eine gute Klimaanlage, um die Gärung zu regulieren. Plötzlich spielte das *terroir* nur noch eine untergeordnete Rolle. Das Hauptmerkmal, das auf den Etiketten n. d. M. hervorgehoben wird, ist die Rebsorte. Ein Merlot ist ein Merlot ist ein Merlot, ganz gleich, ob er aus Kalifornien, Südafrika oder Australien kommt. Weit davon entfernt, die Vielfalt zu fördern, führte die Ausbreitung des Weinbaus zu einer Angleichung (auf diese Paradoxie werden wir immer wieder stoßen). Auch der sakrale Bund zwischen Glas und Teller wurde aufgelöst; in einer hippen Enoteca wird eine beliebige Flasche n. d. M. mit Oliven, Avocado-Dips oder Sushi verkostet. In einem Wort: Der Wein wurde *deterritorialisiert.* (Auch diese Vokabel werden wir häufig antreffen.) Hier lässt sich bereits ein wichtiger Aspekt feststellen. Vom Standpunkt des Mutanten ist die Tatsache unannehmbar, dass ein bestimmtes Produkt nur an einem bestimmten Ort vorzufinden ist. Dahinter werden sowohl ein Verstoß gegen den Freihandel als auch spießiger Lokalchauvinismus geargwöhnt. Mutierte Weltbürger wollen in Deutschland ägyptische Kartoffeln essen, in Italien holländische Tomaten und in Burgund an einem kalifornischen Cabernet nippen können. Alles andere wäre rückwärtsgewandte Sozialromantik.

Zum Wesen des Weins v. d. M. gehörte seine Einbettung in die lange Zeit. Mit der Abfüllung war sein Leben längst nicht zu Ende. Über Jahre verbesserten sich die Flaschen, in passenden Kellern geduldig liegend, bis sie ihr Optimum erreichten. Zur allgemeinen Bildung eines Franzosen gehörte, die guten Jahrgänge auswendig zu lernen, um die richtige Flasche zu wählen und den idealen Zeitpunkt des Verzehrs nicht zu verpassen. Andächtig wurde der Saft von Reben genossen, welche vierzig Jahre zuvor von Winzern geerntet worden waren, die nun vermutlich unter der Erde lagen. Ludwig Feuerbach hatte recht: Das Abendmahl in flüssiger Gestalt war eine Kommunion mit dem Gott gewordenen Menschengeist, welcher über Generationen hinweg seine Gefälligkeiten schenkte. Chronologisches Wissen, geduldiges Warten, Pilgergang in den Keller, Zeitreise des Gaumens: Das ist jetzt alles Rausch von gestern. Der Wein n. d. M. hat keine Zeit. Ihn zu lagern wäre sinnlos, er wird für den schnellen Konsum gemacht, kann nicht in Würde altern. Sein Jahrgang ist eine überflüssige Information. Da treffen wir auf ein weiteres Merkmal der Mutation: das Gebot der unmittelbaren Verfügbarkeit. Der mobile Mensch hat keinen Keller. Dafür will er auf sein Wunschobjekt überall und jederzeit ohne Verzögerung zugreifen können. Wie Cola, Koks oder Computer wird sein Wein im Just-in-time-Verfahren produziert. Immer war mit einer Flasche v. d. M. das Risiko verbunden, sie könnte maderös oder verkorkt sein. Dank Kunstkorken oder Schraubverschluss bietet hingegen eine junge Flasche n. d. M. absolute Zuverlässigkeit.

Viele Weine waren kompliziert. Es war selten Liebe auf den ersten Schluck. Ihr Charakter war so schwer bestimmbar wie die Schönheit eines Gesichts. In beiden Fällen kommt der besondere Charme von einer unmerklichen Asymmetrie, ist also von einer Missbildung nie sehr weit entfernt. Standardisiert, unterkomplex, der *global wine* ähnelt dem mit Photoshop retuschierten Portrait eines schönheitsoperierten Models. Mit ihm ist keine böse Überraschung zu erwarten, aber auch keine gute. Eigentlich wird er für Menschen hergestellt, die keinen Wein mögen.

Auch die Sprache hat sich verändert. Es war nicht einfach, sich des önologischen Vokabulars zu bemächtigen, um die wechselreichen Empfindungen, die bei einer Verkostung aufkamen, genau zu charakterisieren. Dagegen besteht die Beschreibung eines mutierten Weines darin, den Katalog der aromatischen Extravaganzen durchzudeklinieren, die mit chemischen Hefen gewonnen werden: ein frischer Geschmack von schwarzen Beeren, Cassis und Kaffee. Nuancen von reifen Kirschen und dunkler Schokolade. Ein fruchtiger Duft von Pflaume und Veilchen. Elegante Anklänge von Brombeere und Leder, von feinen Balsam- und Eichennoten unterstrichen. Wie in der zeitgenössischen Kunst hat der Kurator die Oberhand über den Kritiker gewonnen. Er vermittelt, welche Flasche in welchem Kontext »relevant« ist, dabei spielt die Ästhetik der Etiketten eine wichtigere Rolle als der Inhalt.

All diese Bemerkungen können selbstverständlich nur von einem Noch-nicht-Mutierten kommen. Viele werde sie kopfschüttelnd als elitäres Gedöns abtun, stattdessen werden sie die Demokratisierung des Weinkonsums als Fortschritt loben und die Globalisierung des Geschmacks als unvermeidlich betrachten. Sie werden die Sehnsucht des Weingenießers auf eine Stufe mit der des Aristokraten stellen, der seufzend das Pläsier der Parforcejagd an einem dunstigen Morgen auf dem privaten Waldgrundstück vermisst. Sie werden eben wie Mutanten sprechen. Dafür haben sie auch starke Argumente. Gegen die Romantisierung der guten alten Zeit spricht die Tatsache, dass das Gros der Weinproduktion damals aus schlimmem, am liebsten mit Wasser verdünntem Fusel bestand. Nicht weniger als die modernen Weine war dieser Trank für den unmittelbaren Konsum gedacht, mit dem Unterschied, dass ein unvorsichtiger Verzehr für Magensäure und Kopfschmerzen sorgte, und er machte die Zunge blau. Immerhin sind die schlimmen Tafelweine verschwunden. In den Gebieten, wo sie angebaut worden waren, wurden sie von durchaus genießbaren Sorten ersetzt. Wer würde das beklagen? So viel ist klar: Früher berauschten sich Bauer und Proletarier auch nicht täglich mit Corton-Charlemagne. Nicht, dass ihnen edle Tropfen vorenthalten waren: Zu besonderen Anlässen wurde die liebevoll gelagerte Sonderflasche geöffnet, so wie die Sonntagskleidung angezogen wurde, um die Lumpenwoche hinter sich zu lassen. Der Genuss war heilig weil außerordentlich. Ist es aber ein Verlust, keinen Sonntagsanzug mehr zu tragen, dafür auch keinen Blaumann? Auch um diese Frage scheiden sich vormutierte und mutierte Geister.

Wie wir sehen, haftet unserer Hypothese ein Hauch von Hysterie und, blamabler noch, von Kulturpessimismus an. Dennoch, und genau das macht sie untersuchenswert, spukt die Idee in vielen Schriften und Aussagen der Gegenwart umher. So selten eine anthropologische Mutation explizit erwähnt wird, implizit ist sie in verschiedenen Denkrichtungen enthalten, die ansonsten wenig verbindet; ja man kann sagen, dass sie den gemeinsamen, unausgesprochenen Fluchtpunkt zweier entgegengesetzter Perspektiven darstellt: einer, die die Gegenwart uneingeschränkt bejaht, und einer, die sie radikal verwirft. Was die erste betrifft: Wenn von dem nie da gewesenen Wohlstand der westlichen Gesellschaft geschwärmt wird, von den technischen Errungenschaften, die alle Lebensbereiche revolutioniert haben, von der wachsenden Toleranz, der Wahlfreiheit und dem Frieden, die uns beschert sind, dann wird stillschweigend, doch kategorisch vorausgesetzt, wir hätten uns von einem historischen Menschentypus mit all seinen falschen Vorstellungen und abscheulichen Sitten definitiv verabschiedet. Freilich sei die Metamorphose noch nicht überall vollendet.

Offenbar bestehen noch Konflikte, doch werden deren Ursachen der Hartnäckigkeit von *Ewiggestrigen* zugeschrieben, ob religiöse Fundamentalisten, Homophobe, Rechtspopulisten, Gewerkschafter oder Raucher. Noch-nicht-Mutierte also, gegen die sich die Mutantenwelt wehren und ausweiten muss. In dieser Hinsicht besteht die Mutation aus einem Set von Meinungen, Geschmäckern, Korrektheiten und Verhaltensregeln, die nicht mehr hinterfragt werden, da dies sonst der schimpflichen Rückständigkeit verdächtig machen könnte. Die objektiven Bedingungen hätten sich halt verändert, und es zeuge vom Wirklichkeitssinn, sich entsprechend umzustellen. Um auf unser Beispiel zurückzukommen: Es spricht ein ultimatives Argument für die Mutation des Geschmacks. Mit der Klimaerwärmung verlieren die *terroirs* sowieso ihre Sondereigenschaften. Wegen veränderter Regen- und Einstrahlungsverhältnisse mussten eingegangene frühere Weinberge ohnehin aufgegeben werden. Anstatt der vergangenen Wonne nachzutrauern, sei es also ratsam, die Tropfen der Anpassung beherzt zu schlucken.

Auf der anderen Seite wird von vielen kritischen Theoretikern ein geradezu katastrophales Bild der Gegenwart gemalt. Gewiss lässt sich dafür zu Genüge Material finden. Auffällig ist allerdings, dass sich die düsteren Diagnosen nicht auf äußere Bedingungen beschränken wie technologische Innovationen, Arbeitsverhältnisse oder die ökologische Krise. Nachdrücklich wird beschrieben, wie sich diese Umbrüche in die Subjektivitäten und gar ins neuronale System eingegraben haben. Anhand zahlreicher Abhandlungen über Flexibilisierungsdrang, Selbstoptimierungswahn, Konsumsucht, Narzissmus und Depression wird ein Phantombild des Mutanten erstellt, selbst wenn dieser nicht beim Namen genannt wird. Die Bewohner des ausgeweiteten Westens hätten sich ihrem verwüsteten Milieu, durch

Verführung und Zwang, wohl oder übel derart angepasst, dass Korrektur nicht mehr denkbar sei, selbst wenn sie gewünscht wäre. Damit geht die Behauptung über die banale Feststellung hinaus, »wir« seien mit digitaler Revolution, Überbevölkerung oder Klimawandel dramatischen Veränderungen ausgesetzt. Der Schwerpunkt hat sich eben auf das »Wir«, das angebliche Passivsubjekt, verschoben. So meinte etwa Jaime Semprun, dass die Frage nicht mehr laute »Welche Welt werden wir unseren Kindern hinterlassen«, sondern umgekehrt: welche Kinder unserer Welt! So plausibel solche Feststellungen auch sind, es fragt sich unwillkürlich, an wen sie gerichtet sind und mit welcher Absicht. Wenn sie stimmen, dann warum überhaupt noch Bücher schreiben, anstatt seinen Garten zu bestellen? Wahrscheinlich gehen die Verfasser davon aus, dass genug Noch-nicht-Mutierte übrig bleiben, um ihre verzweifelte Hellsichtigkeit zu teilen. In manchen Fällen ist dabei ein gewisses Kokettieren mit dem vorgeführten Weltschmerz nicht auszuschließen. Von einem gut gepolsterten Lehrstuhl herab lässt sich die Zwecklosigkeit allen Widerstands mit stoischer Gleichmut wohl aushalten. Andererseits kann man nicht ausschließen, dass das Bildnis des Mutanten meistens einem bestimmten Darstellungsmodus zuzuschreiben ist. Gemeint ist jene »methodische Übertreibung« die Günther Anders (mit seiner *Antiquiertheit des Menschen* ein Pionier des Genres) beanspruchte. Anders meinte: Um gewisse Phänomene sichtbar zu machen, muss man sie überzeichnen. Sonst bleiben sie unbemerkt, der Hegel'schen Maxime getreu: Was bekannt ist, ist nicht erkannt. Tendenzen werden als vollendete Tatsachen in der Absicht beschrieben, die Vollendung noch abwenden zu können. Ob auch die uns als Leitmotiv dienende vorgefundene Brille mit Vergrößerungsgläsern ausgestattet ist, die Schärfe durch Entstellung bewirken? Wir werden sehen.

Nun wird die Hypothese jedoch ungewollt auch von klugen Köpfen genährt, die sie mit aller Vehemenz abweisen würden. Noch gibt es sie, die Vernunftoptimisten, die an die Kontinuität der menschlichen Erfahrung glauben, sei diese auch von gelegentlichen Betriebsunfällen gestört. Sie entwerfen rationale Lösungen, machen bescheidene Reformvorschläge, bauen auf technische Innovationen, ziehen Lehren aus der Vergangenheit, um sie in einer besseren Zukunft zu verwirklichen. Ihre Pläne strotzen vor gesundem Menschenverstand, man denke nur an die vielen Klimaforscher, die seit Jahren warnen und Pläne zur Schadstoffreduzierung entwerfen. Dennoch wirken sie seltsam unglaubwürdig und unrealistisch. Der Argumentationskette fehlt einfach ein Glied, nämlich das Subjekt, das sie verwirklichen könnte. Mit dem guten Willen, dem strategischen Sinn und der Durchsetzungskraft einer aufgeklärten Weltelite kann heute keiner mehr ernsthaft rechnen. Ebenso zweifelhaft ist allerdings die Vorstellung, eine kollektive Kraft (hieße sie Volk, Proletariat oder Multitude) könnte sich effektiv und affirmativ konstituieren, um die erwünschten Reformen durchzusetzen. Gelegentlich schaffen es zwar Gegenbewegungen, den Gang der Dinge zu drosseln (im Mutantensprech ist »Bremser« ein geläufiges Schimpfwort), aber für eine Kursänderung scheinen die Energien nicht zu reichen. Lange Zeit wurde heftig darüber gestritten, ob der richtige Weg Reform oder Revolution hieße. Mit der Mutation wurde der Streit auf merkwürdige Weise beigelegt: Selbst die bescheidenste Reform benötigte eine radikale Strukturänderung, um umgesetzt werden zu können; sie setzt also eine revolutionäre Erhebung voraus, die der auferlegten Bescheidenheit widersprechen würde. »Demokratisierung« oder »Klimawende« klingt heute nicht weniger utopisch als »Weltrevolution«. Solche Begriffe gehören zur vergangenen Ära. Bleibt nur die Reform als Synonym für Anpassungsmaßnahme.

Diesen Anfangsbemerkungen erläutern bereits, welchen methodologischen Vorteil die Mutationshypothese hat. Auf einmal wird die alte Opposition zwischen Fortschritt und Regression außer Kraft gesetzt. Durch die Verwandlung gingen manche Dinge verloren, andere wurden hinzugewonnen, doch Gewinne und Verluste können nicht in derselben Bilanz verrechnet werden, weil sie verschiedener Natur, ja inkommensurabel sind. Konservative und Fortschrittsfreunde stehen einfach auf verschiedenen Seiten der Metamorphose. Die einen können den Nutzen nicht nachvollziehen, der durch die Mutation entstanden ist. Die anderen können nicht erkennen, welche Vorteile des Alten verschollen gegangen sein sollen. Treffen sich der Hund und der Wolf. Sagt der Wolf zum Hund: »Wahrlich, deine Lebensweise wäre mir ein Gräuel! Gut dressiert. Immer fügsam. An der Leine geführt. Nur pinkeln dürfen, wenn der Besitzer es will. Du hast keine Ahnung von Freiheit!« »Falsch«, antwortet der Hund, »im Gegensatz zu dir bin ich gut versorgt und ernährt, ich lebe lang, gesund und friedlich. Wenn du nur wüsstest, wie kostbar Sicherheit ist!« Und ewig heulen sie aneinander vorbei. Offenbar birgt die Unterstellung einer Mutation auch eine Gefahr, nämlich die willkürliche Formierung unüberbrückbarer Fronten. Hier Freund, dort Feind. Es sei also deutlich gemacht, dass es zwischen Mutanten und nicht Mutierten keine klare Trennung gibt. Niemand wacht eines Morgens auf, um wie Gregor Samsa in Kafkas Erzählung festzustellen, er sei plötzlich in ein abstoßendes Ungeziefer verwandelt worden (wobei diese Empfindung keinem Arbeitnehmer ganz fremd sein dürfte). Es gibt allerlei Mischformen und Zwischenstufen. Wer kann schon sicher sein, dass ihm diskret hinter den Ohren keine Kiemen oder Flossen wachsen? Auch geistige Organe können sich mangels Gebrauchs so vollständig zurückbilden wie bei Menschenaffen der Schwanz, als jene aufhörten, sich von Ast zu Ast zu schwingen.

Per definitionem erfolgt eine Mutation als Anpassung an die veränderte Umwelt. Äußere, heterogene Faktoren mischen sich, um auf Kognition und Stoffwechsel gebündelt einzuwirken. Zum großen Teil geschehen diese Prozesse unbewusst. Und wenn sie überhaupt wahrgenommen werden, dann in einem ersten Schritt als lauter entfremdende Eingriffe. Bald erweist sich jedoch die Abwehrreaktion als wirkungslos gegenüber dem unaufhaltsamen, unwiderstehlichen Lauf der Dinge. Man mag diesen verteufeln, wie man will, die Wahl, nicht mitzumachen, ist nicht gegeben – es sein denn um den Preis eines schmerzhaften, solitären Ausstiegs. Allmählich mutiert also selbst die diskursive Verarbeitung der Mutation. Die vermeintliche Rationalisierung der Welt wird von der Rationalisierung im psychologischen Sinne flankiert: einer nachträglichen Rechtfertigung des Gewordenen. Der Akzent wird auf die positiven Aspekte des Prozesses verschoben. Es gelte, diese zu vervollständigen, um die negativen Effekte zu beseitigen. Mutierende werden aufgerufen, die Evolution mitzugestalten, anstatt von alternativen Wegen zu träumen, die nichts als Fehlanpassungen seien. Überhaupt wird die Gegenwart mit dem unschlagbaren Argument pauschal bejaht, früher sei es auch nicht besser gewesen. Ein Beispiel dazu liegt auf der Hand. Es ist nur wenige Jahre her, als Menschen, die im öffentlichen Raum ungeniert telefonierten und ihre unfreiwilligen Mithörer mit uninteressanten Details ihres Lebens belästigten, gemeinhin als asoziale Ungeheuer angesehen wurden. Jetzt regt sich niemand mehr auf, und das mit gutem Grund, denn mehr oder weniger dezent macht doch jeder mit.

Ich weiß schon. Spätestens jetzt kommt der Vorwurf: Das, was du Mutation nennst, ist ganz einfach ein Generationswechsel. Du hältst deine eigene Antiquiertheit für das Maß aller Dinge, verstehst nicht mehr, wie die *Millennials* ticken, und willst ihnen deine altbackenen Vorstellungen oberlehrerhaft aufdrängen. Das mag schon sein. Schließlich kann ich mich gut erinnern, wie mein Großvater Rockmusik, Entchristianisierung und Miniröcke für sichere Beweise des im Untergang befindlichen Abendlandes hielt. Das war es schon immer, definitionsgemäß ist Abenddämmerung seine Stunde, Zwielicht seine Atmosphäre. Und mit der heutigen allgemeinen Beschleunigung muss man kein Großvateralter mehr erreichen, um von den Zeitläufen überholt zu werden. Bereits Fünfundzwanzigjährige erzählen, dass sie mit den jüngeren Geschwistern in puncto Kommunikationsplattformen und Medien nicht mithalten können. Gegen die Reduzierung des Phänomens auf einen *generation gap* spricht jedoch einiges. Denn wie wir sehen werden, kann der Anfang der Mutation ziemlich genau datiert werden, nämlich auf die Siebzigerjahre. Das ist schon eine Weile her, und einige ihrer aktiven Förderer haben bereits ein fortgeschrittenes Alter erreicht, wenn sie nicht bereits tot und einbalsamiert sind. Es sind oft die Ü50er, die aus Angst vor Alterung jeden neuen Trend enthusiastisch mitmachen, so dusselig dieser auch immer sei. Andererseits bedeutet Mutation Anpassung, und es bleibt ein Attribut der Jugend, sich nicht anpassen zu wollen, selbst wenn das beinah unmöglich geworden ist. Vor allem kann heute von keinem Generationskonflikt die Rede sein. Gerade in dieser Hinsicht ist die Gegenwart radikal neu. Dazu eine Anekdote.

Die Geschichte ist schon lange her, sie ereignete sich Mitte der Neunziger. Ich sitze in England, genauer in Südyorkshire bei meinem Freund John, der Bergarbeiter gewesen war, bis nach einem hart gekämpften Streik die Kohlenreviere geschlossen wurden. Wir trinken Whisky und John entrollt seine Familiengeschichte im Schnelllauf. Besser gesagt, die Konflikte, die jeden Generationswechsel begleiteten. Angefangen mit dem Urgroßvater: Dieser, aus Irland nach Yorkshire eingewandert, schwört dem Katholizismus seiner Vorfahren ab. In der Bergarbeitergemeinde ist Methodismus Pflicht. So kommt es zum ersten Familienstreit. Zwei Jahrzehnte später wechselt der Sohn, Johns Großvater, zu den gottlosen Roten über. Und wieder bebt es am Küchentisch. Dem nächsten Sprössling wiederum, Johns Vater, ist die Labour-Bewegung zu zaghaft, er wird Kommunist. Erneuter Stoff für Zoff. Und schließlich rebelliert der junge John, langhaarig und linksradikal, gegen den autoritären Bürokratismus des Vaters. Der Kampf geht weiter. Diese Folge von Brüchen darf nicht täuschen, sagt John, denn paradoxerweise blieb damit eine Kontinuität gewährleistet. Jeder Vater erwartete von seinem Sohn, dass er sich gegen ihn auflehnen würde. So leidenschaftlich er die eigene Sache gegen die zersetzende Kraft der jungen Generation verteidigte, so ahnte er auch diffus, dass eine Art Entwicklungsgesetz mit im Spiel war. An jedem Küchentisch im Bergarbeiterdorf zeichnete sich fraktalartig ein Ebenbild der großen gesellschaftlichen Umwälzungen nach. Beim Suppenkochen wurde Geschichte gemacht. Schließlich glaubten alle an den sozialen Fortschritt. Eine reibungslose Nachahmung des Vergangenen wäre Verrat gewesen. Mochten die Väter den Protestantismus, Sozialismus oder Anarchismus der Söhne auch mit aller Kraft ablehnen, sie erkannten doch stillschweigend an, dass der Konflikt zur Erhaltung der Tradition beitrug, ebenjener grundlegenden Konflikttradition. Umgekehrt vergaßen die Söhne selbst in ihren hitzigsten Wutausbrüchen nicht, dass sie damit den Alten eine Ehre erwiesen. Die Erbschaft wurde gut gehütet. Die Weltanschauungen kamen und gingen, Hauptsache der kämpferische Geist blieb. Als John mit der Erzählung fertig ist, kommt sein Sohn Alan zufällig auf einen Besuch vorbei. Mittlerweile ist ziemlich viel Whisky geflossen, und John beginnt, Alan zu beschimpfen: »Und du, wann hast du jemals gekämpft? Wann wirst du endlich aufhören, den Schwanz einzuziehen?« Darauf fragt der Sohn, gegen wen er bloß kämpfen solle, er sei ja arbeitslos, lege am Wochenende höchstens etwas als DJ in einem angesagten Club auf. Der Streit eskaliert, bis schließlich John seinem Sohn einen Strick reicht: »Hier, nimm dir den und häng dich auf! Wer sich nicht wehrt, hat keine Daseinsberechtigung!« Jetzt wird es Alan zu viel. Seufzend verabschiedet er sich und schleicht nach Hause. Der Vater ist niedergeschmettert, wollte er doch eine vitale Reaktion des Sohnes provozieren, so zum Beispiel einen Schlag in sein Gesicht, genauso wie er sich früher mit seinem Vater (insgeheim liebevoll) prügelte. Nun ist klar: Der Faden ist definitiv gerissen. Es gibt keinen gemeinsamen Nenner mehr, keinen geteilten Boden, auf dem gestritten werden könnte. Alle Generationen sind zur ewigen Eintracht verdammt. An diesem dramatischen Abend verstand ich, welch irreparables Unheil Margaret Thatcher angerichtet hatte.

Zurück zur Mutation. Die Hypothese impliziert, dass sie nicht vollendet ist. Wir hätten sonst kein Wort mehr, um sie zu beschreiben. Vorläufig koexistieren dominante und rezessive Merkmale, und diese sind ungleich verteilt. Zunächst geografisch: Selbstverständlich ist der Prozess in den globalen Metropolen weiter fortgeschritten als in den Slums Lateinamerikas oder Afrikas. Daher suchen Touristen und NGO-Aktivisten ihre Rettung in der dort vermuteten »Ursprünglichkeit«. Und doch bleibt nirgends eine Nische übrig, die von der Verwandlung vollständig verschont wäre. Selbst die traditionellsten Landstriche sind an den Weltmarkt und die Finanzökonomie angeschlossen; das Verhalten der Einheimischen ist bereits von Fernsehserien, sozialen Netzwerken, Pornofilmen und Computerspielen geprägt.

Andererseits sind die Zentren alles andere als homogen. Unter den Bewohnern ist der Wandel je nach Bildungsniveau, Einkommen und Wohnort unterschiedlich fortgeschritten. Allmählich findet eine Vereinheitlichung statt, doch noch herrscht ein Regime der »Gleichzeitigkeit des Ungleichzeitigen«, wie Ernst Bloch es nannte. Neuerdings verbreitet sich gar die Befürchtung, noch könnten die regressiven Elemente über die mutierten obsiegen. Doch dazu später. In einem ersten Schritt muss ich meine Hypothese konsistenter machen. Mir ist wohl bewusst, dass sie noch unausgegoren erscheint, ein Allzwecktopf, in den allerlei Dinge geworfen werden, die scheinbar nicht zusammengehören. Versuchen wir, das Bild zu schärfen, indem wir die verschiedenen Gründe benennen, die zusammengenommen zu einer Mutation führen können.

Der Hauptverdächtige ist ziemlich erwartbar, er nennt sich Neoliberalismus – und jetzt gähnen schon alle! Denn der Begriff ist mittlerweile zum Allzweckschimpfwort geworden, und wie immer bei Schimpfwörtern der Fall, wird auf die tatsächliche Bedeutung nicht so genau geachtet, Hauptsache, es trifft. So wird der Neoliberalismus für beinahe alles verantwortlich gemacht, was in der Welt schiefläuft, schlechte Laune und Unwetter inklusiv. Er ist so verrufen, dass selbst Stipendiaten der Friedrich-Naumann-Stiftung es nicht mehr wagen, sich zu ihm zu bekennen. Und doch fehlt es zu ihm nicht an scharfen und stringenten Analysen. Vielleicht gibt es sogar zu viele davon. Wiederholung ermüdet, vor allem wenn sie folgenlos bleibt. Die Etappen seines Aufstiegs sind gut dokumentiert, sie lassen sich durch zwei Erklärungsstränge zusammenfassen, einen politischen und einen ökonomischen. Zunächst der politische: Wir wissen ziemlich genau, wie binnen fünfzig Jahren eine Denkart, die zuvor die allermeisten Menschen für absolut verrückt gehalten hätten, zum Common Sense wurde. Der Weg, der von der überschaubaren Sekte der Mont Pelerin Society über gut dotierte Thinktanks, die Universität von Chicago, Nobelpreis-Ehrungen, »unabhängige« Beratungsgremien und andere Einflusslobbys zur weltweiten Umsetzung führte, ist bekannt. Dem ersten Experiment mit der Pinochet-Diktatur und weiteren lateinamerikanischen Versuchskaninchen folgten die entscheidenden Siege von Reagan und Thatcher Anfang der Achtzigerjahre, die Umgestaltung der postkommunistischen Länder zehn Jahre später und schließlich die Einverleibung des sozialdemokratischen Gegners unter dem Vorwand, sich der neuen Zeit und der neuen Mitte anzupassen. Unter verschiedenen rhetorischen Färbungen blieb nur noch ein neoliberales Regime. »Es gibt keine Alternative«: Ursprünglich wurde der Satz als klassenkämpferische Parole von oben wahrgenommen, bald wurde er jedoch zur bitteren Feststellung. Dies hat sich noch erhärtet, seitdem ein unappetitlicher Haufen behauptet, es gäbe doch eine Alternative für Deutschland.

Dieser Erklärungsstrang ließe noch auf ein willkürliches Narrativ schließen, das durch ein besseres ersetzt werden könnte, ohne die grundlegenden gesellschaftlichen Strukturen antasten zu müssen. Anders stellt sich die Sache bei der ökonomischen Erklärung dar. Diese erzählt von einem immanenten Zwang des Kapitals, der sinkenden Profitabilität durch die Flucht in die Kreditschöpfung entgegenzuwirken. Zu diesem Zweck wurden Steuern gesenkt, Staatsausgaben gekürzt, öffentliche Einrichtungen privatisiert, Regulierungen abgebaut, Arbeitnehmer durch Betriebsverlagerungen erpresst, sämtliche Aspekte des Lebens dem Markt überlassen, und die Finanzwirtschaft gewann die Oberhand über die produktive. In anderen Worten: Es wurden Tatsachen geschaffen, die sich nicht so leicht rückgängig machen ließen und schon gar nicht, ohne die Rahmenbedingungen zu verändern. Es sei denn, alles bricht zusammen. Das wäre 2008 beinahe geschehen, als die Weltfinanzsphäre kollabierte. Für einen kurzen Augenblick wurde sogar eine »Kernschmelze« für möglich gehalten. Mit dieser hervorragenden Performance galt das neoliberale Projekt ein für alle Mal als erledigt. Selbst der selige Frank Schirrmacher rief verzweifelt: »Ich beginne zu glauben, dass die Linke recht hat!« Die ganze Welt meinte, aus einem bösen Traum zu erwachen. All die Postulate, die am Vortag noch für unabänderliche Gesetze gehalten worden waren, entpuppten sich auf einmal als unsinnige Mären. So etwa die Behauptung, sich selbst überlassene Märkte tendierten zum Gleichgewicht und nicht zum Chaos. Dieselben Entscheidungsträger, die unaufhörlich gepredigt hatten, immer weniger Staat sei die Bedingung für ein gesundes Leben des Marktes, baten jetzt den Staat inständig, die Märkte zu retten, sprich: die Bürger für den hinterlassenen Scherbenhaufen zahlen zu lassen.

Leider wurde der Neoliberalismus allzu schnell für tot erklärt. Die Katharsis war nur ein Strohfeuer. Ein paar wohltuende Wochen lang hielt Hans-Werner Sinn den Mund. Für die Welterklärung ließ sich Ökonomie aus Gesundheitsgründen von der Psychologie vertreten: Die Gier der bösen Banker wurde an den Pranger gestellt. Dann ging alles wieder seinen ungeregelten kapitalistischen Gang. Es wurden keine Konsequenzen gezogen, weder in der Theorie noch in der Praxis. Und es begann eine merkwürdige Verlängerung ohne absehbaren Abpfiff. Wie Philip Mirowski überzeugend feststellt, leben wir fortan in einem Zombie-Zeitalter. Welch eine außerordentliche historische Situation: Ein System hat die praktische Widerlegung all seiner Grundsätze überstanden und lebt als Untoter weiter. Es verzichtet auf jeglichen Legitimationsgrund außer: Ich bin hier, und wo ich nicht bin, ist es noch schlimmer. Mehr wird nicht versprochen. Vergessen selbst der *trickle down effect*, dieses zynische Märchen, wonach die effektivste Weise, Arme zu ernähren, darin bestünde, die Reichen sich vollstopfen zu lassen, damit genug Brosamen vom Tisch fallen. Nicht einmal ein Gleichgewicht der Märkte wird noch behauptet. Wie die Japaner auf das kommende Erdbeben, warten alle gebannt, bis die nächste Blase platzt.

Das sind die externen Rahmenbedingungen, der Hintergrund der Mutation. Sie reichen nicht, um die Hypothese selbst zu erhärten, bloß: Allgemein ist bekannt, dass es bei dem Neoliberalismus auch und zuvorderst um etwas ganz anderes geht, nämlich um tiefe, praktische Eingriffe in die Psyche des Menschen. Damit die Märkte ihren »spontanen«, »natürlichen« Zustand erreichen konnten, mussten die Individuen diszipliniert und neu modelliert werden. Das neoliberale Leben ist ein Spielbrett, auf dem jeder für sich einen Platz unter der Bedingung finden kann, er optimiere sein Profil je nach fluktuierenden Erfordernissen, mache sich beugsam (die eigentliche Bedeutung von »flexibel«) und risikobereit. Verlierer verdienen keine Gnade, ihr Versagen haben sie selbst verschuldet. »Selbstverwirklichung« ist nur durch Internalisierung des Zwangs zu haben. »Ich bin mein eigener Chef« heißt sowohl »ich werde nicht von anderen bevormundet« als auch »ich überwache und strafe mich selbst«. Anzumerken ist, dass die neoliberale Zäsur quer durch die Klassen und Einkommensgruppen verläuft. Selbstunternehmer und -optimierer sind sowohl der erfolgreiche TV-Produzent und Manager als auch seine unbezahlte Praktikantin. Dafür gehören in einem der noch bestehenden, traditionellen Gewerke weder der leitende Bedienstete noch der fest angestellte Arbeiter unbedingt dazu. Das heißt, dass die neue Grenze nicht wirtschaftlich, sondern kulturell (im weitesten Sinne des Wortes) verläuft. Natürlich werden

Klassenunterschiede deswegen nicht aufgehoben, sie werden jedoch durch verschiedene Identifikationsmodelle und Alltagserfahrungen zunehmend verwischt. Wie wir sehen werden, hat das weitreichende Konsequenzen.

Der Umwandlung der Subjektivität und ihren bahnbrechenden Resultaten haben sich bereits viele Untersuchungen gewidmet, von Richard Sennetts *Der flexible Mensch* bis Ulrich Bröcklings *Das unternehmerische Selbst*. Meistens werden die Symptome mit der stilistischen Distanz des Entomologen beschrieben, der eine Ameisenkolonie beobachtet, doch machen wir uns nichts vor: Wir stecken alle mit drin. Man könnte also denken, dass der Begriff Neoliberalismus reicht, um zu erfassen, was ich Mutation nenne.

Dabei stellen sich aber zwei wesentliche Probleme. Zunächst ist das »unternehmerische Selbst« das Ergebnis von parallel verlaufenden, jedoch verschiedenen Entwicklungen und Innovationen in Arbeitsorganisation, Management, Technik, Marketing, Werbung, Vertrieb usw. Selbstverständlich folgen all diese Prozesse einer selben Logik, der Logik der Profitmaximierung. Sie waren jedoch keine Durchführung eines vorgegebenen Drehbuchs. Der »neue Geist des Kapitalismus« (wie von Luc Boltanski und Ève Chiapello beschrieben) entstand übrigens im damals vorherrschenden sozialdemokratischen Kontext und schien mit ihm durchaus konsistent – es ging ja in erster Linie darum, spezifische Antworten auf die wachsende Malaise der Belegschaften und Konsumenten zu finden. Niemand wird ernsthaft behaupten, all diese Wandlungen seien zentral gesteuert gewesen. In diesem Sinne kann der »Neoliberalismus« nur als Resultante verschiedener (und teilweise ursprünglich konträrer) zusammenfließender Kräfte verstanden werden, also nicht mehr als die bewusste Aktivität einer klar umgrenzten Strömung, wie breit und heterogen auch immer.

Erheblicher ist noch das zweite Problem. Einem Kapitel seiner umfassenden Untersuchung widmet Mirowski dem »alltäglichen Neoliberalismus«. Er schreibt: »Durch tausendundeine kleine Begebenheiten verinnerlicht die durchschnittliche Person im Lauf ihres Lebens bestimmte Bilder, Kausalitätsannahmen und Prinzipien, die sich allmählich zu einer Art Weltanschauung verdichten.« Zu diesen kleinen Begebenheiten zählt er ungeordnet: Ritalin, Facebook, Fair-Trade-Kaffee, Reality-TV, Leihmutterschaft und Lottoscheine – selbstverständlich könnte die Liste ad infinitum verlängert werden. In der Tat findet sich kaum eine Innovation, die nicht zur (Re-)Produktion des neoliberalen Selbst beiträgt. Das heißt, dass der »alltägliche Neoliberalismus« quasi von sich selbst aus Organisationsmodi, Techniken und Produkten hervorquellt. Ein App-Entwickler wird sich kaum fragen, inwiefern sein Produkt den Leitlinien der Chicago Boys entspricht. Die Tatsache, dass dank entsprechender Algorithmen jeder Online-Nutzer ein Werbeagent ist, ergibt sich einfach aus der profitorientierten Technik. In diesem Sinne erscheint der neoliberale Diskurs als bloße Begleitmusik einer heterogenen Transformation. Sicherlich hat er eine enorme propagandistische Rolle in der Implementierung des neuen Regimes gespielt, dennoch ist er für dessen Fortbestehen fakultativ. Und damit treffen wir auf den Kern des Problems: Vorstellbar ist, sich von der neoliberalen Ideologie zu verabschieden, von Facebook, Ritalin und Lottoscheinen weniger. Daher die Zombie-Existenz. Bloß, es ist leicht zu erkennen, dass damit der Neoliberalismus seine Konturen verliert. Er ist nicht mehr das Kennzeichen eines bestimmten, leninistisch agierenden »Denkkollektivs«, sondern vergegenständlichte Ideologie, ja die Chiffre für eine ganze Epoche. Das verleiht ihm den Status eines deprimierenden Fatums, also von etwas, das sich nicht mehr stoppen lässt. Und da der Neoliberalismus permanent daran arbeitet, die Menschen nach seinem Bilde zu schaffen, wäre die Hypothese einer anthropologischen Mutation nicht fehl am Platz. Diese en détail zu beschreiben wäre eine enzyklopädische Aufgabe. Man müsste sämtliche Produkte, Verfahren, Trends und Symptome, die zu ihr beitragen, unter die Lupe nehmen. Stattdessen werde ich mich auf einige kulturelle Erscheinungen beschränken. Angefangen mit denjenigen, die der Mutation ihren schönen Schein verleihen.

2. Der unüberschreitbare Horizont

Die viel gepriesene Meinungsvielfalt im mutierten Zeitalter erinnert an jene Szene in *Blues Brothers*, in der die Band sich bei einer Clubbetreiberin im Mittleren Westen erkundigt, was für Musik dort gespielt werde. »Oh, wir haben die beiden Genres«, antwortet sie, »Country & Western!« Auch wir haben die beiden Genres: Linksliberalismus und bürgerlichen Liberalismus. Natürlich unterteilen sich die zwei Hauptrichtungen (wie Country & Western auch) in mehrere Subgenres und Schattierungen. Wenn es um praktische Themen wie Verkehrspolitik oder die Aufnahme von Flüchtlingen geht, sind die Differenzen nicht unerheblich. Das limitierte Angebot wird jedoch deutlich, wenn wir auf Karl Mannheims Typologie des »utopischen Bewusstseins« zurückschauen. Zu seiner Zeit (1929) kann Mannheim mehrere Ausprägungen dessen identifizieren: den »orgiastischen Chiliasmus«, die »liberal-humanitäre Idee«, den »Konservatismus« und die »sozialistisch-kommunistische Utopie« (dem Faschismus misst er kein eigenständiges Wesen zu). Also war der Liberalismus bloß eine Option unter vieren. Offensichtlich sind heute drei dieser Grundformen weggefallen, sie führen, wenn überhaupt, eine Schattenexistenz. Die sozialistisch-kommunistische Utopie wurde auf ihre katastrophale, mörderische Karikatur im Osten reduziert und somit diskreditiert. Der Konservatismus verabschiedete sich in dem Maße, wie es immer weniger Dinge zu konservieren gab. Der orgiastische Chiliasmus ist nicht einmal der Rede wert, davon bleiben nur homöopathische Spuren in flüchtigen Augenblicken des Exzesses.

Nicht dass die liberale Utopie kraft ihrer eigenen Legitimität über die anderen gesiegt hätte, sie ist einfach übrig geblieben. So kann sie sich jedoch als Selbstverständlichkeit gerieren, als Stifterin und Verwalterin der imaginären Mitte, des überwiegenden Mittelstands, des nach Konsensfindung erreichten mittleren Wegs. Abseits des dickbäuchigen Zentrums bestünden bloß Ränder, und diese seien per definitionem *extrem* (ein Extremismus der Mitte wird nicht erkannt). Die Auswirkung dieser Zentripetalkraft zeigt sich in der deutschen Politik. Regierungsparteien haben Mühe, sich voneinander unterscheidbar zu machen. Eine Verwechslung ist umso leichter, da der Wirtschaftsliberalismus von den Roten und die kulturliberalen Reformen von den Schwarzen implementiert wurden. Links und rechts von ihnen traut sich keine Partei, einen Wechsel des Betriebssystems zu fordern, allenfalls liebäugelt man mit der Rückkehr zu einer älteren Version. Auch in der Medienlandschaft ist die Angleichung manifest. Wenn sich Zeitungen und Sender voneinander formal unterscheiden, dann nicht aufgrund von Meinungen oder Inhalten, sondern weil sie verschiedene Zielgruppen bedienen. Es stellt sich also die Frage: Ist der Liberalismus das geworden, was Sartre einst vom Marxismus behauptete, der unüberschreitbare Horizont unserer Zeit?

Gewöhnlich wird die Frage umgekehrt gestellt: Wie kann man nicht liberal sein? Anders gefragt: Was lässt sich denn gegen eine pluralistische, offene Gesellschaft einwenden, die Individuen sowie Minderheiten rechtlich schützt, Meinungs- und Pressefreiheit garantiert und Konflikte durch demokratisch erreichte Kompromisse löst? Gewiss werden manche erwidern, im real existierenden Liberalismus seien all die verbrieften Freiheiten nicht vollkommen und überall gewährleistet. Doch heißt das einfach, dass die Gesellschaft noch nicht liberal genug ist. Sicher ließe sich noch einiges justieren und nachbessern, das sorgt für spannende Talkshowrunden und Bundestagsdebatten, doch all dies passiert unter der Bedingung, an dem freiheitlich-demokratischen Rahmen nicht zu rütteln. Ansonsten gelten alle Grundsatzfragen als geklärt. Wie es Norbert Lammert formuliert: »Es gibt nicht mehr so viel, über das es in dieser Gesellschaft fundamentalen Streit gibt. Wir haben alle [großen] Themen mit breiten Mehrheiten abgeräumt und werden dafür kritisiert, dass es dazu keine Saalschlachten mehr gibt.« Ja, ein bisschen langweilig ist sie schon geworden, die offene Gesellschaft, doch das soll eben der Preis sein für die Befriedung, und wer sehnt sich schon nach Saalschlachten und Beulen? Zum ersten Mal in der Geschichte seien also die definitiven Rahmenbedingungen des Gemeinwesens geklärt und implementiert worden. Wenn das kein Zeichen für eine Mutation ist! Da kann selbst einem freiheitlich gesinnten Menschen mulmig werden; bisher war ein solcher Anspruch auf Endgültigkeit nur von totalitären Regimes bekannt. Es drängt sich also die Frage auf, ob die liberale Idee nach Erreichen ihrer hegemonialen Position sich nicht in ihr Gegenteil gewandelt haben könnte. Eine Lehre, die die freie Entfaltung der Entwürfe fördern sollte, scheint im Einheitsdenken erstarrt zu sein.

Über die Angleichung der Medienlandschaft sei hier eine persönliche Erfahrung geschildert. Im Frühjahr 2016 fand in Frankreich eine große, anhaltende Welle des Protests gegen ein neues Arbeitsgesetz statt. Täglich wurde gestreikt, demonstriert, besetzt und blockiert, das ganze Land war im Ausnahmezustand, doch diesseits des Rheins waren diese Nachrichten keine einzige Zeile wert. Verschwiegen wurde auch die Intensität der Polizeigewalt (welche, hätte sie in Moskau oder Istanbul stattgefunden, Schlagzeilen gemacht hätte). Nach drei Wochen des kompletten Blackouts begann ich selbst zu berichten, woraufhin sich auf einmal alle Zeitungen, Radios und Fernsehsender der Republik auf mich stürzten. Ich war der Frankreichexperte geworden! Doch selbst dann beharrten Redakteure darauf, ein Segment des Geschehnisses willkürlich hervorzuheben, nämlich die Besetzung der Place de la République in Paris. Das war Bürgerprotest nach ihrem Geschmack, friedlich, folkloristisch und harmlos. Hingegen wollten sie von den »alten« Formen des sozialen Kampfs nicht so gern erzählt bekommen. Streiks sind so was von 20. Jahrhundert! Als ich mich gegenüber der Redakteurin einer grünennahen Tageszeitung darüber wunderte, dass in einem auf Wettbewerb basierten System nicht jedes Medium versucht, gerade die Themen zu behandeln, die von der Konkurrenz ausgelassen werden, antwortete sie mir: »Wir sind Herdentiere, worüber das Fernsehen nicht spricht, darüber schreiben wir auch nicht.« Das Phänomen war mir schon bekannt. Immer wenn ich eine Hose kaufen muss, stelle ich erneut fest, wie gering die Angebotsvielfalt in der »freien« Marktwirtschaft eigentlich ist. Weil alle Medien mehr oder weniger in der Krise stecken, scheuen sie sich entgegen aller Logik, Risiken einzugehen; stattdessen wetteifern sie in Konventionalität. Nur erklärt das noch nicht, warum sämtliche Redaktionen einstimmig zu derselben Entscheidung gekommen waren, über ein Hauptereignis im Nachbarland *nicht* zu berichten. »Lügenpresse« ist keine Erklärung. Selbstverständlich werden die Medien von keinem verschwörerischen Zentralkomitee gesteuert. Die Antwort, schwante mir damals, ist womöglich schlimmer: Es liegt an dem gleich formatierten Denkrahmen. Im Grunde hatten die meisten Journalisten, Analysten und Experten der Republik Verständnis für eine

Reform, die sich als eine Nachahmung der Schröder'schen präsentierte. Wegen ihres Werdegangs, ihrer Position und weil in ihrem Bekanntenkreis niemand Grund zur Beschwerde hat, sind sie fest davon überzeugt, die Agenda 2010 sei gut für Deutschland gewesen. Daher konnten sie nicht einmal nachvollziehen, dass Menschen gegen ein ähnliches Projekt protestierten. Das passte nicht in ihr Interpretationsmuster und war daher bloß ein vernachlässigbares Geräusch. Immerhin überraschte mich, dass mehrere Journalisten mir gegenüber diese Hypothese nachträglich bestätigten.

Sicherlich ist es genauso verkürzend, von »dem« Liberalismus zu sprechen, wie wenn Liberale pauschal »den« Sozialismus anprangern. Von beidem existieren verschiedene Auffassungen und Strömungen. Dennoch hat er eine spezifische Geschichte und einiges auf dem Kerbholz. Ein »Schwarzbuch des Liberalismus« (wie es bereits ein *Schwarzbuch des Kommunismus* gibt) würde keinen schmalen Band ergeben. Der Historiker Domenico Losurdo hat dokumentiert, wie die Gründungsväter der freiheitlichen Idee (mit Locke angefangen) glühende Befürworter der Sklaverei waren – wenn nicht selbst Sklavenbesitzer. Später waren es auch Liberale, die die koloniale Unterdrückung indigener Völker vorantrieben. Wohlgemerkt: Dieser Makel war keinem Überbleibsel vormoderner Meinungen verschuldet, er korrespondierte durchaus mit der Theorie. Da die Idee von *self-government* und individueller Freiheit unter den wohlhabenden Eliten Europas und Nordamerikas aufgekeimt war, grenzte sie ebenjene Eliten von der rückständigen Restmenschheit mit ihren obskurantistischen Vorstellungen von gottgegebenen Hierarchien und Gemeineigentum ab. Das moderne individuelle Subjekt konnte nur seinesgleichen anerkennen; ihm gegenüber standen traditionell kollektivistische Kulturen, die es als eindeutig minderwertig ansah.

Die Inbesitznahme fremder Territorien war insofern »Recht«, da diese noch keinem privaten Eigentumsrecht unterlagen, also als frei verfügbar galten. Zudem musste die gerade errungene und noch anfällige Selbstemanzipation gegen mögliche Angriffe der Barbaren verteidigt werden. Eines fernen Tages vielleicht würde es möglich sein, die individuelle Freiheit in die ganze Welt zu exportieren, doch bis dahin mussten viel Blut und Tränen fließen.

Auch im eigenen Land schrieb der Liberalismus schändliche Kapitel. Wurde im 19. Jahrhundert ein Gesetz zur Beschränkung der Kinderarbeit auf den Zehn-Stunden-Tag in Erwägung gezogen, empörten sich die Liberalen prompt gegen diesen indiskutablen Eingriff der Regierung in die Unternehmensfreiheit, welcher die Wirtschaft zudem unweigerlich in den Kollaps führen würde. Die Epochen kommen und gehen, die Argumente bleiben. Für Liberale war Demokratie nur mit Vorsicht zu genießen. Ein allgemeines Wahlrecht wäre von der ungebildeten Mehrheit nur missbraucht worden. Umso mehr wuchsen die Vorbehalte, als Arbeitermassen begannen, offen nach Kollektiveigentum zu verlangen. Zu Zeiten, als die Konservativen übermächtig waren, paktierte der Liberalismus mit den Linken, doch sobald die Sozialisten drohten, Privatinteressen zu gefährden, schlug er sich bedenkenlos auf die Seite der Reaktion. Unter den vielen Definitionen der Doktrin ist die von Ludwig von Mises die knappste: Das Programm des Liberalismus, schreibt er 1927, hätte »in ein einziges Wort zusammengefaßt, zu lauten: Eigentum, das heißt: Sondereigentum an den Produktionsmitteln. Alle anderen Forderungen des Liberalismus ergeben sich aus dieser Grundforderung«. Dementsprechend lobt er im selben Buch »den Faszismus und alle ähnlichen Diktaturbestrebungen« dafür, dass er »für den Augenblick die europäische Gesittung gerettet hat«.

Nur war die völkische Ideologie ebenso wie die stalinistische explizit gegen die »liberale Weltanschauung« gerichtet. Aus diesem Grund wird heute automatisch jegliche Liberalismuskritik abqualifiziert. Wenn etwa von Karl Kraus zu lesen ist: »Der Liberalismus kredenzt ein Abspülwasser als Lebenstrank«, dann nur noch mit der relativierenden Fußnote versehen, der Satz stamme aus der Vornazizeit und könne nur in diesem Kontext verstanden werden. Wer würde schon behaupten, dass das Gedicht »Pereant die Liberalen« von Robert Prutz, 1845 verfasst, noch relevant sei, in dem er jene verwünschte:

»Die bald hier-, bald dorthin sehen,
Bald nach rechts, nach links sich drehen
Wie die Fahne vor dem Wind. [...]
Die in Zeitung und Journalen
Philosophisch sich ergehn:
Aber bei des Bettlers Schmerzen
Weisheitsvoll, mit kaltem Herzen
Ungerührt vorübergehn.«

Allerdings ist Herzenskälte ein aktuelles Motiv geblieben. Das liberale Lebensgefühl wird von einer gewissen Temperatur begleitet. Für die »soziale Kälte«, die von Christen wie Linken bemängelt wird, bleibt nur Spott. Bei vielen scheint die liberale Einstellung primär in der Aversion gegen die hitzige Präsenz des Pöbels in öffentlichen Verkehrsmitteln zu wurzeln. Alles Gemeinschaftliche stinkt nach Körpergerüchen. Freilich vermögen es nur radikale Individualisten, gemütlich im eiskalten Wasser egoistischer Berechnung zu baden. Für die anderen muss etwas Warmwasser aus der kulturellen Mischbatterie fließen. Um dieses Milieu zu beschreiben, bemüht der (wenig liberale) Regisseur Frank Castorf ein Bibelzitat bei Dostojewski: »Dass du doch heiß oder kalt wärest, aber du bist lau.« Und er fügt hinzu: »Lau heißt heute cool.«

Kann es sein, dass wir auf der falschen Spur unterwegs sind? Offenbar ist der Liberalismus, der sich heute auf einen breiten Konsens berufen kann, weder wirtschaftlich zu verstehen (im Gegenteil: Alle meckern gegen den Neoliberalismus) noch politisch (sonst wäre die FDP die stärkste Partei). Es geht einzig um die liberale Kultur, um ein Lebensgefühl, also um die Freiheit jedes Einzelnen, sich zu kleiden und zu ernähren, sich polyamourös zusammenzutun und zu trennen, sich auszutoben und auszudrücken, wie es ihm behagt. Es ist nicht zu bezweifeln, dass diese Freiheiten in der heutigen liberalen Welt so groß sind wie nie zuvor. Niemand kann bestreiten, dass Länder, in denen Frauen unterdrückt, Homosexuelle verfolgt und Medien gegängelt werden, im Vergleich unerträglich rückständig sind. Also noch einmal: Was lässt sich denn gegen diese Selbstverständlichkeit einwenden?

Zumindest können wir mit Jean-Claude Michéa diese kleine Frage einwerfen: Wie erklärt sich, dass die westliche Gesellschaft von zwei parallelen, doch entgegengesetzten Entwicklungslinien bestimmt ist? Einerseits schreitet die menschenfeindliche Tendenz des Kapitalismus immer weiter fort (die Schere zwischen Arm und Reich wird immer größer, die Arbeit immer quälender, Prekarität und Altersarmut grassieren, immer mehr Menschen leiden unter Stress, Vereinzelung und Depression, immer mehr entgeht der Sinn ihres Tuns). Auf der anderen Seite entwickeln sich Sitten, Toleranz, Vielfalt und das entsprechende Konsumangebot doch ganz positiv. Die eine Spur führt zu immer mehr Unsicherheit und Ungerechtigkeit, die andere zu erweiterter Emanzipation und Wahlfreiheit. Wirtschaftlich läuft es schlecht, dafür kulturell ganz gut. Ein rätselhafter

Spagat. Zumal der Widerspruch zwischen Wirtschaft und Kultur, oder wie es ein Marxist formulieren würde, zwischen Unter- und Überbau, auf ein und demselben philosophischen Fundament fußt, nämlich den Grundsätzen des liberalen Denkens.

Hier ist es hilfreich, auf die recht berühmte Stelle im *Kommunistischen Manifest* zurückzugreifen, wo Marx die Bourgeoisie für ihre »höchst revolutionäre Rolle« lobt. Worin besteht ihre Leistung? Unter anderem darin, dass sie »alle patriarchalischen Verhältnisse« zerstört, den »rührend-sentimentalen Schleier« der Familie abreißt, die »spießbürgerliche Wehmut« ertränkt, den »Fremdenhass der Barbaren zur Kapitulation zwingt«, alle Länder »kosmopolitisch gestaltet« (und das »zum großen Bedauern der Reaktionäre«), alle durch »unendlich erleichterte Kommunikation« in die Zivilisation reißt, »alle festen eingerosteten Verhältnisse mit ihrem Gefolge von altehrwürdigen Vorstellungen und Anschauungen« auflöst, »alles Ständische und Stehende« verdampfen lässt, »alles Heilige entweiht«. Freilich war diese Beschreibung 1848 noch weitestgehend Science-Fiction. Der real existierende Bourgeois war seinem Begriff noch nicht gewachsen. Gemeint war vielmehr die Logik einer Entwicklung denn ein Tatbestand. Doch rückblickend kommt die Aufzählung geradezu prophetisch daher. Sicherlich hat nicht »die Bourgeoisie« all diese Wunder selbst vollbracht, dafür war sie zu tumb, zu sehr mit ihrer Selbstbereicherung beschäftigt. Sie hat bloß die Bedingungen geschaffen. Besser gesagt: Ihr Kapital hat es für sie getan. Immer war der bourgeoise Typus für seine Heuchelei und seine Doppelmoral verpönt. Er predigte Wasser und trank Wein, verteidigte die Ehe und unterhielt seine Mätressen – darüber wurden unzählige Romane und Theaterstücke geschrieben. Doch waren das bloß Äußerlichkeiten. Grundlegend für die Heuchelei des Bourgeois ist seine doppelte Natur. Revolutionär ist er als Person nie gewesen, doch das vermag sein Vermögen für ihn. Subjektiv mag er stockkonservativ sein, objektiv ist er immer ein subversiver Wertzerstörer. Er verteidigt die bestehende Ordnung, die seine gesellschaftliche Position sichert, und zugleich untergräbt er sie permanent, weil sein Kapital nichts Beständiges dulden kann. Immobilität ist sein Hauptfeind, Bewegung sein oberstes Gebot. Das meinte doch auch Joseph Schumpeter mit »kreativer Zerstörung«.

Nun fällt eins sofort auf: Sämtliche kulturelle Begleiterscheinungen des modernen Kapitalismus, die Marx auflistet, sind Steckenpferde der heutigen Linken. Gegen Patriarchat, spießige Moral, Ausgrenzung und Ausländerfeindlichkeit, für offene Grenzen und Kosmopolitismus, die Parolen kommen einem bekannt vor. Das heißt natürlich nicht, dass sie deswegen *falsch* seien. Nur ist man geneigt, ihren Fürsprechern zuzurufen: Wenn das alles ist, was ihr wollt, dann lasst es sein mit der Kapitalismuskritik! Ihr meintet, gegen die bestehende Ordnung zu kämpfen, und trugt zu deren Modernisierung bei. Übrigens stimmen da auch die reformierten Liberalen ein. Längst haben sie sich diese Forderungen zu eigen gemacht. Das Einzige, was sie an den Linken stört, sind das systemkritische Gehabe und ihre Revoluzzerposen. Dabei haben sie gelernt, geduldig abzuwarten. Früher oder später wechselt der Journalist einer linken Wochenzeitung schon zur Springer-Presse – und damit begeht er keinen »Verrat«, im Gegenteil, konsequent wählt er die effektivere Gelegenheit, das »Emanzipatorische« zu promoten – wovon, wie und zu welchem Zweck wir uns emanzipieren sollen, wird dabei aber niemals erläutert. Zugegeben wird wohl, dass ein paar unerfreuliche Aspekte dazugehören, aber ohne solche sei ein Leben in Freiheit ja nicht zu haben. Apropos liberale Publizisten: Gern zitieren sie die erwähnte Stelle im *Kommunistischen Manifest*; da erkennen sie Marx ausnahmsweise Klarsicht zu; aber nur, weil sie die Folgerung weglassen. All die von ihm gepriesenen Errungenschaften, schreibt Marx weiter, führten zu einer noch unverschämteren, direkteren Ausbeutung. Nach Auflösung bestehender Traditionen bliebe das einzig übrige Band zwischen Mensch und Mensch »das nackte Interesse«, die »gefühllose bare Zahlung«. Es müsse erst einmal richtig schlecht werden, damit es besser gehe. Von der brutalen Tabula rasa verspricht er sich, dass die Menschen gezwungen werden, »ihre gegenseitigen Beziehungen mit nüchternen Augen« anzusehen. Hier hat er sich offenbar verschätzt. Er ahnte nicht, dass eines Tages Ausländerfreundlichkeit und Egoismus, Kommunikation und Ausbeutung, gefühllose Zahlung und Permissivität *zusammen* als positive Werte empfunden werden könnten.

Also sei die liberale Metamorphose die Vervollständigung einer Entwicklung, die vor zweihundert Jahren begann. Die erste offensichtliche Konsequenz ist eine ästhetische: Ein Feindbild wird vermisst. Erinnern wir uns, wie George Grosz, John Heartfield oder Kurt Tucholsky (und noch viele Filmregisseure der Siebzigerjahre) das Gesicht der herrschenden Klasse portraitierten. Es war so bequem, mit dem fetten, hässlichen Bourgeois einen Allzweckfeind zu haben, der Verachtung auf sich zog wie der Eisenpfahl den Blitz. Er war alles auf einmal: Familientyrann, Sexist, Ausbeuter, Frömmler, Spekulant, Kriegstreiber, Banause und Philister. Und zuverlässig noch dazu, immer dort, wo man ihn erwartete, immer bereit, sich schön skandalisieren zu lassen. Dank seiner Existenz konnten sich die unterschiedlichsten Motivationen mehr oder minder explizit miteinander verbinden. Bürgersöhne und -töchter, Arbeiter und Intellektuelle, Schüler und Künstler, Naturschützer und Modernisten: So gegensätzlich auch die Belange, sie waren auf eine gemeinsame Zielscheibe gerichtet, dem Feindbild sei Dank in Vielfalt geeint. Nun ist er uns längst abhandengekommen, der hässliche Bourgeois. Er ähnelt jenen Tierarten, die »in freier Wildbahn ausgestorben« sind. Man muss in den Zoo gehen, um ihn anzutreffen. Dort wird er sorgsam gehütet und ausgestellt, damit die Parkbesucher sich einbilden können, die patriarchalische Bestie sei weiterhin gefährlich. Es gibt heute noch Karikaturisten, die fettbäuchige Kapitalisten mit Monokel, Zigarre und Zylinder zeichnen. Wie ließe sich ohne diesen Anachronismus die herrschende Klasse sonst abbilden?

Was die äußere Erscheinung angeht, gilt in Wirklichkeit nur noch ein Gebot: *Freestyle*. Ob der coole Klassenfeind die Staatsoper, das Berghain oder beides besucht, ob er sich in Sexorgien austobt, ein braves Familienleben führt oder alles parallel, steht ihm völlig frei. Alle Figuren sind möglich. Der gepiercte Manager. Die SM-Investorin. Der transsexuelle Notar. Der Pop-Oberstaatsanwalt. Die antirassistische Sicherheitsexpertin. Der anarchistische Bankier. Die vegane Rüstungsexporteurin. Umgekehrt natürlich auch: der wertkonservative Finanzhai, die christlich-fundamentalistische Puffmutter, der reaktionäre Aktionär. Weil kein Idealtypus vorhanden ist, wird vorschnell der Schluss gezogen, dass es den Bourgeois gar nicht mehr gebe. Die Kategorie sei überholt, schließlich teilen die Besserverdienenden mit allen aufgeklärten Bürgern dieselbe tolerante und weltoffene Lebenseinstellung. Wir sehen alle gleich individuell aus und tanzen zu derselben Musik. Natürlich haben alle ihren Thomas Piketty gelesen und wissen von der »Refeudalisierung« der Gesellschaft, also der Selbstreproduktion einer Oberschicht, die ihr Vermögen nicht mehr in die Realwirtschaft zu investieren braucht. Auch ist die Vertreibung der Stadtbewohner durch Immobilienspekulation kein Geheimnis. Das sind strukturelle Entwicklungen, aber sie werden von keinem Bild gestützt. Die ästhetische Aversion fällt aus, so wie die Empörung gegen die Doppelmoral. Jedes Aufbegehren gegen die Elite wird dem »Neid« auf sie zugeschrieben, als ob ihre leere Existenz auf irgendeine Weise beneidenswert sei.

Die kulturliberale Angleichung bedeutet aber nicht, dass die Tage der Klassenverachtung vorüber seien; diese hat sich nur umgepolt. Sie richtet sich fortan auf diejenigen, die sich in der globalen, offenen Welt nicht zurechtfinden. Menschen, die auf keiner Gästeliste stehen. »Abgehängte« Frauen und Männer, die weder kreativ noch vernetzt sind. Proleten, die kein Englisch können, KZ-Hühnchen bei Aldi kaufen, *RTL2* schauen, sich am Stammtisch gegen die da oben echauffieren und sexistische Witze reißen. Konservativ sind nur noch die Unterschichten. Rückständige Muslime. Wutbürger. Versager. *White trash.* Gewiss wurde insbesondere in Deutschland immer gern nach oben gebuckelt und nach unten getreten. Doch noch nie wurde das mit so viel gutem Gewissen getan, ja in der Überzeugung, auf der richtigen Seite der gesellschaftlichen Entwicklung zu stehen, auf der Seite der Freiheit.

Ach, die Freiheit! Manchmal neige ich dazu, dem Vorschlag eines Freundes folgend auf sämtliche Wörter mit dem Suffix »-heit« zu verzichten. Wenn sich die Tür eines Käfigs öffnet, empfindet man zweifelsfrei ein Gefühl der Befreiung – aber Freiheit? Der Begriff ist im Privatbesitz der Liberalen, sie haben auf ihn einen Alleinvertretungsanspruch, worauf der erpresserische Schluss folgt, jeder ihrer Kritiker sei totalitär eingestellt. Wer war noch mal die Urheberin des berühmten Satzes über die Freiheit der Andersdenkenden? Liberalismus ist Freiheitsraub. Man tut gut, daran zu erinnern, dass Menschen, die tatsächlich bereit waren, ihr Leben für die

Freiheit zu opfern, ganz andere Ideale im Kopf hatten. Gern wird vergessen, dass die ersten, die sich gegen den Terror der Bolschewiki erhoben und von ihnen an die Wand gestellt wurden, Anarchisten und Sozialrevolutionäre waren. Die Anhänger der Machno-Bewegung handelten nach dem kategorischen Imperativ: »Mit den Unterdrückten, gegen die Unterdrücker. Zu jeder Zeit!« Über ihre Leichen gehen heute Reformhistoriker à la Götz Aly, die allen Ernstes behaupten, Antikapitalismus führe so todsicher zu Totalitarismus, wie einen ein Joint zum Junkie mache. Im Spanischen Bürgerkrieg wie überall wollten die Antifaschisten etwas mehr verwirklichen als ihre kleinen persönlichen Freiheiten. Der von Bürgerlichen so oft vereinnahmte George Orwell nannte sich mal einen Sozialist, mal einen »tory anarchist«. Dramatische Episoden einmal beiseitegelassen: *Free speech* wurde nicht unbedingt von Liberalen erkämpft, oft sogar gegen sie. Und wie ein Pariser Freund von mir, in seiner Jugend Mitglied der »Front homosexuel d'action révolutionnaire«, meinte, als wir uns eine hippe Schwulenbar anschauten: »Dafür habe ich damals keine Pflastersteine auf die Polizei geworfen!« Ob es einem gefällt oder nicht: Es sind fast ausschließlich die gescheiterten revolutionären Impulse von gestern, die zu unserer reformierten Gegenwart geführt haben. Und es ist leicht erkennbar, weshalb unter den Freiheitskämpfern in der Regel keine Liberale waren. Wer sein Leben allein nach dem persönlichen Vorteil und dem kleineren Übel ausrichtet, ist wenig geneigt, es zu riskieren. Lieber abwarten, bis die idealistische Minderheit liquidiert ist, um die Reste einzusammeln.

So gebräuchlich sie auch ist, die geometrische Darstellung einer liberalen »Mitte«, welche von linken und rechten »Extremen« flankiert ist, kann definitiv als Produkt der mutierten Denkweise betrachtet werden. Zu Beginn des 19. Jahrhunderts war die Perspektive eine ganz andere. Gemeinhin wurde der neu entstandene Liberalismus als extreme Position wahrgenommen, die im politischen Spektrum am gegenüberliegenden Ende der Lehre vom allgegenwärtigen, alles lenkenden Staates situiert war, wie sie damals von den Saint-Simonisten vertreten wurde. Die Polemik hat nichts an Aktualität verloren: Im Grunde ging es um die Frage, ob (wie von Tocqueville behauptet) »Ungleichheit in Freiheit« der »Unfreiheit in Gleichheit« vorzuziehen sei. Rückblickend war die argumentative Polarisierung eine Vorwegnahme der Blockkonfrontation im Kalten Krieg einhundert Jahre später. *Liberté* und *égalité*, schrieb damals der Philosoph Pierre Leroux, standen »sich gegenüber wie zwei gegeneinander gerichtete, geladene Pistolen«. Musste man sich für den absoluten Individualismus oder den absoluten Staat, für Egoismus oder Bevormundung entscheiden? Die emanzipatorischen Strömungen jener Zeit verweigerten sich dieser erpresserischen Wahl. Das Dilemma war von amerikanischen Anarchosyndikalisten hervorragend zusammengefasst worden: »Freiheit ohne Gleichheit ist ein Dschungel, Gleichheit ohne Freiheit ein Gefängnis.« Damit war auch gesagt, dass mit einer Kompromisslösung – halb Dschungel, halb Gefängnis – nichts gewonnen wäre. Der Widerspruch könnte nur durch die Einführung von etwas Drittem aufgelöst werden. Das hatten bereits die Sansculotten von 1789 spontan verstanden, als sie beiden gegensätzlichen Begriffen ein weiteres Glied hinzugefügt hatten: Brüderlichkeit – statt der männerexklusiven Vokabel würde man heute sagen: Solidarität, die Schaffung von Institutionen, die sowohl die individuelle Selbstbestimmung als auch das Gemeinwohl garantieren könnten. Von Kooperationsformen, die weder der privaten Konkurrenz noch der staatlichen Autorität unterlägen. Entsprechende Versuche sind immer wieder unternommen worden, weltweit. Wir finden sie, wie Walter Benjamin meinte, in der Geschichte aus der Perspektive der Verlierer, der einzigen, die es wert ist, erinnert zu werden.

Seit der Mutation gilt die Debatte über das Wesen der Gesellschaft als ein für alle Mal abgeschlossen. Nur noch in China streiten sich die Erben Saint-Simons mit denen Tocquevilles hinter verschlossenen Türen weiter. Obwohl dort eine Opposition verboten ist, gibt es sie. Im Westen ist sie erlaubt, doch inexistent. Der Dschungel hat gesiegt. Gleichheit – war das nicht ein Synonym für Totalitarismus? Mit dem Verlust dieses Gegenpols hat sich die Vorstellung des Gemeinwohls in Wohlgefallen aufgelöst. Es nimmt nicht wunder, dass sich die privilegierte Klasse von ihr verabschiedet hat – schließlich ist sie die Nutznießerin der Ungleichheit in Freiheit. Doch selbst Linke haben die Entwicklung von der Utopie zum Nischendasein erfolgreich vollzogen. Die Idee des Gemeinschaftlichen ist suspekt geworden; an eine Expropriation der Expropriateure will niemand mehr glauben. Dementsprechend hat sich das Streben nach Umgestaltung der Gesellschaft auf die Parole reduziert: Freiräume erkämpfen. Alternative Schulen. Landkommunen. Hausprojekte. Autonome Zentren. Um eine Computer-Metapher zu bemühen: Jeder darf frei seine Software programmieren, dafür bleiben Eigentum und Produktionsverhältnisse der Hardware unangetastet – und von ihr hängt die Existenz von freier Software ab.

Der Ursprung des antigemeinschaftlichen Aspekts der Mutation ist wohlbekannt: Es sind die Gräueltaten von Stalin, Mao, Pol Pot und Genossen. Judith Shklar hat festgestellt, dass der Liberalismus schon immer ein negatives Programm war, das ursprünglich aus der Furcht vor Bürger- und Religionskriegen entstand. Sicherlich hat das 20. Jahrhundert genug Anlässe zur Vorsicht gegenüber scheinbar revolutionären Umwälzungen gegeben. Nicht zufällig sind viele Herolde des modernen Liberalismus ehemalige Maoisten, sie haben gelernt, sich vor sich selbst zu fürchten – und dabei mit dem Eifer des Konvertiten einen plumpen Dogmatismus gegen einen anderen eingetauscht. Nun wird jeder Vorbehalt gegen das liberale System mit dem Antiliberalismus eines Putin oder Kim Jong-il identifiziert. Noch konnte der großartige Anarchist Rudolf Rocker, von der totalitären Erfahrung geprägt, die Hoffnung hegen, künftige Rebellen würden das Vermächtnis des Liberalismus zu erben verstehen. Ohne Zweifel ist der 1. Zusatzartikel der US-amerikanischen Verfassung ein *minimaler* Standard, unterhalb dem kein Regime erstrebenswert wäre (und für dessen Einhaltung in den USA ständig gekämpft werden muss). Ein emanzipatorischer Ausbruch aus dem Dschungel-Gefängnis-Dilemma wäre nur als Überwindung des Liberalismus, als dessen dialektische Aufhebung denkbar. Stattdessen haben sich die binären Denkschemata aus dem Kalten Krieg festgesetzt, die Geh-doch-nach-drüben-Argumente, die allgemeine Anerkennung der Entweder-Oder-Linie.

Dennoch, und da kommen wir auf Mannheim zurück, bleibt der Liberalismus eine Utopie. Die Theorie, wonach jedes Individuum gemäß seinem Eigeninteresse und seinen egoistischen Neigungen handelt, wird jeden Morgen von den Menschenmassen widerlegt, die ins Büro gehen. Sie sehen nicht so aus, als ob sie das wirklich freiwillig täten! Und wenn sie einmal versuchen, ihr Eigeninteresse zu vertreten, und zum Beispiel eine Lohnerhöhung fordern, dann wird ihnen ausgerechnet Egoismus vorgeworfen. Es wird Sadismus gepredigt und Masochismus verlangt. Im wirklichen Leben ist das Liberale nur Teil einer lähmenden Doppelbindung: Sei nimmersatt in deinem Konsum und moderat in deinen Lohnansprüchen. Genieße und verzichte. Sei kreativ und verstehe, dass es keine Alternative gibt. Sei individualistisch und schwimme mit dem Strom. Sei loyal und akzeptiere, dass du jederzeit ausgemustert werden kannst. Was bleibt von freiem Willen, wenn dir ein Algorithmus deine eigenen Wünsche verrät? Was bleibt von Adam Smiths Selbstliebe bei den Kunden einer Shoppingmall? Dort bedeutet Freizügigkeit bloß die Abwesenheit von Hindernissen in einem Parcours, der von anderen vorbestimmt, ferngesteuert und überwacht wird. Freundliche Uniformierte weisen den Weg, doch beim ersten Versuch, davon abzuweichen, greifen sie zum Tonfa. In der profanen Welt herrscht Gehorsam. Nur in der Parallelwelt der Kultur waltet die Freiheit, der Rest bleibt unter der Wasseroberfläche verborgen.

Als literarische Darstellung war Utopia eine Insel der Glückseligkeit, die vom Kontinent der Gegenwart durch das Meer der Fantasie abgetrennt war. Mit der Mutation hat sich die Metapher umgekehrt: Das Festland der sozialen Erfahrung wurde von der real existierenden Utopie überflutet. Zwar ragen aus dem Schlaraffenmeer noch verstreute Felsen heraus, doch wer versucht, sich daran zu klammern, wird von den Freischwimmern einer Inselmentalität bezichtigt. Dafür haben sie eine entsprechende Philosophie auf ihrer Seite, die wir jetzt besichtigen wollen.

3. Konfusionismen

In kaum einem anderen Bereich ist die Mutation so offenkundig wie im intellektuellen. Ihr Ursprung ist gut dokumentiert. Jeder weiß, wie in den Siebzigerjahren die *French theory* aufkeimte, in den USA gedieh, um quasi zur *world theory* zu werden. Unumstritten ist, dass ein radikaler Bruch stattfand, nicht nur mit einem bestimmten philosophischen System, was nicht unüblich gewesen wäre, sondern mit den Rahmenbedingungen des westlichen Denkens überhaupt. Man hatte sich zur Aufgabe gemacht, alle geltenden Methoden, Begriffe und Grundannahmen unter Generalverdacht zu stellen. Vormals sekundäre Wissensbereiche traten nun in den Vordergrund. Der Fokus verschob sich auf Themen, die bisher als zu schmutzig galten, um untersucht zu werden – dafür fielen andere in Ungnade. Vor allem wurde die Aufgabe der Theorie neu definiert. Analyse und Kritik wichen dem neuen Modus Operandi der Dekonstruktion. Auch wenn seit den Achtzigerjahren bis heute diverse unterschiedliche Disziplinen und Gruppen entstanden sind, bleiben die genannten Merkmale bei allen weiterhin vorherrschend.

Und doch ist es ein beinahe hoffnungsloses Unterfangen, das Gesamtphänomen zu greifen. Jeder Versuch scheitert an der Erwiderung, eine solche Einheit existiere überhaupt nicht, und nur Außenstehende, also Noch-nicht-Mutierte, glaubten, das Ganze unter dem Begriff »postmoderner Diskurs« subsumieren zu können. Prompt folgt dann die empörte Erwiderung, der Name sei nichts als ein Popanz, eine böswillige »diskursive Konstruktion«, welche einem Ressentiment, Affekt und überhaupt fundamentaler Unkenntnis entspringe. *Der* Postmoderne Diskurs? In der Tat gibt es keine Schule, keine Lehre, nicht einmal einen gemeinsamen Anspruch, von Kohärenz ganz zu schweigen, sondern nur einen kosmischen Nebel aus tausend flimmernden Denkpartikeln, die sich jeder für sich als einzigartig betrachten und deren Zusammenhang – wie es eben mit kosmischem Nebel ist – nur von außen her festgestellt werden kann. Um das disparate Gewölk schlüssig zu beschreiben, müsste man sich entsprechend dem Postulat mit jedem einzelnen Autor beschäftigen, sämtliche Texte lesen, vergleichen, analysieren. Da drängt sich die Frage auf: Ist die Geduldsarbeit der Mühe wert? Die Antwort liegt bereits in der Frage.

Dementsprechend optiere ich für eine bequeme (oder vielleicht feige) Lösung. Ich werde im Folgenden keine Namen nennen, dafür auch nicht den Sammelbegriff »das postmoderne Denken« nutzen (wobei der Einwand, die betroffenen Autoren hätten sich selbst nie als »postmodern« etikettiert, unzulässig ist: Bach bezeichnete sich auch nicht als »klassischer Komponist« oder Heine als »Vormärz-Dichter«). Stattdessen führe ich eine kleine Figur ein, ich taufe sie *pomo. Das Sternchen wird uns erinnern, dass es *pomo so nicht gibt.

Ohnehin wäre eine gründliche Auseinandersetzung fehl am Platz. Zu *pomos Instrumentarium gehört die Abschaffung des Deutungsmonopols. Wichtig ist an einer Schrift nicht, was der Autor eigentlich meinte, sondern welchen Sinn seine Leser darin entdecken und weitertragen. Zwecklos sind hier Fragen wie: Würde Foucault heute aufseiten der Krawallmacher des »Unsichtbaren Komitees« stehen, die sich auf ihn berufen, oder eher bei seinem ehemaligen Assistenten François Ewald, der im französischen Arbeitgeberverband einen Foucault'schen Neoliberalismus vertritt? Man erinnere sich an die vergeblichen Debatten um die Frage, wie viel Marxismus bereits in Marx stecke und umgekehrt wie viel Marx noch im Marxismus. Freilich gibt es hier einen merklichen Unterschied. Im 20. Jahrhundert beriefen sich auf den Marxismus in seinen verschiedenen Ausprägungen Abermillionen Menschen. Im 21. betrifft *pomo in all ihren Spielarten eine medienaffine, doch recht beschauliche Minderheit von Professoren, Studenten, Verlegern, Publizisten sowie versprengten Konzeptkünstlern und Politaktivisten, obschon diese Minderheit den Anspruch hegt, stellvertretend für alle unterdrückten Minderheiten zu sprechen. Ihr ursprüngliches Auftreten hatte den Anschein einer Mode; sie war das theoretische Aroma eines zeitweiligen Lebensgefühls, ähnlich dem Existenzialismus nach dem Zweiten Weltkrieg – und wen interessiert der heute noch? Also warteten viele – darunter ich – geduldig ab, bis die Mode durch eine andere ersetzt würde. Doch sie verging nicht. Nach der Post kam keine neue Kutsche. Und gerade deswegen ist es interessant, wieder über *pomo zu reden. Die heiße Zeit des Neuanfangs, der Neugierde und der Kontroverse ist längst vorüber. So wie der Neoliberalismus nach der Finanzkrise *zombie economics* getauft wurde, ist *pomo eine *zombie theory* geworden, eine Untote, die kein richtiges Lebenszeichen mehr von sich gibt, doch weiterhin zwischen Vorlesungen und Platzbesetzungen herumgeistert. Gerade die Langlebigkeit lässt eine Mutation vermuten. Schließlich sind von *pomo bereits mehrere Generationen von Studenten unterrichtet worden, die mittlerweile in Medien, Behörden oder Unternehmen tätig sind und das veränderte Saatgut ausgestreut haben. Wie Feinstaub haben sich die Begriffe und Denkreflexe auf die gesellschaftliche Oberfläche gelegt. Spätestens als Trumps faschistoider Berater Stephen Bannon erklärte, die Politik der US-Regierung ziele darauf, den administrativen Staat zu »dekonstruieren«, wurde klar, dass *pomo nun wirklich überall angekommen war. Natürlich behaupten die feinen Menschen, Bannon hätte bloß ein Modewort benutzt, ohne zu wissen, was dieses eigentlich bedeute. Ich bin mir da nicht so sicher.

Aus Rücksicht für Leser, die so wenig mutiert sind, dass ihnen *pomo noch niemals begegnet ist, muss ich kurz erklären, wie Dekonstruktion überhaupt funktioniert (Mutanten können die nächsten zwei Absätze überspringen). Es ist nicht sehr schwierig. Alles, was man dafür braucht, sind zwei Antonyme. Zum Beispiel männlich/weiblich oder Mensch/Tier oder Subjekt/Objekt. Da diese drei Paare nicht mehr ganz unverbraucht sind, wähle ich lieber: Tag/Nacht. In einem ersten Schritt muss ich so viel Archivmaterial wie möglich zu dem Thema zusammensammeln. Zwar ist das Corpus unendlich, aber von der Quantität der Befunde hängt die Autorität meines Verfahrens ab. Wichtig ist dabei, einige völlig unbekannte Texte auszugraben, etwa die abstruse Beschreibung über den »Tag« aus einem mittelalterlichen Almanach oder eine exotische Definition von »Nacht« aus einem Maya-Mythos. Sobald ich mit dem Sammeln fertig bin, kann ich den Riesenhaufen gedruckten Papiers meinen Zuhörern vor die Füße schütten und stolz meine steile These verkünden: »Seht, Tag und Nacht sind sozial konstruierte Diskurse!« Sie sind nicht real, sind keine Naturphänomene, weil »Realität« wie »Natur« keine festen, universellen Entitäten sind, es existieren nur lokale, kulturspezifische Auffassungen davon. Nachdem ich damit einen ersten verwunderten Effekt erzielt habe, kommt Stufe zwei: Ich begebe mich ans Limit, der Grenze zwischen Tag und Nacht. Eine Grenze besteht niemals aus einer klaren Linie, sie ist immer eine unscharfe Grauzone, in dem Fall ein Morgengrauen, eine Dämmerung, die Stunde »zwischen

Hund und Wolf«, wie die Franzosen sagen. Zwielicht ist genau die Atmosphäre, die ich für meine nächste verblüffende Behauptung brauche: »Die Grenzziehung zwischen Tag und Nacht ist eine normative, sie dient dazu, die vielfältigen Zwischenstufen der Dämmerung zu unterdrücken!« (Dazu vergesse ich nicht, zu erwähnen, wie negativ besetzt das Wort in der aufklärungsfixierten Kultur ist, von wegen Götterdämmerung und so.)

In einem weiteren Schritt behaupte ich nun, dass die Aussage »Es ist jetzt Mittagszeit« ein arroganter Ausdruck westlicher Dominanz ist. Meine Begründung: Zu Recht würde ein in Europa lebender Papua erwidern: »Ich habe gerade zu Hause angerufen, und in meinem Kulturkreis ist es Mitternacht. Also gehe ich ins Bett.« Zeigt das nicht, dass Wahrheit immer kontextbezogen ist? Relativistisch korrekt muss man sagen »Nach meinem Gefühl haben wir Mittag« oder besser: »Meine Uhr zeigt zwölf«. Zwar werden noch unverbesserliche Eurozentristen fragen: Selbst wenn die Norm eine westliche ist, warum sollte sie nicht für uns gelten? Auf die Erwiderung hatte ich gewartet und habe das entsprechende Argument parat. Die Gegenüberstellung eines Begriffspaares enthält immer eine hierarchische Bewertung. Einer wird immer höher gestellt als der andere. Denken wir an die Minderheit der Nachtschwärmer, die tagsüber schlafen müssen. Sie werden doch diskriminiert, können nicht einkaufen gehen, haben weniger Chancen im Berufsleben. Das zeigt doch, dass die soziale Konstruktion der Tag-Nacht-Opposition eine spezifische Form von Unterdrückung hervorbringt – dazu muss ich schnell einen Begriff basteln, »tagozentrisch« vielleicht, oder »diurnonormativ«. Aus dieser neuen Erkenntnis ergibt sich ein wichtiges politisches Anliegen: die Gleichstellung von Tag- und Nachtaktiven. Aber damit bin ich noch nicht am Ende. Denn mit der Anerkennung einer Nachtschwärmeridentität wäre die herrschende diskursive Norm fortgesetzt. Die dualistische Opposition von Tag und Nacht bestünde weiter. Um uns davon radikal zu emanzipieren, müssen neue, singularistische Begriffe her, »Tacht« vielleicht, oder »Nag«. Erst wenn diese Begriffe im Diskurs durchgesetzt sind, können wir uns frei fühlen, unsere Identität je nach Tageslaune zu wählen.

Der von *pomo bevorzugte Ausdrucksmodus ist die Ironie. Damit konnte sie in ihrer Jugend gegen die Empörung von Professoren der alten Schule punkten und souverän über sie hinweggehen. Leider ist zusammen mit der Figur des hässlichen Bourgeois, dem wir im vorigen Kapitel unsere Reverenz erwiesen, auch der steife Ordinarius schon lange emeritiert. Die neuen Mandarine sind Sprösslinge *pomos, sie sind selbst ironisch und cool und können daher nur von Uncoolen kritisiert werden. Tatsächlich kann Ironie eine wertvolle Waffe sein. Einmal zum System erhoben, wird sie jedoch ganz schnell zur Ausschmückung des biedersten Konformismus. Voltaire, der Meister der Ironie schlechthin, war ein Höfling, der es mit dieser Haltung verstand, seine Nähe zu den Mächtigen nicht in Gefahr zu bringen. Der Ironiker macht alles mit, ist zu jeder Kompromittierung bereit, nur dass er dabei die scheinbar distanzierte Pose desjenigen annimmt, der sich nichts vormachen lässt. Niemals gelingt es, ihn bei einer Verfehlung zu ertappen. Wenn er wegen einer wirren Aussage in Bedrängnis gebracht wird, kann er immer behaupten: »Komm, das war doch ironisch gemeint« – damit kehrt er geschickt die Beweislast um, der Dumme ist jetzt sein Widersacher, der die Pointe nicht verstanden hat. Zudem ist Ironie ein Mittel, sich nicht zu engagieren. Diese Haltung muss man sich leisten können. Gründe, sich zu empören, haben in dieser Gesellschaft nicht nur steife Rationalisten, sondern auch jede Menge anderer Menschen. Die Sprache der Empörung greift aber gern zu Begriffen, die für *pomo einen naiven Glauben an transzendentale Werte verraten, »Gerechtigkeit« zum Beispiel. Da hält sie sich lieber raus. Die ironische Haltung geht ihr jedoch ganz schnell verloren, sobald sie selbst in der Kritik steht, die sich nicht ironisieren lässt. Dann ist sie die Empörte und fällt wieder in die Reflexe der professoralen Autorität zurück, über die sie sich sonst so gern mokiert.

Auf den häufig erhobenen Vorwurf, ihr Denken sei nichts als oberflächliches Geschwätz, erwidert *pomo, sie könne nichts dafür, wenn manche an der Textoberfläche stehen bleiben, anstatt in die Tiefe zu gelangen. Das kann gut sein. Nicht jeder verfügt über das speläologische Equipment, um die unterirdischen Höhlen der Ontologie oder der Theologie zu erkunden. Nur ist im Unterschied zur Quantenphysik *pomos Domäne von der Alltagserfahrung der meisten Menschen nicht abgetrennt, viel eher ist sie darauf bedacht, auf allen möglichen sozialen Feldern zu intervenieren. Offenkundig verfolgt sie ein allgemein links verortetes Projekt mit dem Ziel, die bestehende normative Ordnung zu untergraben. Immer wieder wird auf die heroische Anfangszeit verwiesen, als in Gefängnissen und Psychiatrien konkrete Kämpfe geführt wurden, zwei Interventionsfelder übrigens, die längst aufgegeben worden sind. Hingegen scheint sich keiner darüber zu wundern, dass das supersubversive Vorhaben kaum auf nennenswerte Widerstände traf, ja in den Geisteswissenschaften sehr schnell hegemonial wurde, während in der Restgesellschaft der Neoliberalismus einen Sieg nach dem anderen verbuchte.

Zweifelsohne hat *pomo einige für die Gesellschaft relevante Resultate vorzuweisen, nämlich die Sichtbarmachung und allmähliche Anerkennung von Minderheiten wie LGBTQ, Veganern oder Menschen mit Behinderung. In Bezug auf ihre verkündeten Ambitionen ist das vielleicht nicht sehr viel, lässt sich aber nicht kleinreden. Nur Feinde der Freiheit können sich gegen die Selbstbestimmung von Sexualität und abweichenden Lebensweisen stellen. Doch sind reaktionäre Umtriebe gegen einen vermeintlichen »Genderwahn« noch kein Beweis dafür, dass alles Gold ist, was als Gender Studies glänzt. Hier wird aber *pomo gern erpresserisch. Da sie von Sexisten, Homophoben und sonstigen Reaktionären verteufelt wird, verrate jeglicher theoretischer Einwand eine Aversion gegen Frauen, Gays oder Queers, zumindest spiele er Reaktionären in die Hände – ein altbekanntes Lied: Wer etwas gegen Links sagt, ist Rechts. Die Erpressung findet aber auch auf einer tieferen Ebene statt: Um Kritik an *pomo zu üben, müssen Kriterien und Maßstäbe verwendet werden, die außerhalb ihres Geltungsbereichs liegen, also die aus der Epoche stammen, die ihr vorausging. Prinzipiell steht Kritik unter Verdacht, mit willkürlichen Kategorien zu operieren. Wer konstruktivistischen Positionen widersprechen will, verwendet Begriffe, die wiederum als Konstrukte erklärt werden, und so geht es weiter in einer endlosen Gefaselspirale. Kritik wird automatisch unterstellt, sie sei Teil jener normativen Ordnung, die zur vormutierten Welt gehört. Doch erpresst wird nur, wer die Erpressung annimmt.

Um nicht bei billigen Zerrbildern zu bleiben (zugegeben, das Thema ermuntert dazu), ist es nötig, auf die Ursprünge von *pomo zurückzukommen. Ohne Zweifel war die Umwälzung des westlichen Denkens, die im letzten Drittel des 20. Jahrhunderts in allen Wissensdisziplinen einsetzte (der Physik wie der Ethnologie, der Geschichte wie der Linguistik), ein emanzipatorischer Fortschritt. Forscher begannen, selbstkritisch über ihre eigenen Methoden zu reflektieren, die Grenze zwischen beobachtendem Subjekt und beobachtetem Objekt wurde infrage gestellt, historische »Tatsachen«

wurden als erfunden und »natürliche« Fakten als kulturell geprägt entlarvt, kurz gesagt: Alle Gewissheiten begannen zu zerbröckeln. Im Grunde geschah da nichts Neues. Seit Descartes war *de omnibus dubitandum est* Programm der abendländischen Philosophie gewesen. Nur war dieses während der auf Eroberung und Selbstgewissheit eingestellten bürgerlichen Epoche etwas aus dem Blick geraten – dem orthodox verkrusteten Marxismus ebenso. Doch bedeutete das Ende der Gewissheiten keinen Tod der Wahrheit. Es offenbarte nur, dass die Wahrheitssuche allein in Dialog und selbstkritischer Distanz erfolgen konnte. Wahrheit war keine Gewissheit mehr, sie war immer vorübergehend, pluralistisch, korrigierbar, aber die Suche nach ihr ging weiter.

Anders mit *pomo. Plötzlich postulierte sie die Unmöglichkeit, von stabilen, allgemeingültigen Prinzipien aus denken zu können. Während Kritik nur mit starken Trennungen zwischen richtig und falsch, normal und abweichend, logisch und alogisch, objektiv und subjektiv operieren kann, wurden gerade diese Trennungen prinzipiell geleugnet. »Wahrheit« war nur noch kontextbezogen zu haben, als diskursives Produkt von kontingenten Machtverhältnissen. Jeder universalistische Anspruch wurde abgestritten. Fortan galt die Losung: Etwas Besseres als die Aufklärung findet sich überall. In Hegel'schen Kategorien ausgedrückt: Der notwendigen Negation des bestehenden Wissensstands folgte keine Negation der Negation (von Anfang an war ja für *pomo Hegel der zu vertreibende Teufel gewesen). Stattdessen wurde eine Haltung gefördert, die der brasilianische Philosoph José Guilherme Merquior treffend »Kathedernihilismus« nannte.

Zugegeben: Mit ihren provozierenden Fragen vermochte auch *pomo wichtige Debatten in gewissen Wissensdomänen anzuregen. Es ist das Sonderbare an der geistigen Aktivität des Menschen, dass aus verschrobenen Denkspielen erhellende Erkenntnisse gewonnen werden können. Schließlich hatte auch im Mittelalter die Rückkehr der Philosophie mit bizarren Fragen begonnen wie: »Was passiert, wenn eine Maus eine geweihte Hostie frisst?« Mit ihrem Antinaturalismus, also ihrer sturen Leugnung, es gebe so etwas wie eine Natur (vor allem eine menschliche), zwang *pomo die Wissenschaft, das Verhältnis von Natur und Kultur neu zu denken. Wie im Mittelalter der Universalienstreit endete die Diskussion zwar mit einem Patt, umsonst war sie jedoch nicht. Nur sind aus der Perspektive der Mutation gelehrte Disputationen irrelevant. Wichtig ist, welcher Einfluss *pomo auf die Gesellschaft hatte. Und da muss man schon feststellen, dass sie für maximale Konfusion sorgte.

Angefangen eben mit dem Evergreen: »Es gibt keine Natur, sondern nur fiktive Erzählungen darüber.« Der Erfolg des Glaubenssatzes liegt zum großen Teil daran, dass irgendwann auch der letzte Widersacher die Geduld verlor, sich über das Offensichtliche zu streiten. Nein, Pasteur hat nicht die Mikroben erfunden. Ja, es gibt einen natürlichen Unterschied zwischen männlich und weiblich, das weiß doch jeder Cannabis-Anbauer. Um nicht wie ein Elefant im Porzellanladen daherzukommen, verkneift man sich die Bemerkung: Wenn eine Queer-Theoretikerin zur Frauenärztin geht, rechnet sie wohl auch damit, dass diese sich um ihren selbstidentischen Eierstock kümmert, anstatt über Performativität zu dozieren. Der Streit ist ohnehin zwecklos. Mit dem erlebten Alltag haben all die schönen Gedankenkonstrukte nichts zu tun. Mutanten leben in zwei Paralleluniversen oder, wie sie sagen, »diskursiven Regimes«, je nachdem, wo sie sich befinden und welche Aufgaben sie zu erledigen haben. So kann eine Hand immer schön die andere waschen. Das Problem dabei ist, dass sie alltäglichen Herausforderungen machtlos ausgeliefert sind.

Es könnte sein, dass *pomos erbitterter Kampf gegen die

Biologie einen besonderen Nerv der mutierten Zeitgenossen trifft und zwar ihre Geringschätzung des vorgegebenen Körpers. Dieser wird entweder als bloße Materialisierung von kulturellen Diskursen, als normatives Phantasma betrachtet oder als mangelhafte Zusammensetzung von Teilen, die am liebsten rekombiniert werden sollten. Für die alte Phänomenologie war der Körper die Bedingung des In-der-Welt-Seins, nach der Mutation ist er nur noch ein Hindernis. Freilich lässt einen ein Magengeschwür gern über organlose Körper fabulieren, doch sind der Wunsch nach unbegrenzten, fluktuierenden Selbstmodellierungen und die sich daraus ergebene Flucht ins Diskursive ziemlich erbarmungswürdig. Allerdings passt der Ansatz ganz gut mit grundlegenden Aspekten der Epoche zusammen, nämlich mit dem Hang zur permanenten Selbstoptimierung und mit der entkörperlichten digitalen Kommunikation. Auf spezialisierten Foren wird lebhaft debattiert, ob Schamlippenverkleinerungs-OPs ein Zeichen von Frauen-Empowerment sind oder der finale Sieg der Barbiepuppe. Nicht selten ist *pomos Aversion gegen die Naturwissenschaft von überquellendem Enthusiasmus für Human Engineering begleitet. Sie träumt von Cyborg, von der Hybridisierung mit der Maschine. Der transhumane Golem kann für sie nur eine Lockung darstellen, es wäre auch essentialistisch, Bedenken darüber zu äußern. Ihre Überwindungsutopie ist keine Befreiung des Körpers, sondern die Befreiung vom Körper. Trotz des modernistischen Jargons hat diese Verachtung des Leibes etwas zutiefst Mittelalterlich-Christliches – wie es im 11. Jahrhundert der Mönch Odo von Cluny zum Besten gab: »Die Schönheit des Körpers besteht in der Haut allein. Denn wenn die Menschen sähen, was unter der Haut ist [...], würden sie sich vor dem Anblick der Frauen ekeln. Jene Anmut besteht aus Schleim und Blut, aus Feuchtigkeit und Galle. Wenn jemand bedenkt, was in den Nasenlöchern und was in der Kehle und was im Bauch alles verborgen ist, dann wird er stets Unrat finden. Und wenn wir selbst nicht mit den Fingerspitzen Schleim oder Dreck anrühren könnten, wie könnten wir dann wünschen, den Dreckbeutel selbst zu umarmen?«

Das Verhältnis zur Natur ist nicht der einzige Konfusionsfaktor. Eine weiterer ist die Aporie des Relativismus. Sobald ich die Existenz von allgemeingültigen Prinzipien bestreite, muss ich akzeptieren, dass jeder seine eigene Wahrheit beanspruchen kann. Alle Meinungen sind gleichwertig. Mit dieser augenscheinlichen Toleranz wird in der Tat die Möglichkeit eines Dialogs unterbunden: »Das ist deine Sichtweise als Afrikanerin oder als Vergewaltigungsopfer, dazu kann und darf ich mich nicht äußern.« Umgekehrt darf mir niemand widersprechen. Wie David Detmer treffend schreibt: »Relativismus nimmt uns eines der mächtigsten Motive, uns mit der Meinung des Anderen eingehend zu befassen, nämlich die Vorstellung, dass dieser womöglich recht hat und wir falschliegen.« In der Praxis erweist sich die relativistische Position ganz schnell als unhaltbar. Werden sämtliche Diskurse und Praktiken für gleichwertig erklärt, dann sollten im Schulunterricht sowohl die Evolutionstheorie als auch der bibeltreue Kreationismus gelehrt werden. Konsequent wäre auch zu tolerieren, dass »Reichsbürger« aufgrund ihrer eigenen Auffassung von Realität Nichtdeutschen den Zugang zu ihrer »befreiten Zone« verwehren. Darum ist *pomo für die Rechten ein gefundenes Fressen. Sie spielen ständig damit: Nach welcher Norm sollen denn Verbote ausgesprochen werden? Dafür müssen Wertsetzungen und Regeln angewandt werden, deren Allgemeingültigkeit in einem ersten Schritt festgesetzt worden sein muss. So sieht sich *pomo permanent vor die Wahl gestellt, entweder ihre eigenen Prämissen zu verraten oder die Machtkarte zu spielen und zu erklären, dass rechtes oder reaktionäres Gedankengut nicht toleriert wird, weil es eben rechts und reaktionär ist. Relativismus ist nur mit variabler Geometrie zu haben.

Obwohl im Prinzip jede Norm dekonstruiert werden kann, ist *pomo sehr darauf bedacht, ihre Operationsziele selektiv auszusuchen. Ein Beispiel: Nach deutschem Recht beginnt die Sexualmündigkeit mit 14 Jahren, eine Norm, gegen die sich kasuistisch mit tausend Einzelfällen argumentieren ließe. Und doch herrscht allgemeiner Konsens darüber, dass es ein Schutzalter geben muss, so willkürlich die Bestimmung auch ist. Daher ist nicht zu erwarten, dass ein Doktorand sich in einer Forschungsarbeit an die Dekonstruktion der Geschlechtsreife macht. Entsprechende Versuche in den Siebzigerjahren haben ihre Autoren lebenslang in Verruf gebracht. Nicht von ungefähr ist gerade Pädophilie ein virulentes Thema: Die Frage kann man nicht regeln, ohne transzendentale Kategorien ins Spiel zu bringen (Würde, Unmündigkeit, Perversion), für die seit der *pomo-Mutation kein richtiger Platz vorgesehen ist.

Eine weitere Säule des Konfusionismus besteht in einer hohldrehenden Kritik der Normativität. Die diesbezügliche Argumentation beginnt mit einer eindeutigen Feststellung: Die Mehrheit tyrannisiert die Minderheiten. Es ist keine persönliche Tyrannei (zum Beispiel ist nicht jeder Heterosexuelle homophob), sondern eine normative. Das Unnormale wird geächtet. So weit, so klar. Gleich mit der nächsten Frage wird der Gedankengang *pomo-spezifisch: Warum bist du Teil einer Minorität? Nicht aufgrund einer angeborenen Abweichung (das wäre ja eine »menschliche Natur« anerkennen), auch nicht weil dich die Zufälle der Existenz dazu gemacht haben (selbst wenn du wegen eines Autounfalls im Rollstuhl sitzt, eine *disabled person* bist du erst in dem Moment, wenn du dir diese Identität aneignest). Nein, Teil der Minorität bist du, weil du keinem Modell, keiner Norm unterworfen bist. Weil du deine eigene Subjektivität herstellst. Minorität ist kein Seinszustand, sondern ein bewusstes Werden. In diesem Sinne kann jeder Minorität werden, wenn er nur will.

Das hört sich alles toll an, bloß wie steht es dann um die Mehrheit? Sie ist wie gesagt nichts als das herrschende Modell. Der weiße, heterosexuelle, erwachsene, gesunde, männliche Europäer, das ist die Norm. Wer sich als solcher definiert, zeigt, dass er sich mit der Norm identifiziert, anstatt seine fluktuierende Identität selbst zu konstruieren, wie es eine schwarze, lesbische, minderjährige, kranke Afrikanerin tut. Nun sollte das die wenigsten stören: Wer *definiert* sich schon als weißer heterosexueller Europäer, außer Rechtsradikale, die ebenso gern zu *identity politics* greifen wie *pomo? Die meisten stellen einfach fest, dass sie es sind, ohne daraus irgendeine besondere Identität zu schöpfen. Es ist nun mal so. Das lässt *pomo aber nicht gelten: Mann, Weißer oder Hetero ist man nicht von Haus aus (eine menschliche Natur gibt es nicht). Man muss es schon gewollt haben. Irgendwie wird jede*r vor die Wahl gestellt: entweder Queer oder Pegida. Dazwischen gibt es nichts. Dummerweise beharrt auch in der tolerant gewordenen liberalen Gesellschaft die überwiegende Mehrheit darauf, heterosexuelle Beziehungen zu haben (was nicht unbedingt heißt, dass alle *nur* heterosexuell sind, Grauzonen gibt es immer, und sie bleiben am liebsten grau). Weißhäutig und europäisch bleiben sie allemal, sooft sie auch ins Sonnenstudio gehen oder in den Fernurlaub fahren. In der Norm gefangen, ohne sich mit ihr zu identifizieren – ihnen bleibt nur das Schweigen, entweder aus schlechtem Gewissen oder aus Verlegenheit. Im *pomo-Diskurs bleiben ihre Beziehungsprobleme, ihre Frustration, ihr Begehren unausgesprochen. Mehr noch: Prinzipiell wird ausgeschlossen, dass die (weiße, hetero, europäischstämmige) Mehrheit dieselben Probleme, Frustrationen und Begehren haben könnte wie die verschiedenen Minoritäten. Nicht sein ununterbrochenes Lärmen ist *pomos Beitrag zur Mutation, sondern die Schaffung einer betäubenden gesellschaftlichen Stille.

Die Konsequenzen dessen lassen sich am besten beobachten, wenn *pomo sich in soziale Proteste einmischt. Die Konfusion beginnt hier mit der Gleichsetzung von Macht und Herrschaft (zur Erinnerung: In vormutierten Zeiten strebten Menschen nach herrschaftsfreier Macht). Die Macht gebe es nicht, sondern eine Vielzahl von Mikromächten. Deswegen sei die Vorstellung eines Einheitskampfs illusionär, mag er auch gegen eine korrupte Regierung oder ein Gesetz geführt werden. Stattdessen wird auf die Proliferation heterogener Widerstände gesetzt, die sich gegen spezifische Punkte richten, ohne jemals zu versuchen, gemeinsame Sache zu machen, da sonst wieder ein Mehrheitssubjekt entstehen würde und mit ihm eine totalitäre Norm. Es gibt nicht einen Protest, sondern viele Einzelkämpfe gegen allerlei Benachteiligungen. Frauen werden zugunsten von Männern benachteiligt, Lesben zugunsten heterosexueller Frauen, Queers zugunsten Lesben, Schwarze zugunsten Weißer, Menschen mit Behinderung zugunsten Unbeeinträchtigter, Alte zugunsten Jüngerer, Veganer zugunsten von Karnivoren, Hässliche zugunsten Schöner, Tiere zugunsten von Menschen. Jede Art der Benachteiligung kennzeichnet eine spezifische Form von Unterdrückung. Ein Sexist ist nicht unbedingt ein Rassist und umgekehrt. Das heißt, dass Diskriminierungen auf keinen gemeinsamen Nenner zurückführbar sind. Sie stehen jeweils für sich selbst. Dennoch sind sie äquivalent, da sonst eine Hierarchie der Benachteiligungen hergestellt würde, und wer mit welchen Maßstäben wäre befähigt, etwa

Antisemitismus über Homophobie zu stellen oder umgekehrt?

Natürlich kann die Liste endlos erweitert werden, ich kenne zum Beispiel Schüchterne, Rothaarige und Hinterhausbewohner, die von ganz konkreten Erfahrungen der Benachteiligung erzählen könnten (und das ist jetzt kein Sarkasmus). Der Beschwerdenkatalog hat sich auch kombinatorisch raffiniert, denn selbstredend wird jemand als Gehbehinderte und Arabischstämmige doppelt diskriminiert – das nennt sich dann Intersektionalität. Aber das ist nur die halbe Geschichte. Ein weiterer Grundsatz von *pomo besagt, dass die Macht nicht nur unterdrückt, sie produziert zugleich entsprechende Subjektivitäten. Das heißt also, dass die Erniedrigten und Beleidigten dieser Welt aus einer Vielzahl von Subjektivitäten bestehen, mit ihren jeweiligen Codes und Begriffen, ja ihrer eigenen Gefühlswelt. Sie können addiert werden, aber nicht fusionieren. Das idealtypische Bild dafür ist die Platzbesetzung wie seit Occupy Wall Street musterhaft geworden, wo, wie Judith Butler enthusiastisch feststellte, Menschen »ihre plurale Existenz im öffentlichen Raum inszenieren«. Ad libitum reihen sich Redebeiträge aneinander: drei Minuten für die Antispeziesisten, drei Minuten für LGBT, drei Minuten für die Migranten, drei Minuten für die Veganer, drei Minuten für die Weltrevolution; währenddessen signalisieren die disziplinierten Zuhörer Zustimmung oder Ablehnung mit Händchenzeichen. Sie liken analog.

Am besten beschrieben wurde *pomo-Politik von Thomas Frank, nachdem er Occupy Wall Street besucht hatte: »Einer der Diskutanten kritisierte, dass viele der Protestierenden Wert darauf legten, nur ›für sich selbst zu sprechen‹, statt zu erkennen, dass sie Teil einer Gruppe seien. Einer der akademischen Diskutanten startete daraufhin eine Gegenrede: ›Ich möchte anmerken, dass man nur für sich selbst sprechen kann, dass das Selbst nachgerade von der Auslöschung bedroht wäre, sofern man dieses Selbst infrage stellen würde, so wie jeder poststrukturalistische Gedanke, den Anarchismus durchschreitend, zu der Einsicht drängt ...‹ Und so weiter. Bei diesem pseudointellektuellen Geschwafel wurde mir schlagartig klar, dass die Bewegung zum Scheitern verurteilt war.«

Ich hatte vergessen zu erwähnen, dass unter den verschiedenen Diskriminierungsformen »Klassismus« nicht fehlt, also die Benachteiligung von Angehörigen einer unteren sozialen Klasse. Doch dabei fällt sofort ein kleiner Unterschied ins Auge: Wäre sie nicht diskriminiert, würde eine schwarze Frau weiterhin eine schwarze Frau sein. Aber würde ein von Diskriminierung befreiter Hartz-IV-Empfänger Hartz-IV-Empfänger bleiben? Wenn ja, was heißt dann Diskriminierung? In dem Fall nicht mehr als: Vorurteile. Zum Beispiel wenn einer blond gefärbten, vulgär geschminkten und solariumgebräunten Schuhverkäuferin in weiß gefranster Kunstlederjacke der Einlass zu einer vornehmen Cocktailparty verweigert wird. Dagegen gibt es in den USA »Anti-Klassismus-Trainings« nach dem Motto: Seid nett zum Proleten! Spätestens an diesem Punkt stellt man fest, dass *pomo-Politik nichts weiter ist als eine Spielwiese für gut meinende Kinder aus dem Mittelstand. Zwar ist ihnen neuerdings aufgefallen, dass irgendwann die »soziale Frage« vergessen wurde. Doch war die bedauernswerte Vernachlässigung kein Versehen. Wobei es mitnichten darum geht, die sterile Auseinandersetzung über »Haupt- und Nebenwiderspruch« aufzuwärmen, also die Frage: Muss zunächst der Kapitalismus überwunden werden, damit alle anderen Benachteiligungen wegfallen, oder umgekehrt? Da heute sowieso keine von beiden Optionen auf der Tagesordnung steht, ähnelt dieser Streit einer theologischen Disputation.

Der Grund, weshalb *pomo und die soziale Frage inkompatibel sind, ist ganz einfach: Um sie zu stellen, müsste sie auf ein minderheitsübergreifendes Kollektivsubjekt bezogen werden. Und sie müsste auf allgemeine Kategorien wie Ausbeutung, Arbeit, Ware oder Wert rekurrieren, ja wahrscheinlich sogar auf den verfemten Begriff der Entfremdung (und *was* wäre dann wohl entfremdet?). Das wäre doch ein klarer Verstoß gegen die Grundsätze von *pomo, um nicht zu sagen: ein Rückfall in vormutierte Zeiten.

Sicherlich spukt *pomo nur in winzigen Minoritäten herum, die auch Minoritäten bleiben wollen. Also könnte man denken, dass diese Randerscheinungen auf keine Mutation schließen lassen. Vergessen wir aber nicht, dass ihnen in der Öffentlichkeit ein überproportionaler Raum gewährt wurde, was zur Verdrängung vormutierten Denkens beitrug. Die *zombie theory* leistet ihren Beitrag dazu, dass nichts Neues entsteht. Vor allem sind einige mutierte Ansichten beinahe Common Sense geworden, darunter die Übergewichtung des »Narrativen«. Man erinnere sich an die dusselige Behauptung eines Gründungsvaters von *pomo: »Es gibt kein außerhalb des Textes« (freilich wurde die Aussage hinterher von ihrem Verfasser und seinen Epigonen zigfach verharmlost, rekontextualisiert und uminterpretiert, aber gesagt war gesagt). Nun werden alle Spannungen und Konflikte der Welt auf konkurrierende Erzählungen oder ihre Abwesenheit reduziert, und das nicht nur von *pomo-Theoretikern. So erklärt in ihrer Dankesrede zum Friedenspreis eine Publizistin, die gegen den Hass kämpfen will:

»Dragqueens und Pastoren, Unternehmerinnen oder Offiziere, Rentnerinnen und Studenten, jede und jeder ist wichtig, um eine Geschichte zu erzählen, in der alle angesprochen und sichtbar werden. […] Dabei zählen Polizistinnen und Sozialarbeiter sowie Clubbesitzerinnen und Türsteher.«

Eine Realsatire des protestantisch-bürgerlichen Idealismus mit gegendertem Anstrich, gewiss. Aber in dieselbe Trompete bläst auch ein britischer linker Publizist, als er die Trump-Wahl mit dem Satz kommentiert: »Those who tell the stories run the world.« Das progressive Lager habe deswegen versagt, weil ihm die geeigneten Stories gefehlt hätten, um die Massen zu begeistern. Wenn du die Welt ändern willst, ändere das Narrativ. Da freut sich *pomo: Denn was wäre dafür ein besseres Operationsfeld als die Seminarräume, Symposien und Kunstfestivals, in denen sie bevorzugt verkehrt? In dieser Hinsicht kann man die philosophische Mutation als den weltweiten Sieg der Junghegelianer werten, wie sie Marx in der *Deutschen Ideologie* verspottete:

»Diese Forderung, das Bewußtsein zu verändern, läuft auf die Forderung hinaus, das Bestehende anders zu interpretieren, d. h. es vermittels einer andren Interpretation anzuerkennen. Die junghegelschen Ideologen sind trotz ihrer angeblich ›welterschütternden‹ Phrasen die größten Konservativen. Die jüngsten von ihnen haben den richtigen Ausdruck für ihre Tätigkeit gefunden, wenn sie behaupten, nur gegen ›*Phrasen*‹ zu kämpfen. Sie vergessen nur, daß sie diesen Phrasen selbst nichts als Phrasen entgegensetzen, und daß sie die wirkliche bestehende Welt keineswegs bekämpfen, wenn sie nur die Phrasen dieser Welt bekämpfen.«

Im Grunde ist *pomo keine Philosophie der Entlarvung (sie bestreitet, dass etwas hinter der Larve stecke), sondern eine Philosophie der Ent-Täuschung. Enttäuschte Liebhaber neigen dazu, die Liebe überhaupt zu einer Täuschung zu erklären. Sie ist auch eine Philosophie des Verdachts, und das verbindet sie bereits mit dem Neoliberalismus. Sie muss keinen kohärenten Apparat entwickeln, sondern Zweifel säen, Zweifel an der Relevanz der Kritik, Zweifel an Begriffen wie Universalismus und Gemeinschaft. Um ihr heimliches Einverständnis mit der Ordnung, die sie aufzulösen vorgibt (ob dieses Einverständnis intendiert ist oder nicht, spielt hier keine Rolle), zu verstehen, ist es hilfreich, sich in die Rolle eines PR-Beraters bei McKinsey, eines Traders bei Goldman Sachs oder eines Werbeagenten zu versetzen. So merkt man gleich, welchen Nutzen der geschickte Einsatz all dieser Theorien hat. Sind einmal die Kriterien für Wahrheit und Objektivität entsorgt, lassen sich Propaganda und »alternative facts« viel besser vermitteln, sie gehören einfach zu einem anderen Wahrheitsregime. Wer kann noch gegen Produktfälschung klagen, wenn es bekanntlich keine Authentizität gibt? Oder Überarbeitung anprangern – glauben Sie denn an so etwas wie einen natürlichen Rhythmus? Vor allem deckt sich die Fragmentierung des sozialen Kollektivs in transitorische Identitäten wunderbar mit den Erfordernissen des Marketings – und sie verhindert, dass diese auf die Idee kommen, sich zu verbinden. Während die Welt in tausend kleine periphere Domänen dekonstruiert worden ist, bleibt das große soziale Konstrukt des Kapitals im toten Winkel – was ihm den Status einer zweiten Natur verleiht, eines unveränderlichen Hintergrunds, vor dem sich der Maskenball der Subjektivitäten abspielt. Zusammengefasst: »Wir stehen vor der paradoxen Situation, dass das, was man als natürlich ansah, heute widernatürlich ist, und das, was einst als widernatürlich betrachtet wurde, heute als natürlich gilt.« Diesen Satz sprach der Verkünder einer mutmaßlichen anthropologischen Mutation. Es ist an der Zeit, ihm einen Besuch abzustatten.

4. Strandgut

Die Wellen brechen sich am Gestade von Sabaudia, dahinter sieht man die stürmische Figur des Pier Paolo Pasolini hinwegeilen. Ihm rennt eine eifrige Kameracrew hinterher. Wir haben den Anfang seines Interviews verpasst (die Zeitreise ins Jahr 1974 hat länger gedauert als gedacht) und bekommen nur den Schluss mit:

»... es geschah so schnell, dass wir es nicht einmal merkten. Es war eine Art Alptraum in dem das Italien um uns herum zerbröckelte und verschwand. Vielleicht erwachen wir jetzt von diesem Alptraum doch wenn wir nun uns umschauen, müssen wir feststellen, dass es nichts mehr gibt, was wir tun können.«

Als dann Pasolini die Dünen hinunterrennt (er hat es eilig, ist an einem anderen Strand mit seinem Schicksal verabredet), blicken sich die allein gelassenen Begleiter skeptisch an. Was ist in den Maestro gefahren? Sie blicken um sich herum und meinen doch, die ihnen bekannte Landschaft zu erkennen. Aus der Brandung ragen die zwei vertrauten Felsen, die seit jeher die Ordnung Italiens vor Stürmen schützen: katholische Kirche und Kommunistische Partei. Der eine Fels dient den Christdemokraten als Basis, um die Tradition zu hüten, vom anderen aus treiben die Marxisten den Fortschritt voran. Don Camillo und Peppone, beide komplementär wie Brems- und Gaspedal. Wer würde schon an der Festigkeit dieser massiven Gesteine zweifeln? Doch gerade hat der kommunistisch-mystische Filmregisseur behauptet, beide Felsen seien in Begriff, wie Sandburgen im

Strudel des Konsums zusammenzufallen – und mit ihnen der ganze Sinn sowohl von Tradition als auch von Fortschritt.

An dieser Stelle muss ein filmischer *Flash forward* einsetzen. Später, viel später, werden sich seine Landesgenossen der Worte Pasolinis entsinnen und sie rückblickend als prophetisch werten. Denn inzwischen wird die Wahrheit über jene Zeit offengelegt worden sein, eine Wahrheit, die die wildesten Verschwörungstheorien übertrifft. Tatsächlich wurde Italien in den Siebzigerjahren von einem Geheimbund aus Unternehmern, Mafiosi, Militär und Geheimdienstlern regiert. Von der P2-Loge wurden unter anderem Mordoperationen und Terroranschläge in Auftrag gegeben, die damals das Land erschütterten. »Ich weiß, wer die Verantwortlichen sind«, hatte Pasolini in einer Zeitung verkündet – eine tollkühne Behauptung, die ihm wahrscheinlich das Leben kostete. Freilich war die »Strategie der Spannung« auch von anderen erkannt worden, die sie als Abwehrmaßnahme verstanden, um die bestehende Ordnung vor der proletarischen Revolte zu schützen, die zu jener Zeit virulent war. Anders Pasolini. Nach seiner Meinung zielte die Konspiration auch und vorerst darauf, gerade die bestehende Ordnung zu unterhöhlen, um eine völlig neue Machtform aus der Taufe zu heben. Die Existenz der Geheimloge wurde öffentlich, als die Enthüllung bereits harmlos geworden war. Mission erfüllt, vom alten Italien blieb in der Tat nichts übrig. Aus der P2-Büchse war die grimassierende Gestalt des Silvio Berlusconi gesprungen, welcher das Land in einem toxischen Schlamm aus Unterhaltung, Korruption, Zynismus und Prostitution ertränkte. Zumindest hier, auf der postpolitischen Ebene, ist die Mutation unleugbar. Und machen wir uns nichts vor: So brachial sie Italien heimsuchte, sie fand diskreter, doch genauso effektiv in den übrigen Ländern statt. Ende des *Flash forward*.

Zu dem Zeitpunkt, an dem er am Strand seine seltsame Botschaft verkündet, widerfährt Pasolini ein Missgeschick: Seine drei jüngsten Filme sind Kassenerfolge. *Pasolinis tolldreiste Geschichten, Decameron, Erotische Geschichten aus 1001 Nacht* sind sicherlich nicht seine stärksten, doch seine publikumstauglichsten Streifen. Der Grund: Er hat sich in der Zeit verschätzt. Er wollte die Kleinbürger schockieren, indem er ihnen Sinnesfreude, Unschuld und Vitalität vorbürgerlicher Epochen vor die Nase hielt. Stattdessen feiern die schmunzelnden Zuschauer nun die ihnen gegönnte Freiheit, endlich nackte Haut auf der Leinwand sehen zu dürfen. In der zeitgenössischen Rezeption landen die *Pasolinis tolldreiste Geschichten* irgendwo zwischen *Emmanuelle* und *Deep Throat*. Aus dem unerwünschten Erfolg wird Pasolini eine doppelte Konsequenz ziehen. Einerseits wird sein nächster (und letzter) Film, *Die 120 Tagen von Sodom*, bewusst unerträglich, ja absolut unverdaulich sein, ein Schlag ins Gesicht der Kinokonsumenten. Andererseits macht er sich in mehreren Aufsätzen daran, die überraschende Zeitenwende nachträglich zu begreifen.

»Die herrschenden Mächte haben sich unserer Blasphemien bedient, um sich von einer Vergangenheit zu befreien, die mit all ihren entsetzlichen und idiotischen Heiligtümern nur noch hinderlich war.« Der Satz ist eine Erwiderung an Italo Calvino, der Pasolini vorgeworfen hat, der guten alten Zeit nachzutrauern – das frühe Beispiel eines bekannten Missverständnisses. Wer das Neue nicht aus vollem Herzen begrüßt, dem wird Nostalgie unterstellt, und daran haftet ein hartnäckiges Aroma ranzig-restaurativen Gebarens. Allerdings kann dem Regisseur von *Mamma Roma* schwer Konformismus vorgeworfen werden. Von der Kommunistischen Partei ausgeschlossen und von der Kirche verdammt, immer wieder wegen Homosexualität und Blasphemie vor Gericht stehend, ist er permanenten

Drohungen ausgesetzt, er wird nicht selten verprügelt und schließlich barbarisch ermordet. Zu jenem Zeitpunkt aber muss der ewige Provokateur zusehen, wie der Gegenstand seiner Provokationen sich plötzlich aufgelöst hat. Die Figur des klerikal-reaktionären Kleinbürgers ist unter allgemeinem Gelächter abgetreten. An dessen Stelle tritt der neue Mittelstandsmensch, modernistisch, hedonistisch, scheintolerant und liberal. Doch ist seine scheinbare Emanzipation kein Resultat eines Selbstbefreiungsprozesses. Sie wurde ihm oktroyiert. Offensichtlich ist das neue kulturelle Modell eine Anpassung an die veränderten Marktbedingungen. Bis zu diesem Zeitpunkt hatte die bürgerliche Gesellschaft mit kulturellen Überbleibseln aus früheren Epochen koexistiert. Erst ab den Siebzigerjahren wird Marxens Prophezeiung im *Kommunistischen Manifest* wirklich eingelöst. »In diesem Zusammenhang«, führt Pasolini fort, »sind die alten Argumente von uns Antiklerikalen, Aufklärern, Rationalisten nicht nur stumpf und unnütz geworden, sie fügen sich vielmehr genau ins herrschende Konzept ein.«

Ungefähr zur gleichen Zeit dreht der situationistische Theoretiker Guy Debord seinen Film *In girum imus nocte et consumimur igni*, in dessen erstem Teil das Kinopublikum reichlich und genussvoll ausgeschimpft wird. Dieses, erklärt Debord aus dem Off, bestehe fast ausschließlich aus dem Dienstleistungsmittelstand, folglich verdiene es keine Rücksichtnahme. Es hatte sich ja in eine radikal neue Herrschaftsform gefügt, dafür hätte es all die Demütigungen und die Machtlosigkeit früherer Epochen geerbt – nur nicht die Lust der Revolte. Eindrucksvoll wird der Niedergang in allen Lebensbereichen dargestellt, der mit der neuerlichen Ausweitung des Warenprinzips in allen Lebensbereichen einsetzte. Billig gebaute Architektur, Industrienahrung, Massenschund, allgegenwärtige Werbung, stupide Fernsehprogramme, gehetzte Ausbildung, Luftverschmutzung, Staus, Zeitdruck, Mobilitätszwang, all diese Innovationen und weitere noch werden von Debord als Symptome einer massiven Enteignung vorgeführt, die weit über die klassische Ausbeutung der Arbeitskraft hinausreicht. So weist er meines Wissens als Erster darauf hin, dass mit Selbstbedienung und Selbstmontage der Konsum immer mehr zur unentgeltlich geleisteten Arbeit wird. Aus heutiger Sicht ist der Film unter anderem sehenswert, weil er dokumentiert, wie radikal und grundlegend sich zu jener Zeit der Alltag plötzlich wandelte (einer Zeit, die jetzt von vielen nostalgisch als die goldene Epoche vor der neoliberalen Gegenrevolution verklärt wird). Besonders betroffen war Debords Heimatstadt Paris, welche in wenigen Jahren mit der Zerstörung von Les Halles (ihrem jahrhundertealten »Bauch«), der Errichtung von Stadtautobahnen und hässlichen Neubauten und vor allem der Vertreibung ihres ärmeren Bevölkerungsteils in ferne Banlieues total verunstaltet wurde. In der Tat war darin schwerlich ein Fortschritt zu erkennen. Doch begnügt sich Debord in seinem Film nicht damit, die ikonischen Bildnisse des Wohlstands zu stürmen. Die fundamentale Veränderung, sagt er, spielt sich in den Menschen selbst ab, den stets betrogenen, manipulierten, mystifizierten *spectateurs*, welche die Illusion hegen, sie schwelgten in einer nie dagewesenen Freiheit. So die Offstimme: »Zum ersten Mal bilden sich die Armen ein, trotz aller offenkundigen Gegenbeweise einer ökonomischen Elite anzugehören.« Für die Simulation des Glücks sei das Kino ein bevorzugtes Mittel, darum nimmt er sich mit seinem Antifilm vor, den Zuschauern die Suppe zu versalzen.

Sowohl Pasolini als auch Debord reagieren damals auf ein Phänomen, das bis heute nur unzureichend untersucht wurde: die Geburt des neuen Mittelstands. Beide erkennen, dass diese Formation weniger ökonomisch als kulturell bestimmt ist. Zum Mittelstand gehört, wer meint dazuzugehören, ganz gleich welche Position er in der Arbeitswelt bekleidet. Von dieser imaginären Konstruktion wird in *In girum* ein (zumindest für Frankreich) fundamentaler Bestandteil erwähnt: die Wohneigentumsförderung. In jenen Jahren erblühen überall Siedlungen von serienmäßig hergestellten Eigenheimen. Zwar macht die damalige Inflation die Ratenzahlungen günstiger, trotzdem ketten sie mittelmäßig bezahlte Arbeitnehmer noch enger an ihren Job, als die Miete es tat. Aber der Wandel ist vor allem ein symbolischer. Auf einmal werden Arbeitnehmer zu Eigentümern! Formal sind sie es zwar nicht (ein berühmter Komiker jener Zeit meinte: »Dreißig Jahre lang bezahlst du den Kredit, dann besitzt du die Ruinen!«). Entscheidend ist jedoch, dass sie die Arbeiterklasse mit all ihren symbolischen Werten verlassen haben. Wie kann man Proletarier und Eigentümer sein? Als Thatcher an die Macht kam, bestand ihr großes Versprechen darin, »aus Großbritannien eine Nation von Wohneigentümern« zu machen. Diese Maßnahme war es, die definitiv überall die qualifizierten Arbeitnehmer in Reihenhäusern von den Geringverdienenden in den Trabantenstädten trennte und zwar: kulturell. Fortan würden sie sich in zwei verschiedenen Lebenswelten bewegen. Die Konsequenzen sind heute noch zu spüren. Diese Trennung in Debords Film entspricht noch der seit Siegfried Kracauer klassischen Typologie des »Angestellten« im Gegensatz zum klassenbewussten »Arbeiter«. Zum neuen Mittelstand zählten die Beschäftigten im expandierenden Dienstleistungssektor, außen vor blieb die heile Figur des Industrieproletariats. Diese Dichotomie findet sich auch in seinem Hauptwerk *Die Gesellschaft des Spektakels*, das sowohl die Beschreibung einer absoluten, vollendeten Entfremdung als auch die Beschwörung des revolutionären Klassenkampfs enthält. Ich habe bei Debordianern erlebt, wie bequem unfalsifizierbar diese Sichtweise ist: Zeigt ein Proletarier Anzeichen von »falschem Bewusstsein«, dann wird er einfach zum *cadre*, zum Mittelstandsmenschen deklariert. Allerdings sollte sich die Grenze zwischen dem Angestellten und dem Arbeiter sowie zwischen Dienstleistung und Industrie sehr bald verflüssigen.

Für Pasolini hingegen betrifft die Metamorphose nicht nur den Mittelstand, obschon sie von dort aus ihren Weg begann. Sie ist klassenübergreifend, verwischt alle etablierten ökonomischen, sozialen, geografischen und kulturellen Differenzen, und gerade das macht sie aus. Aus diesem Grund beginnt er, von einer »anthropologischen Revolution« bzw. »Mutation« zu sprechen. Um seinen Gedankengang zu rekonstruieren, müssen wir uns vergegenwärtigen, dass Pasolini eher ein Mann des Wortes denn ein Filmemacher war. Vordergründig lässt sich die Mutation, die er meint, in der Sprache feststellen. Als Schriftsteller hat er sich zeitlebens an der Mannigfaltigkeit der Dialekte und Sprecharten ergötzt, die Italien zu bieten hat. Er hat auf Friaulisch gedichtet, als er dort mit den Bauern lebte, und verewigte in Buch und Film den bildreichen Slang der *accattone*, jener Tagediebe aus der römischen Vorstadt. An den jeweiligen Sonderkulturen liebte er die sprachliche Inventivität, die spontanen Wortbildungen, die Bonmots, womit einfache Menschen ihren Alltag poetisch gestalteten. Nach eigener Aussage galt seine Leidenschaft den verschiedenen, eigentümlichen Arten, »Mensch zu sein«. An diesem Punkt treffen sich übrigens seine speziellen Vorstellungen von Kommunismus und Christentum. Um die ungebildeten, doch geistreichen Menschen zu charakterisieren, mit denen er bevorzugt verkehrt, spricht er von *grazie* – das Wort bedeutet sowohl Anmut als auch Gnade. Elend und Leiden zum Trotz vermochte das bäuerliche und subproletarische Leben noch, »eine Art ›realen‹ Glücks in den Leuten auszudrücken«. *Beati pauperes spiritu.* In diesen Milieus waren selbst die Idioten liebenswert, denn im Gegensatz zum Kleinbürger heuchelten sie nicht. Freilich ist das kein Grund, Armut zu glorifizieren, doch, fragt Pasolini, war nicht Glück das revolutionäre Ziel? Welcher Fortschritt ist das, der den Menschen die Lebensfreude nimmt?

Nun muss er zusehen, wie die Vielfalt der lebendigen Redensarten ähnlich einem Korallenriff nach Anstieg der Meerestemperatur rasant verblich und verkalkte. Kein Mensch versteht mehr die Wortbildungen, die er zehn Jahre zuvor leidenschaftlich protokolliert hatte. Stattdessen wird wie am Fließband ein standardisiertes Neusprech reproduziert, das durch Fernsehen, Mode und Hochschule in die Köpfe strömt. Die Menschen mögen sich mehr Komfort erfreuen und eine bessere Ausbildung erhalten haben, die Poesie, die Gunst der Spontaneität haben sie allemal eingebüßt. »Sie sprechen wie gedrückt«, schreibt er. Selbstverständlich hat die Vereinheitlichung viel dramatischere Effekte bei Randgruppen als im Kleinbürgertum – Letzteres hat bloß eine Konvention gegen eine andere eingetauscht.

Ich weiß: Leicht ist es nicht, sich die Verknappung der Sprachen zu vergegenwärtigen. Es verhält sich wie mit dem Vogelschwund: Noch hören wir Gezwitscher, daher ist uns nicht bewusst, dass es früher im Walde viel lauter war. Wenn das Phänomen nicht abgestritten wird, dann wird es für nebensächlich oder gar wünschenswert gehalten. Schließlich sei es eine gute Sache, wenn Menschen sich ohne Sprachbarrieren verständigen können. Ohnehin zeuge das Beharren auf Dialekt von Lokalpatriotismus und höchst verdächtigem Essentialismus. Es sei also erläutert, worum es eigentlich geht. Erstens offenbart sich hier, wie hohl das ständige Gerede über die Vielfalt ist, die das liberale Zeitalter angeblich entfacht. Diese wird mit der Koexistenz verschiedener Codes verwechselt, die die Zugehörigkeit zu einer bestimmten Szene signalisieren. Das hat wenig mit der Auswahl des treffenden Synonyms zu tun oder der agonistischen Überbietung mit überraschenden Redewendungen, die den lebendigen Sprechakt ausmachen. Zweitens weiß jeder Polyglott, dass das Wertvollste an jedem Idiom gerade der unübersetzbare Teil davon ist. Darin offenbart sich die Multiplizität der möglichen Wahrnehmungs- und Denkweisen. Mit jeder aussterbenden Sprache (es verschwindet im Durchschnitt eine pro Woche!) geht ein Teil der menschlichen Erfahrung verloren. Schließlich, und darauf legt der Dichter Pasolini besonders Wert, lässt sich ein Sprechakt nicht auf seine Funktionalität reduzieren. Vom tatsächlichen Gegenstand abgesehen, liegt ein eigentümliches Entzücken in der einfallsreichen Konversation an sich. Im Optimalfall macht es noch mehr Spaß, von einem Gericht oder einer Liebesnacht zu erzählen, als die Sache selbst! Nur, und damit kommen wir auf die soziale Dimension zurück: Diese Sprechkultur ist eher in Spelunken zu Hause als in literarischen Salons. Sie bildete schon immer den Reichtum der Mittellosen. Doch mit der fortgeschrittenen Vermittelständischung (ein Wort, dessen Klang dem Phänomen recht gut entspricht) geht diese Vielfalt verloren. Ich musste binnen relativ kurzer Zeit erleben, wie zusammen mit den Pariser Bistros die *gouaille* verschwand sowie mit den Londoner Pubs der wunderbare *rhyming slang* und mit den Eckkneipen die Berliner Schnauze. Man begebe sich in die *Lounges* oder die *Wine bars*, die diese Lokale ersetzt haben, und höre. Da relativiert sich sofort die vermeintliche kulturelle Überlegenheit der *global class*. Allein in den Randgebieten entstehen dank des Zusammenkommens verschiedener Einwanderergruppen interessante Slangs. Ob diese sich über das Klischeehafte der meisten Rap-Songs hinaus entwickeln können, bleibt abzuwarten.

Da er nicht nur Dichter, sondern als Filmemacher auch Inszenierungskünstler ist, fällt Pasolini zudem genervt auf, wie auf einmal Volk und Bourgeoisie, Bauerntum und Arbeiterschaft, Subproletariat und Intelligenz die gleiche Körpersprache annehmen. Gestik, Lächeln, Kleidung oder Frisur sagen nichts mehr über die soziale oder regionale Zugehörigkeit aus. Dazu schreibt er seinen berühmten Text über die »Sprache der langen Haare«, in dem er der damals entstehenden Popkultur vorwirft, die populären Kulturen zu verdrängen. Als ich das las, musste ich ganz schön schlucken. Das Argument kannte ich nur von Hardcore-Stalinisten, die Sex, Drugs und Rock 'n' Roll als Geheimwaffen des US-Imperialismus gegen die Einheit und Reinheit des Volkes verteufelten. Auf den zweiten Blick ist jedoch seine kritische Position gegenüber einer Jugendbewegung nachvollziehbar, die zum ersten Mal in der Geschichte zum globalen Massenphänomen wird (alle Vorläufer betrafen nur Randgruppen). Sicherlich übersieht Pasolini die permanenten Konflikte zwischen Dissidenz und Kommerz innerhalb der *counterculture*, wie sie damals hieß. Aber wenn wir seine Freibeuterschriften nicht als Anklage, sondern als Beobachtung lesen, müssen wir schon feststellen, dass er als Erster, ziemlich überdreht gewiss (er schreibt von »Völkermord ohne Erschießungen«), auf reale Probleme hinweist. Zum Beispiel auf den Autoritarismus der Antiautoritären (nach dem paradoxen Motto: Befreie dich!), der vielen Kindern dieser Elterngeneration später zu schaffen machte. Oder auf die Scham für die überlieferten Gewohnheiten und die Herkunft, ja für die Scham selbst, welche die zur Norm gewordene Befreiung nach sich zieht. Zweifelsohne ist Pasolini kein Feind der sexuellen Freizügigkeit an sich, diesbezüglich hat er sich in seinem Leben einiges erlaubt, sondern der aufgezwungenen Permissivität. Emanzipation kann nur Selbstemanzipation sein. Seine damaligen Vorbehalte werden heute von Sexologen bestätigt, wenn sie sagen: Früher kamen Menschen zu uns, weil sie Aussender von Trieben waren und nicht wussten, wohin mit ihnen; heute weil sie Empfänger von Reizen sind, die sie überfordern. Zu jener Zeit entsteht ein neuartiges Leiden: das Schuldgefühl, der Freiheit nicht gewachsen zu sein, sowie der Versuch, dieses durch simulierte Zufriedenheit zu unterdrücken. Im neoliberalen Zeitalter hat sich diese psychische Disposition auf alle Ebenen des Gesellschaftslebens ausgeweitet. Wer nicht gut zurechtkommt, ist selbst schuld.

Auch die Sonderkulturen, deren Diversität Pasolini begeisterte, werden von der neuen Norm entwertet, da alle gemäß dem neuen Maßstab irgendeinen Mangel aufzuweisen hatten. So wird heute die Überlegenheit des liberalen Westens gegenüber dem Rest der Welt behauptet. Es gibt keine Rassisten mehr, nur noch Islamkritiker. Aus all diesen Gründen betrachtet der Regisseur von *Große Vögel, kleine Vögel* die scheinbare Rebellion gegen die überkommenen Ordnungen als Kolonisation des Alltags durch globale Vermarktung (er nannte es »Konsumfaschismus«). An einem Punkt hat er sich jedoch offenbar getäuscht. Zu seiner Zeit scheint die Gesellschaft tatsächlich auf eine formale Uniformierung hinauszulaufen. Das Fernsehen ist der konkurrenzlose Volksempfänger. Meinungen und Verhalten werden zunehmend standardisiert. Selbst die Kultur der »Langhaarigen« ist in ihrer Ablehnung des Massenmodells ziemlich homogen. Noch ist nicht voraussehbar, dass überall Untergruppen und Subkulturen mit allen Mitteln versuchen werden, den Mainstream zu umgehen, Symbole zu entwenden und – meistens mit traditionellen Formen gemischt – einen eigenen Stil zu kreieren, welcher früher oder später wiederum nach einem kontinuierlichen Katz-und-Maus-Spiel von der Kulturindustrie übernommen wird.

Außer bei »Tatort« und Fußball hat das Fernsehen längst aufgehört, Leitmedium zu sein, über das Netz koexistieren zahllose Communitys, die nichts miteinander teilen. Das spiegelt die endlose Segmentierung wider, die sowohl in Arbeitsprozessen als auch im Konsum vorherrscht, den Übergang von der Massenware zum personalisierten Styling. Ebenfalls überholt ist die Feststellung Debords, in der Gesellschaft des Spektakels seien alle zur Passivität verdammt. Ganz im Gegenteil wird ein jeder permanent aufgefordert, sich aktiv einzusetzen. Ersetzt wurde der Massenarbeiter, der Befehle mechanisch durchführte, vom Selbstunternehmer, der die Initiative ergreifen muss. Man sitzt nicht mehr vor der Glotze, sondern gestaltet seine eigene Verbindung zur Welt über asoziale Netzwerke. Es sieht also so aus, als ob die prophezeite Gleichschaltung ausgeblieben sei. Darauf lässt sich leicht erwidern, dass kein Bruch erfolgt ist, sondern eine Fortsetzung. Das, was Pasolini beschreibt, ist eine Zwischenstufe der Mutation. Marktförmige Gleichmachung war die Vorbedingung marktförmiger Heterogenität. In einem ersten Schritt lässt der Supermarkt die umliegenden Läden pleitegehen, dann diversifiziert er sein Angebot. Was die Vielfalt angeht, hat Pasolinis Urteil nichts an Aktualität verloren: Kehrt man von einem fernen Landstrich in die Metropole zurück, sehen sie alle merkwürdig gleich aus, die unterschiedlichen Individualisten. Zudem ist es schon seltsam, in Berlin nicht am Aussehen ablesen zu können, ob jemand Hartz-IV-Empfänger oder Millionärserbe ist.

Als Pasolini die erwähnten Phänomene beschrieb, waren sie noch neu. Selbst wenn er auf wenig Zustimmung traf, konnten seine Zeitgenossen eine leise Ahnung davon haben, was er schmerzlich zu vermissen begann. Anders nach Jahrzehnten mittelständischer Prädominanz. Ziemlich erwartbar sind die Einsprüche, die gegen seine Mutationsgedanken erhoben werden können: Wer im Wohlstand lebt, hat gut reden, diesen zu verpönen und die Armut zu romantisieren. Was lässt sich gegen Vereinheitlichung sagen, wenn diese mehr Gesundheit, Bildung, Lebenserwartung ermöglicht? Der Mann hat doch Luxusprobleme! Letzteres stimmt genau. Im Grunde kann man die Mutation als veränderte Wertschätzung von Luxus definieren. Seinerzeit hatte der Maler Asger Jorn die Sache auf den Punkt gebracht, als er meinte: »Reichtum ist nicht Wohlstand, sondern Luxus. Man kann bar jeden Wohlstands in großem Luxus leben, wie ein Beduine der großen Epoche, und umgekehrt in viel Wohlstand und keinem Luxus wie ein wohlhabender Kalvinist aus Amsterdam. Im ersten Fall wird Wohlstand von den Bedingungen des nomadischen Lebens blockiert, im zweiten Fall die erfinderische Phantasie von einem Glauben gehemmt, der einen dazu verleitet, das Böse, die Sünde oder die Ästhetik zu meiden.« Nicht der Beduine, sondern der Kalvinist hat die Welt erobert. Bisher besaß jede Kultur, so wirtschaftlich unterentwickelt auch immer, eine eigene Vorstellung von Luxus, welcher je nachdem durch Kochkunst, Weingenuss, Tanz, Feste oder sonstigen Formen der antiökonomischen Verausgabung praktiziert wurde. Nehmen wir Äthiopien, eines der ärmsten Länder der Welt. Dort manifestiert sich das soziale Raffinement in *Buna*, einem Kaffeezeremoniell, das ziemlich viel Zeit in Anspruch nimmt. Vor den versammelten Gästen werden zunächst die grünen Kaffeebohnen aus dem Garten gepflückt, dann in einer Pfanne sorgfältig geröstet und in einem Mörser zermahlen. Den Besuchern wird das Pulver vorgeführt, damit sie dessen Aroma begutachten können, ehe es in einem Tongefäß zum Köcheln gebracht wird. Währenddessen werden Weihrauch und Duftholz auf die Glut geworfen. Noch soll der Kaffee ein Weilchen neben dem Feuer ziehen, ehe er in die Tassen gegossen und genossen wird, zusammen mit einer Pflanze namens *Teni adam*, welche die Bitterkeit des Getränks abmildert. Selbstverständlich ist das ganze Prozedere Anlass für ausgiebige Konversationen und feierliches Miteinander. Nach einer guten halben Stunde ist das Ritual durch, doch gebietet die Höflichkeit, es dreimal hintereinander zu wiederholen. Eine Ablehnung wäre beleidigend. Da *Buna* draußen vor der Tür stattfindet, kann sich der Passant sukzessiven Einladungen zum Kaffeeritual schwer entziehen. Auf diese Weise ist ein Tag schnell vergangen! Für ökonomisch denkende Menschen ist das Zeremoniell reinste Zeitverschwendung. So macht man auch die Tradition dafür mitverantwortlich, dass das Land in Armut stagniert. Auf dem Weg von einem Termin zum anderen verschlingt ein erfolgsbewusster Geschäftsmensch lieber seinen *Coffee to go* aus dem Styroporbecher. Luxus wird nur noch als Preiskategorie verstanden, ein Mittel der Absonderung und nicht des Teilens. Nichts gegen »Wohlstand für alle«: Lange bevor Ludwig Erhard die Parole übernahm, hatte sie der Wiener Anarchist Pierre Ramus propagiert. Alle Epochen träumten davon. Muss aber Wohlstand mit dem Verzicht auf Luxus bezahlt werden? Die Tragik dieser Frage war Pasolini wohl bewusst. Es sei wieder betont: Wenn er von einer Mutation ausgeht, dann weil er die beschriebenen Prozesse als unumgänglich betrachtet. Er wirbt nicht für die Wiederkehr zu vormutierten Zuständen, er teilt nur seine Zerrissenheit mit – was allemal produktiver ist, als Enthusiasmus vorzutäuschen.

Kommen wir zu einer strittigen Frage. Obgleich Pasolini schon immer nach Schwefel roch, ist er heute zunehmend von linker Seite aus dem Grund verrufen, dass er (wie auch Antonio Gramsci) ein Liebling der *Jungen Freiheit* und der sonstigen Neuen Rechten geworden ist. Als Toter kann er nichts dafür, und ich selbst bin keineswegs sein Anwalt. Fest steht allerdings, dass seine Verteidigung der Sonderkulturen mit nationaler Identität oder wie es heute heißt »Ethnopluralismus« nicht das Geringste zu tun hat. Ganz im Gegenteil: Die Nation war die erste Abstraktion, die sich über und gegen die regionale und kulturelle Vielfalt stellte. Das ist in Frankreich besonders offensichtlich, da die Bretonen, Pikarden, Elsässer, Okzitanier, Korsen, Katalanen und Basken so lange von dem zentralistischen Staat unterdrückt wurden, bis ihre Sprache und ihre Kultur beinah ausstarben. Doch kann das Gleiche von allen Ländern gesagt werden. Eine nationale Erfahrung haben die meisten Menschen zum ersten Mal gemacht, als sie für die Nation in den Krieg ziehen und sterben mussten. Und die Letzten, die sich heute noch darauf berufen, tun es in Ermangelung einer erlebten Kultur. Ebenso wenig ist Pasolini ein Verfechter regionaler Identitäten. An einer Stelle bemerkt er, dass die Sonderkulturen, von denen er spricht, transnational sind. Trotz aller Differenzen teile ein Bauer aus Apulien mit einem aus Anatolien mehr als mit seinen urbanen Landesgenossen. Dasselbe gelte auch für Fabrikarbeiter aus Turin und Detroit oder Taschendiebe aus Neapel und Rio de Janeiro.

Ein weiterer Topos, der gern von Neurechten vereinnahmt wird, ist Pasolinis ambivalente Haltung zur Abtreibung. Eine damalige Petition zu deren Legalisierung unterschreibt er zwar, doch nicht ohne sein Unbehagen verlauten zu lassen. Was ihn stört ist, dass über »die wirklichen Prinzipien« nicht diskutiert wird. Anthropologisch gesehen ist zumindest eine Revolution im letzten Drittel des 20. Jahrhunderts unbezweifelbar: Die Trennung von Sexualität und Fortpflanzung. Sie kam durch Technik zustande, wurde jedoch von einer Befreiungsideologie flankiert, die jegliche Reflexion über ihre weitreichenden Konsequenzen unterließ. Nach Pasolini erfolgen diese Umbrüche ganz im Sinne der Konsumgesellschaft. Ein Tor wurde geöffnet, wodurch sich das

Leben selbst in eine Ware verwandelt. Seltsamerweise wird dieses Thema selten von denjenigen angesprochen, die dreimal täglich mit dem Begriff Biopolitik gurgeln. Bedenken darüber werden katholischen Fundamentalisten überlassen. Dennoch können Rechte Pasolini nur unter Mühen für sich reklamieren. Wir können leicht erraten, wie er sich im Streit um die »Ehe für alle« positionieren würde: Das Paar nannte er »eine kleine kriminelle Vereinigung«.

Abgesehen davon bin ich kein unbedingter Anhänger von Pier Paolo Pasolini. Ich habe ihn als Zeugen zitiert, weil er mit seiner Sensibilität und seinen Übertreibungen auf ein wesentliches Element zum Verständnis der jetzigen Lage verwies. Er nannte es *acculturazione*. Gewiss sind jetzt seine Überlegungen Geschichte. Aber Geschichte ist wichtig. Sie erklärt zum Beispiel, warum diese Zeilen ketzerischer denn je in unseren Ohren nachhallen:

»Der Zwang zum Konsum ist ein Zwang zum Gehorsam gegenüber einem unausgesprochenen Befehl. Zwang, so zu sein, wie die andern: im Konsumieren, im Glücklichsein, im Freisein. Nie zuvor war das Anderssein ein so schweres Vergehen wie in unserer Zeit der Toleranz.«

5. Am Pflock des Augenblicks

Wenn sie über Zeit denken, verwenden die Aymara, ein in den Anden ansässiges indigenes Volk, eine ganz spezielle Körpersprache. Ihre Zeitachse ist nämlich umgekehrt orientiert als in sonstigen Kulturen üblich. Reden sie über künftige Ereignisse, zeigen sie mit dem Daumen über die Schulter; umgekehrt deuten sie mit der Hand vorwärts, wenn sie eine vergangene Geschichte erzählen. Dementsprechend heißt in ihrer Sprache letztes Jahr: »vorderes Jahr«. Ein klarer Verstoß gegen die intuitive Wahrnehmung, man hätte den gegangenen Weg hinter sich und das Ziel vor Augen. Naturgemäß bedingt der Körperbau die Zeitauffassung; Augen und Füße sind nun einmal nach vorn gerichtet. Dafür fußt die Wahrnehmung der Aymara auf einer nicht weniger evidenten Tatsache: Die Vergangenheit kann man sehen, die Zukunft nicht. Das Zeitauge ist nach hinten geöffnet. Unwillkürlich wird hier Walter Benjamins Angelus Novus ins Gedächtnis gerufen, jener rückwärtsblickende Engel der Geschichte. Er schaut auf das Trümmerfeld des Geschehenen, möchte gern verweilen und das Zerschlagene reparieren, doch hat sich in seinen Flügeln ein Sturm verfangen, den ihn rücklings ins Unvorhersehbare treibt. Gewohnt schonungslos schließt Benjamin: »Das, was wir den Fortschritt nennen, ist *dieser* Sturm.« Weltfremd ist die engelhafte Empfindung nicht. Seiner Zeitachse zum Trotz ist der geschichtlich denkende Mensch irgendwie doch Aymara. Er schaut nach hinten auf die abgelaufene Strecke. Er betrachtet die Steine, über die er gestolpert war, die

Schlaglöcher, in die er fiel, die schiefen Ebenen, die ihn vom geplanten Weg abrutschen ließen. Jedes Einzelereignis tritt von selbst in der Gesamtperspektive zum Vorschein. Und in diesem sich mit jedem Schritt ändernden Panorama vergegenwärtigt er sich die vielen Wegscheiden, an denen einmal eine Richtungswahl zu treffen war. Wäre ein anderer Pfad eine glücklicherer gewesen? Ist noch eine Kursänderung möglich? Gewiss kommen solche Mutmaßungen nicht ohne Sehnsucht vor; diese dürften jedoch keineswegs mit irgendeinem Früher-war-alles-besser-Gemecker verwechselt werden. Dafür sind auf der Strecke zu viele Verwundete und Verschüttete zu erblicken. Ebenfalls ausgeschlossen ist allerdings die zwangsoptimistische Vorstellung, sanft und unaufhörlich führe der Weg nach oben.

Vom geschichtlich denkenden Menschen war hier die Rede. Doch in der langen Nacht der Metamorphose erblindet das Zeitauge zusehends. Anscheinend verhält es sich ähnlich wie bei jenen Tiefseefischen, die zwar noch Augen besitzen, diese jedoch nach ihrer Abwanderung in die absolute Dunkelheit nicht mehr gebrauchen können. Per definitionem ist das verwandelte Wesen ein Wesen ohne Vergangenheit. Wieso sollte der Schmetterling seines Raupendaseins gedenken? Alle werden vom Imperativ getrieben: *Don't look back!* An die Stelle von Benjamins Angelus Novus ist ein fortschrittsorientierter Himmelsbote getreten, der unter seinem gestylten Outfit leicht als alttestamentliche Figur zu erkennen ist: jener Engel, der die Flüchtlinge aus Sodom und Gomorrha unter der Bedingung rettet, sie mögen niemals zurückblicken. Wer wie Lots Ehefrau gegen das Verbot verstößt und sich umdreht, erstarrt zu einer Salzsäule. Da treffen wir auf die plumpe Alternative, die nunmehr alle politischen Unterscheidungen ersetzt hat: Bewegung oder Erstarrung. Bewegung ganz gleich wohin und zu welchem

Zweck, allein, um nicht zu erstarren. Ein ähnliches Schicksal wie Lots Frau befällt übrigens Orpheus, als er die schöne Eurydike retten will. Trotz Verbot dreht er sich um, prompt verschwindet das Objekt seiner Begierde für immer in das Totenreich. Folgerichtig bezeichnet Jean-Claude Michéa die Angst liberal eingestellter Zeitgenossen, bloß nicht unter Verdacht zu geraten, sie seien in irgendeinem Bereich rückwärtsgewandt, Orpheuskomplex.

Bekanntlich wurde Anfang der Neunzigerjahre mit Pauken und Trompeten eine spezielle Theorie der anthropologischen Mutation verkündet: Mit dem weltweiten Sieg der liberalen Ordnung sah Francis Fukuyama das Ende der Geschichte aufkommen. Der Untergang des Ostblocks war nicht bloß ein Ereignis, es sei das Ereignis gewesen, das alle weiteren Ereignisse unmöglich machen sollte. Keine Revolution, kein epochaler Wandel sei noch zu erwarten, und zusammen mit der Zukunft würde auch die Vergangenheit entfallen. Das Gedächtnis schrumpft mit seinen Aufgaben. Nach Fukuyama (eher gesagt nach seinem Lehrmeister Alexandre Kojève und dessen eigenwilliger Hegel-Interpretation) entsteht zwangsläufig eine Retro-Mutation: Von der Last der Geschichte befreit wird der Mensch endlich wieder zum Tier. Wie das Schaf »an den Pflock des Augenblicks gebunden« (Nietzsche) ist er einem vegetierenden, gedankenlosen, doch immerhin befriedeten Dasein geweiht. Aber ach! Einige Kriege, Krisen und Katastrophen später musste Fukuyama eine ähnliche Desillusion verkraften, wie sie weiland Hegel in einem Brief an Friedrich Creuzer schilderte: »Ich bin gleich 50 Jahre alt, habe 30 davon in diesen ewig unruhvollen Zeiten des Fürchtens und Hoffens zugebracht, und hoffte, es sey einmal mit dem Fürchten und Hoffen aus; nun muss ich sehen, dass es immer fortwährt …« Es währte nach 1989 wie nach 1819 immer fort (man muss wie Kojève ein ganz spezielles Geschichtsverständnis haben, um Weltkriegen und Völkermorden zum Trotz stur zu behaupten, mit Napoleon habe alles aufgehört). Nein, kein Ende der Geschichte steht auf der Tagesordnung. Wohl eher ein Verlust der Historizität.

Angefangen mit dem Bildungssystem. Es wird oft vergessen, dass das ursprüngliche Operationsfeld des Neoliberalismus nicht die Wirtschaft war, sondern das Erziehungswesen. Nachdem Gary Becker und Robert Solow den monströsen Begriff »Humankapital« in die Welt gesetzt hatten, wurde das alte humanistische Bildungsideal für obsolet erklärt und über Bord geworfen. 1961 verfasste die OECD folgende poetische Zeilen: »Heute versteht es sich von selbst, dass es genauso notwendig ist, Menschen für die Wirtschaft vorzubereiten wie Sachgüter und Maschinen. Das Erziehungswesen steht nun gleichwertig neben Autobahnen, Stahlwerken und Kunstdüngerfabriken.« Also wurde Bildung nach Kunstdüngerart als Erwerb berufsrelevanter »Kompetenzen« neu definiert. Und weltweit standardisiert: Von der OECD geht alle drei Jahren die PISA-Studie aus, jene Kompetenzen-WM, die entgegen ihrer Behauptung keineswegs deskriptiv ist, sondern durchaus präskriptiv. Um im Ranking mit einer guten Zensur abzuschneiden, werden in jedem einzelnen Land die Lehrpläne entsprechend angepasst. Ganz oben auf der Bewertungsskala steht natürlich Mathe. Homo oeconomicus muss ja ständig Rechenaufgaben lösen. Auch ist Lesekompetenz in dem Maße wichtig, wie Informationen verarbeitet und Befehle richtig verstanden werden sollen. Eine naturwissenschaftliche Grundbildung ist für die Karriere von Vorteil und wird entsprechend unterstützt, eine sozialwissenschaftliche dagegen nicht – von Philosophie ganz zu schweigen. Ein paar Stunden Ethikunterricht reichen doch, um dem Nachwuchsbürger die heilige Trinität von marktkonformer Demokratie, Menschenrechten und Toleranz einzubläuen. In Zeiten der Mobilität behält Geografie einen gewissen Wert; man muss ja wissen, auf welchem Erdteil sich dieser Flughafen oder jener Kunde befindet. Besonders vernachlässigt sind hingegen alle Fächer, die den historischen Sinn, also den kritischen Sinn fördern könnten, Geschichtsunterricht im eigentlichen Sinne, aber auch Textanalyse, Literatur- oder Kunstgeschichte. Zur optimalen Formatierung des Humankapitals gehört die Überzeugung, die vorgegebene Lebenswelt sei weder historisch entstanden noch abschaffbar, sondern das Produkt zeitloser, unantastbarer Gesetze. So wurde eine Generation geschichtsfreier Schülerpisas gebacken.

Gemach: Leicht ließe es sich in die Verklärung der guten alten Zeiten hineinrutschen. »Die Jugend von heute lernt nichts mehr« – die Klage ist uralt, sie zeugt sozusagen von einer gewissen historischen Kontinuität. Nein, früher war der Geschichtsunterricht auch nicht toll, eine platte, ereignisbasierte Chronik der Sieger und Mächtigen. Bürgerliche Verehrung der großen Männer und Taten. Nationale Märchen. Lob des Grauens. Man hatte schon Glück, wenn einen ein linker Lehrer auf Brechts »Fragen eines lesenden Arbeiters« hinwies. Schließlich liegt es in der Natur der Sache, dass jedes Herrschaftssystem sein selbstlegitimierendes Narrativ überliefert. In der Regel bleibt dieses aber nicht unwidersprochen. Geschichte ist kein Stillleben, sondern ein vergiftetes, umkämpftes Schlachtfeld. Überdies ist der Aymara-Blick nicht dem Schulunterricht vorbehalten. Das ganze 20. Jahrhundert wimmelt von Konflikten um die Deutung des Geschehenen. Die Arbeiterbewegung pflegte ihre eigene Oral History, politische Parteien und Gruppierungen boten ihren Mitgliedern eine weiterzutragende Tradition. Auch die verschiedenen Subkulturen (man denke etwa an die Black-Power-Bewegung) bemühten sich um die Rekonstruktion der eigenen Vergangenheit.

So paradox, wie es scheint, Zeiten des Aufbruchs und der Revolte sind zurückblickende Zeiten. Es ist merkwürdig, wie heute noch »die Ideen von 1968« von reumütigen Veteranen wie nostalgischen Spätgeborenen entweder verdammt oder verklärt werden. Der Witz an der Sache ist: Diese Ideen waren damals keineswegs neu. Vielmehr war der Aufbruch der Sechziger- und Siebzigerjahre von einer leidenschaftlichen Neuentdeckung und Rückaneignung verborgener, heterodoxer, unterlegener Tendenzen des vorangegangenen Jahrhunderts geprägt – Rätekommunisten, Anarchisten, Dadaisten, Surrealisten und noch mehr -isten. Auch die Popmusik setzte ein, als weiße Engländer die schwarzamerikanische Ghettokultur übernahmen. In der Publizistik jener Zeit überwogen Neuauflagen die Erstausgaben. Hippies, Pazifisten, Drogenfreaks, Nudismus, Feminismus, freie Liebe, antiautoritäre Erziehung, Psychoanalyse, Orientalismus, Vegetarismus: Alles schon mal da gewesene, nämlich in den zwei Jahrzehnten, die dem ersten Weltschlamassel vorausgingen. Und die Lebensreformer jener Zeit hatten ebenfalls nach hinten geschaut, auf die Romantiker, Frühsozialisten, Utopisten, Hexen, Piraten, radikalen Mystiker und Chiliasten der vormodernen Epoche. Neue Experimente brauchen neue Vorbilder im wahrsten Sinne des Wortes, und sei es nur, um diese dann verunstalten und verraten zu können. Durch das Labyrinth des Wirklichen hilft nur der Ariadnefaden des »objektiv-real Möglichen« (Bloch). Nur regressive Epochen gucken nach vorn. Genauer gesagt: Wer sich wie die selbst ernannten Trendforscher und »Zukunftsexperten« verbietet, rückwärtszublicken, schaut deswegen nicht vorwärts, sondern auf die eigenen Füße. Ihre Prognosen sind bloß Extrapolationen der Gegenwart. Daher werden sie meistens so böse widerlegt, wie die vorweihnachtliche Zuversicht von Bertrand Russells Truthahn, morgen komme wie üblich der wohlwollende Züchter, um ihn prächtig zu füttern. Stattdessen kommt das Dementi mit dem Messer.

Um die obige Behauptung zu nuancieren: Es gab doch neue Ideen um 1968 herum, allerdings waren das diejenigen, die heute weitgehend in Vergessenheit geraten sind. Dank der erreichten Niveaus der Produktivkräfte wurde zum ersten Mal nicht nur die Armut unter Kritik gestellt, sondern auch das dominante Bild des Wohlstands, nicht nur die Knappheit, sondern auch der Warenüberfluss, nicht nur die Ausbeutung der Arbeit, sondern die Arbeit an sich. Da jedoch die offizielle Geschichte jener Zeit von Menschen erzählt wird, die von solchen Ideen keinen blassen Schimmer haben, wird die Chiffre 1968 auf Ideologien reduziert, die damals schon rückständig waren und mühelos als überholt erklärt werden können.

Es nimmt also nicht wunder, dass die neoliberale Ordnung die Ausmerzung der Geschichtlichkeit fördert. Sonderbar ist allerdings, dass diese Unternehmung von einer Tendenz beflügelt wird, die sich als links und emanzipatorisch verortet. Ein Fallbeispiel unter vielen: Unlängst forderten Studenten der Londoner School of Oriental and African Studies (SOAS) eine grundlegende Reform: Sie wollten nur noch Philosophen studieren, die »aus dem globalen Süden oder der Diaspora« stammten. Sollte es gegebenenfalls unvermeidlich sein, dass »weiße Philosophen« auf dem Lehrplan stünden, dann müsse »ihr Werk kritisch beleuchtet und der koloniale Kontext bedacht werden, in dessen Rahmen die Denker der sogenannten Aufklärung schrieben«. Wir begrüßen die Rückkehr der Rassentrennung in postkolonialem Gewand! Weißheit wiegt schwerer als Weisheit. Demnach gibt es also eine senegalesische Logik, eine koreanische Phänomenologie, eine bengalische Vernunft, vielleicht auch eine papuanische Mathematik, die mit ihren weißen Entsprechungen inkommensurabel sind und darum niemals vermischt werden dürfen. Was sind das Descartes'sche *Cogito*, der Kant'sche kategorische Imperativ? Lauter eurozentrische Narrative, die nur mit Verweis auf ihre koloniale Funktion angefasst werden dürfen. Solch ein Obskurantismus fällt sogar hinter der vormodernen Epoche zurück. Im Mittelalter hatten katholische Kleriker keine Bedenken, von heidnischen Philosophen und islamischen Wissenschaftlern zu lernen. Vielmehr erinnert der Kulturseparatismus an die Talibanschulen, dort sind ja westliche Wertekanons schon längst verboten.

Erwartungsgemäß wurde der Vorfall von der Boulevardpresse aufgegriffen und als weitere Entgleisung der politisch korrekten Linken verschrien (die *Daily Mail* titelte: »They Kant be serious!«), was Linke wiederum reflexartig zur Solidarisierung mit den Studenten veranlasste. Es gebe kein Grund, sich zu echauffieren; schließlich sei die SOAS auf afrikanische und asiatische Kulturen ausgerichtet. Es sei also verständlich, dass dort eine Einführung in die Philosophie andere Schwerpunkte legen sollte als etwa an der London School of Economics. Dem sei heftig widersprochen: Gerade die Ausrichtung ist ein Grund mehr, sich mit europäischer Philosophie zu beschäftigen. Nicht von ungefähr hatten die meisten antikolonialen Intellektuellen und Anführer in Paris oder London studiert, dort konnten sie den schreienden Widerspruch zwischen dem abstrakten Universalismus und dem konkreten Rassismus des Westens hautnah erleben. Weil die Theorien ihrer Unterdrücker in krassem Gegensatz zu deren Praxis standen, konnten sie eben als Waffen auf die Unterdrücker gerichtet werden. Um unter vielen nur Frantz Fanon zu erwähnen, den Vordenker der Postcolonial Studies schlechthin: Wie könnte sein Werk verstanden werden, ohne von Hegel, Nietzsche, Freud oder Sartre Kenntnis zu haben, mit denen er sich permanent auseinandersetzt, von Marx ganz zu schweigen? Die emanzipatorischen Kämpfe der Schwarzen (und der Arbeiter, der Frauen, der Schwulen usw.) waren und bleiben Teil eines dialektischen Prozesses. Sie offenbaren das Unausgesprochene der europäischen Aufklärung und streben zugleich nach der Einlösung der von ihr verkündeten Prinzipien. Das Negative ist die bewegende und erzeugende Kraft. »Liberté«, »Égalité«, »Fraternité«: So wurden während der Französischen Revolution Sklavenschiffe getauft. Als die Sklaven von Haiti die Nachrichten aus Europa hören, rebellieren sie gegen ihre französischen Herrscher. Dabei werfen sie nicht die Erklärung der Menschenrechte als »weißes Narrativ« ins Meer, nein, sie reklamieren sie für sich. *Meanwhile, back in Tübingen*: Als Georg Wilhelm Friedrich Hegel bei seinem »Morgengebet« (der Zeitungslektüre) von der haitianischen Revolution erfährt, wird er von einem Gedankenblitz getroffen und schreibt seine Herr-Knecht-Dialektik nieder. So comicartig verlief die Story wahrscheinlich nicht. Dennoch wird Hegels Theorie 150 Jahre später einen starken Einfluss auf vom Kolonialismus unterdrückte Intellektuelle ausüben. So verläuft die Verbindung zwischen Ideengeschichte und sozialen Kämpfen. Doch offensichtlich ist der einzige Kampf, worum es den oben erwähnten Studenten geht, der Kampf um Lehrstühle und Posten. Wenn eine Sonderstellung für Denker »aus der Diaspora« gefordert wird, dann, um sich als Stellvertreter des »globalen Südens« einen unanfechtbaren Vorteil im intellektuellen Konkurrenzkampf zu verschaffen.

Seit geraumer Zeit ist demnach der Jagd auf den Dwem eröffnet. – Das Akronym steht für *dead white european male*. Die Dwems bevölkern alle möglichen Bereiche: Universitäten, Theater, Kinos, Museen, Verlagskataloge. Sie dezimieren den Lebensraum andersartiger Lebewesen, versperren ihnen den Zugang zu symbolischen wie materiellen

Ressourcen. Darum werden die Hüter der Habitate inständig aufgefordert, sie zu eliminieren oder zumindest ihre Präsenz drastisch zu verringern. Hinter jeder historischen Figur des überlieferten Bildungskanons verbirgt sich ein Dwem. Wie beim Wurfspiel auf dem Jahrmarkt werden sie der Reihe nach umgestoßen. Ein leichtes Spiel: Aristoteles? Ein Sklavenhalter. Rembrandt, Shakespeare, Beethoven? Weiße Männer. Und so weiter, von noch blamableren Fällen wie etwa Heidegger ganz zu schweigen, der als Antisemit tunlichst entsorgt werden muss. Rosa Luxemburg war zwar Frau, Kommunistin und Jüdin, doch nichtsdestoweniger eine Europäerin und als solche von kolonialer Schuld nicht unbefleckt. Denn es geht eben nicht darum festzustellen, ob etwa Descartes im realen Leben wirklich frauenfeindlich oder Einstein ein Rassist war. Ganz gleich, wie sie sich persönlich verhielten, alle Dwems teilen zumindest einen gemeinsamen Makel: in einer Gesellschaft gelebt zu haben, die Frauen, Homosexuelle, Nicht-Weiße, Nicht-Europäer ausschloss. Allein auf dieser Exklusion sei ihr geschichtlicher Rang aufgebaut. Nach dieser Auffassung sind selbst kollektive, freiheitliche Akteure der Vergangenheit, etwa die Erste Internationale oder der antifaschistische Widerstand, nichts anderes als Dwem-Konglomerate. Wie in Nietzsches wunderbar ironisch-prophetischer Bemerkung zusammengefasst: »›Ehemals war alle Welt irre‹ – sagen die Feinsten und blinzeln.«

Im Zuge der grassierenden Mode der Biografien geht die Beweisführung ins Detail. Von schreibenden Untersuchungsrichtern werden wir akribisch instruiert, dass diese Revolutionärin eine schlechte Mutter war, jener Romancier ein autoritärer Vater und jener Künstler sich nie um den Haushalt kümmerte. Genie und Work-Life-Balance vertragen sich nun einmal schlecht. Ob Mann oder Frau, irgendwann muss die Entscheidung getroffen werden: Entweder *Vita ac-*

tiva schreiben oder die Wohnung putzen. Biografien sind das, was von der Geschichte übrig bleibt, wenn größere Zusammenhänge als fiktive Erzählungen erledigt worden sind. Da fällt einem wieder Hegel ein: »Es gibt keinen Helden für den Kammerdiener; nicht aber weil jener nicht ein Held, sondern weil dieser – der Kammerdiener ist.« Nur ergibt der Satz im postheroischen Zeitalter keinen Sinn mehr. Wie die Einhörner gelten Helden und Genies als imaginäre Gestalten aus abergläubischen Epochen. Es bleiben nur noch die Kammerdiener, sprich: Dienstleister, und sie trösten sich über ihre Handlungsunfähigkeit dadurch hinweg, dass sie im Gegensatz zu ihren ruhmreichen Vorfahren zumindest gendergerecht, ökobewusst und tolerant sind, also moralisch-sittlich überlegen. »Die Weltgeschichte ist das Weltgericht«: Der Vers wird auf eine Weise aktualisiert, die Schiller sich wohl nicht hätte träumen lassen: Die Lebenden verhängen über die Toten ein unwiderrufliches Schuldurteil.

Unter den vier Sünden des Dwems ist »dead« am fatalsten. Der Tod kennt keine Wiedergutmachung. Menschen des Mittelalters hatten ein geflügeltes Wort: »Wir sind Zwerge auf den Schultern von Riesen.« Gemeint war: Zwar kann der heute Lebende weiter blicken als die vorangegangenen Generationen, aber nur weil er auf deren kumulierten Erkenntnissen steht. Das war ein Doppelbekenntnis zu Fortschrittsoptimismus und Demut. Umgekehrt könnte das Mutantenmotto sein: Wir sind Riesen auf den Schultern von Zwergen. Wir sehen nicht weiter, wir schwellen bloß auf. Was kümmern uns die Toten unter unseren Füßen? Sie haben in der komplett neuen Realität nichts zu melden. Symptomatisch für diese Haltung ist die hartnäckige *urban legend*, wonach heute auf der Erde mehr Menschen leben würden, als insgesamt jemals auf ihr gestorben sind. Die Zahl unserer Zeitgenossen sei größer als die Gesamtzahl unserer Vorfahren. Zwar genügt eine einfache Rechnung, um die

Aussage zu widerlegen, doch interessanterweise kursiert sie immer weiter; sie erscheint plausibel, weil sie das weit verbreitete Gefühl zu bestätigen scheint: Die Gegenwart wiegt schwerer als die Vergangenheit.

Offensichtlich stammt das Grundmuster dazu aus der Stalinzeit. Der *Homo sowjeticus* kann mit einigem Recht als der erste Mutant bezeichnet werden. Zum ersten Mal wurde damals eine absolute Scheidelinie zwischen dem neuen und dem alten Menschen, zwischen proletarischer und bürgerlicher Kultur behauptet. War es unvermeidlich, Denker aus der kapitalistischen Epoche zu erwähnen, dann musste ihre Klassenherkunft hervorgehoben werden (wie heute die Hautfarbe der Aufklärungsphilosophen). Nach hinten schauen war Verrat am Sozialismus. Einmal fand ich in einer Propagandabroschüre aus der Zeit den Hinweis: besser Stalin lesen als Marx, denn der ganze Marx sei sowieso in Stalin enthalten, dafür in einfacherer und modernerer Form. Es war die Faszination für die Tabula rasa und den radikalen Neuanfang, die Linksintellektuelle für die KPdSU und seinen genialen Führer gewann. Aus dem bürokratischen Neusprech wurden Stil und Poesie ähnlich verbannt wie heute aus dem gegenderten. Wer sich für die Genese der politischen Korrektheit interessiert, wird bei Milan Kunderas *Der Scherz* fündig. Zum Glück gibt es einen wesentlichen Unterschied: Heutige Politkommissare verfügen über keinen KGB, um ihre Weltanschauung durchzusetzen. Ein weiterer Unterschied besteht darin, dass sie nicht mehr behaupten, stellvertretend für das Proletariat zu sprechen, sondern für jeweils diskriminierte Gruppen und Subgruppen, die nebeneinander oder in Konkurrenz zueinander stehen.

Damit kein Missverständnis entsteht: Selbstverständlich ist es notwendig und richtig, sich von der euro- und andro-zentrischen Perspektive zu lösen. Es ist ein Skandal, dass hervorragende Denkerinnen und Künstlerinnen noch heute ebenso wenig in der kanonischen Geschichtsschreibung vorkommen wie Philosophen und Erfinder aus Indien, China oder Mali. Ohnehin ist der Kult der großen Persönlichkeiten nach wie vor virulent, während die gesellschaftlichen Bedingungen unterbelichtet bleiben. In dieser Hinsicht leisten feministische Forschung, Cultural Studies und Popular History wichtige Beiträge, solange diese sich als Korrektive, Ergänzungen und Erweiterung der globalen Perspektive begreifen und nicht als deren Verneinung. Erfreulicherweise ändert sich das Panorama, das sich dem rückwärtslaufende Geschichtsengel darbietet, immerfort. Es lebe die permanente Rekonstruktion! Nicht aber die permanente Dekonstruktion, wodurch das Gesamtbild in singuläre Identitätsfragmente zersplittert. Hier treffen wir auf denselben postmodernen Perspektivwechsel, der schon im vorletzten Kapitel angesprochen wurde. Grundsätzlich lautet die Frage: Von welchem Standpunkt aus kann heute Geschichte geschrieben werden? Die national zentrierte Erzählung ist in der globalen Welt so wenig angesagt wie eine handelsprotektionistische Grenzschließung. In der postheroischen Epoche sind Heldenepen aller Art suspekt. Geschichte »von unten« wird schnell der Vereinfachung, Parteilichkeit, in einem Wort: des Populismus bezichtigt. Wiederum gerät jeder Versuch einer universalen Geschichtsschreibung automatisch in den Verdacht des Kulturimperialismus.

Was bleibt also? Anscheinend besteht die einzig legitime Verbindung in die Vergangenheit in der Thematisierung eines erlittenen oder geerbten Unrechts. Zugelassen ist nur die Identifikation mit den Verfolgten und Ermordeten der Weltgeschichte, genauso wie gegenwärtige Proteste auf partikulare Diskriminierungen fokussiert sind. Ein breiterer Winkel würde das Leid nur bagatellisieren. Wie der italienische Literaturwissenschaftler Daniele Giglioli schreibt: »Das Opfer ist der Held unserer Zeit. Opfer zu sein [...] erzeugt machtvoll Identität, Anrecht, Selbstachtung. Es immunisiert gegen jede Kritik, garantiert eine über jeden vernünftigen Zweifel erhabene Unschuld.« Infolgedessen wird Geschichte zum Selbstbedienungsladen, zu dem allerlei minderheitliche Identitäten einen eigenen Zugang haben, um die ihnen bevorzugten Erzählungen auszuwählen. Das Bild gilt übrigens generell für die mutierte Kultur. Symbolisch gesehen war das Wissensgebäude vor der Mutation einer Kirche ähnlich, in der ein unfehlbarer Klerus seiner versammelten Herde die einzig gültige, kanonische Wahrheit vermittelte. Als Menschen sich zunehmend gegen dieses Dispositiv auflehnten, wurde die Kirche in einen Supermarkt umgewandelt. Fortan wurde in den Regalen »Politik«, »Religion«, »Zeitgeschehen« oder eben »Geschichte« ein reichliches Sortiment von bunt verpackten Wahrheiten angeboten.

Die neuen Rechten haben ganz gut gelernt, auf dieser Klaviatur zu spielen. Sie fordern einen gleichberechtigten Zugang zum Supermarkt. Die nach Identitäten zugeschnittene Erinnerungspolitik ist ihnen Wasser auf den Mühlen. Anstatt die Welt erobern zu wollen, haben sie neuerdings ihren stumpfen Nationalismus relativistisch in »ethnischen Pluralismus« umgetauft. Sie verlangen das Recht, sich auf die weiße abendländische Kultur zu beschränken, so wie andere sich auf die nicht-weiße, außereuropäische. Vorbei sind die Zeiten des Heldentums, auch sie stellen sich als Opfer dar, Opfer der »linksgrünversifften Meinungsdiktatur« oder einfach: Opfer der Opfer. Wenn alle vernichteten Leben historisch äquivalent sind, dann gäbe es keinen Grund, der Opfer der Bombardierung Dresdens anders zu gedenken als der ermordeten Juden. Die Holocaust-Leugnung gehörte noch zur vormutierten Zeit, als es für nötig gehalten wurde, mit faktischen »Beweisen« zu argumentieren. Wie ich auf einer Webseite der Alt-Right las, wird jetzt der Holocaust frei nach Lyotard ein »Meta-Narrativ« genannt, dessen legitimierender Funktion gegenüber Skepsis geboten sei. Selbstverständlich ist hier der postmoderne Diskurs komplett verlogen, er bringt jedoch die Gegner in Erklärungsnot und das ist schließlich seine Funktion.

Mutierte Geschichtsschreibung ist nicht Linken und Rechten vorbehalten. Neuerdings wollen bürgerliche Politiker in Frankreich die seinerzeit viel verlachte alte Formel »unsere Vorfahren, die Gallier« wieder in den Schulunterricht einführen. Abgesehen davon, dass der Ausdruck für die historische Formierung der Landesbevölkerung nicht einmal stimmt, geradezu albern wird er, wenn Schülern gelehrt, die aus Algerien oder Vietnam stammen. Nun argumentieren die Konservativen: Ob die Formulierung wahr oder falsch ist, spielt keine Rolle, Hauptsache, sie trägt zur »großen nationalen Erzählung« bei. Integration beginnt mit einem gemeinsamen Märchen.

Wir sehen: Nicht jeder Blick nach hinten ist historisierend. Dafür ist eine 3D-Brille erforderlich, die dem Panorama Tiefe verleiht. In Ermangelung dessen wird Geschichte zweidimensional wahrgenommen. Sobald die Präsenz eines unbeugsamen anderen vermutet wird, hört die supermarktförmige Toleranz auf. Leicht wird dann die archaische Opposition von Gut und Böse wiederhergestellt. Was ist das Selbstverständnis der Mutanten, wenn nicht dem Reich des Guten anzugehören – meistens »Wertegemeinschaft« genannt? Sie hätten für die Verbrechen ihrer Vorfahren feierlich Buße getan und halten sich deswegen für quitt, sie beanspruchen »die Lehren aus der Geschichte gezogen« zu haben, sprich, sie haben sich aus der Geschichte herausgezogen und sich im harmonischen Olymp der Posthistoire eingerichtet. Werte sind zeitlos. Sie sind aber auch anfällig. Der wiedererrungenen Unschuld zum Trotz ist offenbar kein Weltfriede eingetreten. Die offene Gesellschaft ist von Feinden umringt. Um unsere menschenfreundlichen Werte zu verteidigen, erklären sich Generäle bereit, notfalls Atombomben auf Millionen Chinesen oder Perser abzuwerfen.

Bekanntlich wurde das »Dunkle Zeitalter« im 19. Jahrhundert erfunden. Um eine große Erzählung des Fortschritts anzulegen, die mit ihrer eigenen Epoche kulminierte, hatten die bürgerlichen Historiker jener Zeit das Mittelalter willentlich in überdüsteren Farben geschildert. So konnte jegliche Kritik des industriellen Elends, der kolonialen Unterdrückung oder der Naturzerstörung mit dem kategorischen Argument gekontert werden: »Sie wollen doch nicht ins Mittelalter zurückkehren!« Einem ähnlichen Muster folgt die mutierte Sicht auf das Weltgeschehen. Anders als zur Zeit des Kalten Krieges werden nicht zwei ideologische Systeme gegenübergestellt (Kapitalismus gegen Kommunismus), auch nicht geografische Räume (obschon Russland heute wie 1914 eine opportunes Feindbild bietet), sondern zwei Zeitlichkeiten. Gegner der Mutation mögen aus ganz verschiedenen Überzeugungen und Motiven agieren, eins sollen sie gemeinsam haben: Mental, so warnt man, leben sie im Dunklen Zeitalter. Die Idealfigur dessen gibt selbstverständlich der Islam als erstarrtes Mittelalter ab, als exaktes Gegenstück der mutierenden Welt. Das Islam-Feindbild hat den großen Vorteil, dass sich dagegen Rassisten wie Feministinnen, Verfechter des christlichen Abendlandes wie der säkularen Globalisierung einig sein können. Aufklärerische Religionskritik wird mit Urphantasmen von Invasion, sexueller Nötigung und Mord vermischt. Die Mutation besteht eben in der Vermählung des Archaischen und der Moderne.

»Erklären ist bereits Entschuldigen« – diesen furchtbaren Satz sprach der damalige Premierminister Manuel Valls nach Attentaten in Paris. Das war eine kaum versteckte Drohung an Sozialwissenschaftler, die ergründen wollten, weshalb junge arabischstämmige Franzosen, westlich sozialisiert und Schüler der Republik, zu islamistischen Mördern und Selbstmördern geworden waren. Erklären! Wenn das keine Verharmlosung des Terrors ist! Oder gar eine strafbare Unterstützung! Das Böse ist böse, mehr ist dazu nicht zu wissen. Allmählich setzt sich der Trend durch. In Deutschland ist »Versteher« ein Schimpfwort geworden (»Putin-Versteher« etwa). Sosehr sich die Mutanten auf die Moderne berufen, ihre Weigerung, die Motive des anderen zu begreifen, lässt sogar die Heilige Inquisition als fortschrittliche Institution erscheinen. Schließlich setzte diese alle Mittel ein, Folter eingeschlossen, um zu untersuchen, zu verstehen, zu erklären, wieso Christen zu Sündern werden konnten.

Mangels verfügbarer Erklärungen wird im Reich des Guten das Zeitgeschehen zunehmend einer mittelalterlichen Chronik ähnlich, ein unentwirrbares Durcheinander von zusammenhanglosen Ereignissen und irrationalen Gerüchten, Überfällen von Sarazenen und kollektiven Hysterien, schicksalhaften Unfällen und obskuren Verschwörungsvermutungen, apokalyptischen Prophezeiungen und frommen Erlösungswünschen. Es wird sogar erzählt, dass die Wölfe in die Stadt zurückgekehrt seien. Doch hat die Bindung an den Pflock des Augenblicks auch weniger dramatische, scheinbar triviale Effekte, die wir jetzt begutachten wollen.

6. Selfiction

Auf einer Party wird eine junge Schriftstellerin von einem Gast gefragt, was sie denn für Romane schreibe. »Zeitgenössische«, antwortet sie. Ihr Gegenüber überlegt kurz, sagt dann: »Lass mich raten, Coming of Age? Elternsein und Ehekrisen mit cool dargestellten Sexszenen? Es sei denn, Du beschäftigst dich mit dem Leben deiner Oma im Nationalsozialismus oder deiner eigenen Jugend in der DDR …« Die Autorin ist sichtlich beleidigt; nicht nur weil sie die schmachvollen Untertöne dieses arroganten Typs nicht überhören konnte, er hat auch ins Schwarze getroffen. So belanglos die Anekdote ist, sie erzählt einiges über den Zustand der Gegenwartsliteratur. Und so belanglos der Zustand der Literatur für die Gegenwart auch sein mag, sie bleibt doch ein Seismograf jener Regungen niedriger Intensität, die die mutierte Epoche charakterisieren. Es sind nicht einmal die Themen an sich. Wenn man so will, erzählt auch *Madame Bovary* von Ehe, Familie und Sex, wobei unwahrscheinlich ist, dass Flaubert sein Werk so zusammengefasst hätte. »Ich schreibe zeitgenössische Romane.« Auf den ersten Blick scheint die Behauptung albern redundant. Von einem heute lebenden Autor erwartet wohl niemand, dass er vergangene oder zukünftige Bücher schreibt. Doch gerade die Tatsache, dass diese Trivialität als Selbstverständnis und Ortung hervorgehoben wird, spricht Bände. Freilich beschränkt sich das Phänomen nicht auf die Literatur. Auch für bildende Künstler, Musiker, Dramatiker, Philosophen und gar Politiker ist »zeitgenössisch« eine ausreichende

Selbstbezeichnung. Bei mir um die Ecke werden sogar »zeitgenössische Pizzas« verkauft.

So viel Zeitgenössisches war noch nie. Erinnern wir uns an die Zeit, als Künstler, Dichter und Denker sich als Avantgarde begriffen. Wie das Wort bereits anzeigt, war die Behauptung eine Wette um die Zukunft: Wir tapferen Kundschafter schlagen mit unseren scharf geschliffenen Schreibmacheten Wege durch den unentwirrbaren Buschwald der Konventionen, damit die breiten Massen diese morgen ganz selbstverständlich und bequem betreten können. Insofern war die Avantgarde *gegen* das Zeitgenössische gerichtet, die Botschaft war ja: Ihr Spießer haltet heute unsere Erzeugnisse für ungenießbar, doch bald werdet ihr die Suppe auslöffeln und gar um Nachschlag bitten! Der Avantgardismus setzte einen starken Zukunftsoptimismus voraus. Ganz gleich, was die augenblickliche Meinung von den heroischen Erneuerern hielt, die Anerkennung würde später kommen, post mortem wahrscheinlich (Ruhm während der Lebenszeit wäre sowieso suspekt), aber sie würde kommen. Die Wette war gewagt. Dennoch haben sie nicht wenige gewonnen. Freilich nicht, indem die eingetretene Wirklichkeit ihre sehnlichsten Wünsche posthum erfüllt hätte, doch immerhin ist es Symbolisten, Expressionisten, Suprematisten, Dadaisten, Surrealisten, Aktionisten und weiteren -isten gelungen, die Wahrnehmung der Nachwelt erheblich zu modifizieren, sei es dieser bewusst oder nicht. Nur, wer würde heute eine solche Wette eingehen? Dazu fehlt es eindeutig an Zuversicht. Das Zeitgenössische hat keine Zukunft. Morgen ist eine andere Gegenwart. In spätestens sechs Monaten werden alle Bücher, die jetzt auf Bahnhofsbuchhandlungstischen gestapelt sind, ausgemustert und vergessen sein. Schlauer ist, sich auf das heutige Publikum zu konzentrieren, um eine Momentaufnahme dessen unbeständiger Gefühlslage zu liefern.

Freilich hatten nicht alle schöpferischen Autoren und Künstler einen avantgardistischen Anspruch. Die meisten begnügten sich damit, modern zu sein. Die Moderne war keine Wette um die Zukunft, sondern ein Konflikt mit der Vergangenheit. In einer immer wieder aufflammenden *querelle* erhob das Neue Einspruch gegen das Alte, was natürlich voraussetzte, dass das Alte noch präsent war. Ohne Unmoderne kann es keine Moderne geben. Insofern war das Zeitgenössische kein kuscheliges Zuhause, sondern ein Schlachtfeld, überwacht von kanonischen Bastionen, die eine nach der anderen eingenommen werden mussten. Die Polarität konnte nur bestehen, wenn die Demarkationslinie klar markiert war – ist das modern oder kann das weg? Die Kriterien wechselten zwar häufig, doch war immer klar, wer drinnen oder draußen stand. Das funktionierte so gut, dass irgendwann das allerletzte Bollwerk der Tradition kapitulieren musste. Die Moderne schaute sich um, fand keinen Gegenspieler mehr und … löste sich sofort in Luft auf. Sie hatte sich kaputtgesiegt. Wenn das Neue überall und unangefochten herrscht, dann gibt es nichts Neues mehr. In diesem Sinne ist die Postmoderne nichts anderes als der Vollzug der Moderne, ihr Triumph und ihr Ableben zugleich. Eine Zeit lang konnten sich die Schlauesten mit einem cleveren Trick aus der Affäre ziehen. Da es nicht mehr möglich war, großspurig zu behaupten: »Wir sind die Ersten, die Vorhut der einbrechenden Zukunft«, wurde stattdessen ebenso großspurig angekündigt: »Wir sind die Letzten, nach uns wird das Licht gelöscht.« Damit war eigentlich gemeint: »Wir sind die Ersten, die sagen, dass wir die Letzten sind«, insofern war das ursprüngliche Auftreten der Postmoderne ein Nachwort der Moderne, sozusagen. Aber der Gestus konnte nicht beliebig wiederholt werden. Bald blieb nur noch die ewige Wiederkehr des Zeitgenössischen, samt posttraumatischen Störungen.

Zugegeben, die Selbstbeschränkung auf das Momentane hat auch eine bequeme Seite. Einem selbst ernannten modernen Künstler konnte seine Qualität immer von einem noch moderneren streitig gemacht werden. Aber es soll mal jemand versuchen zu bestreiten, dass ich zeitgenössisch bin! Ebenfalls kann mich der Einwand kalt lassen, meine Kreation sei keineswegs neu, sondern schon hundertmal da gewesenen. Ja, aber das war doch früher! Meine Arbeit ist keine Nachahmung, sondern ein Zitat. Eine Kontextualisierung. Oder Ähnliches. Jedenfalls etwas, das zweifelsfrei zur Jetztzeit gehört und somit mit vergangenen Werken absolut unvergleichbar ist. Ohnehin sind Vokabeln wie »Originalität« schon lange durch den dekonstruktionistischen Fleischwolf gegangen. Wird einmal der Vorwurf in den Raum gestellt, ein Autor hätte von anderen abgeschrieben, kann er naserümpfend erwidern: Geistiges Eigentum ist Diebstahl! Die kreativen Mittel der Gegenwart heißen doch Remix, Sampling, Karaoke, Copy-and-Paste. Demnach gibt es keine Originalität mehr, nur noch »Echtheit«. Dagegen lässt sich wirklich nichts einwenden. Echtheit kann selbst ein Betrüger für sich reklamieren; er ist eben ein echter Betrüger. Ein weiterer Vorteil des Zeitgenössischen: Da feste Qualitätskriterien und Werturteile außen vor bleiben (letztlich entscheidet der Leser, das heißt der Markt), wird Kritik im herkömmlichen Sinne unmöglich gemacht. Berufskritiker, wenn sie noch nicht durch einen Algorithmus ersetzt worden sind, beschränken sich auf Produktbeschreibung mit »Gefällt mir«-Angaben. Wird ausnahmsweise ein Buch verrissen, kommt sofort der Verdacht auf, der Rezensent habe mit seinem Opfer (oder dem Verlag des Opfers) eine Rechnung offen. Selbst wenn mit vorsintflutlichen Maßstäben der Literaturwissenschaft nachgewiesen wird, dass ein neu erschienener Roman sprachlich miserabel und dramaturgisch inkohärent ist, bleibt die Frage: Warum ausgerechnet diesen einen heruntermachen und nicht die Dutzenden anderen, die nicht besser geschrieben sind? Ein Verriss kann nur aus niedrigen Beweggründen begangen werden. Gezielt wird die ohnehin labile Psyche des Autors verletzt – ein klarer Fall von textueller Belästigung.

Wie stets mit der Mutationshypothese ist auch hier Vorsicht geboten. Es besteht die Gefahr, die Zeit davor zu verklären. Die große Vergangenheit der Literatur ist nur deshalb groß, weil die einst gefeierten Machwerke und Schundromane tonnenweise geschreddert worden sind. Das Maß jeder Epoche ist das Mittelmaß (was nicht im Umkehrschluss heißt, dass nur obskure Wälzer Meisterwerke seien; bereits zu seinen Lebzeiten verkaufte sich Prousts *Recherche* ganz gut). Keine Frage: Unter den deutschen Gegenwartsautoren finden sich nicht wenige virtuose Stilisten und sprachgewandte Handwerker. Wahrscheinlich sind es in absoluter Zahl sogar mehr als je zuvor. Es geschieht mit Büchern wie mit dem Wein: Die Nachfrage für billige Produkte nimmt ab, folglich steigt die Qualität der Mittelklasse. Nur: Gut schreiben reicht nicht. Man muss auch böse schreiben.

»Die einzige Aufgabe von Büchern besteht darin, die Desaster aufzuzeigen, die vom Wandel der Sitten ausgelöst werden.« Der Satz ist von Balzac, er hätte zweifellos von Dostojewski und vielen anderen Literaturgroßen stammen können. Nicht deswegen muss man ihn sich zu eigen machen (die einzige Aufgabe? Lassen sich nicht andere Bestimmungen finden?). Zweifellos ist allerdings, dass es heute gemäß diesem Programm an Stoffen nicht fehlen dürfte. Das Zeitgenössische als Katastrophe – wie hohl erscheint daneben der altbackene Realismusstreit! Eigentlich ist es doch ganz einfach: Ist der Literatur einmal das Negative ausgetrieben worden, wird diese zum Spiegelkabinett, zur redundanten Selbstreflexion der bestehenden Positivität. Das ist die Art von Realismus, die in einem SPD-Wahlprogramm zu Hause ist. Mit demselben Ermüdungseffekt. Jede Saison aufs Neue blüht im deutschen Feuilleton die »Literaturdebatte« auf, jener lange Seufzer der zeitgenössischen Belletristesse. Der Literaturbetrieb sei nur noch langweilig, stereotyp und platt. Zur Illustration zitiert zum Beispiel Autor und Journalist Enno Stahl aus den Programmankündigungen der großen Verlage: »›Christopher und Luisa haben geheiratet und sich im Leben eingerichtet; er ist angehender Professor für Biologie, sie erfolgreiche Kunsthistorikerin.‹ ›Alice ist die Heldin dieser fünf Geschichten, alle erzählen von ihr – und davon, wie das Leben ist und das Lieben, wenn Menschen nicht mehr da sind. Dinge bleiben zurück, Bücher, Briefe, Bilder, und ab und zu täuscht man sich in einem Gesicht.‹ ›Tom Holler, halbwegs erfolgreicher Pianist und frisch getrennt von seiner Frau, tourt mit seiner Berliner Band durch Italien. In Neapel hofft er seine große Liebe wiederzutreffen: Betty Morgenthal.‹« Wahrlich, solchen Resümees ist nichts hinzuzufügen. Wie Karl Kraus wusste, lässt man Zitate am besten für sich sprechen, »wissend, daß ihr Unsäglichstes nur von [ihnen] selbst gesagt werden konnte«. In einer Rezension wirft der Kritiker Nils Minkmar den ins private Exil geratenen zeitgenössischen Schriftstellern vor, ihre Funktion als Ordnungshüter und Deeskalationsstrategen zu missachten: »Wir brauchen mutige Künstler, um für latent zunehmende tektonische Spannungen einen kontrollierten Auslöser anzubieten. […] Denn Literatur ist nicht allein dazu da, uns glücklich zu machen.« Wahrscheinlich überschätzt Minkmar das Vermögen der Literatur, Konflikte präventiv zu entschärfen. Die Zeiten sind endgültig vorbei, als das geschriebene Wort maßgebend war. Auf jeden Fall irrt er sich, wenn er glaubt, dass sie uns glücklich machen würde.

Die naheliegende Erklärung für Erzählarmut ist Erfahrungsarmut. So bemängeln manche Feuilletonisten, dass die zeitgenössischen Schriftsteller fast ausschließlich aus dem Mittelstand kommen und Mittelstandsgeschichten für Mittelstandsleser schreiben. Gewiss. Doch ist der Hinweis auf die soziale Herkunft allzu vulgärmarxistisch. Frühere Romanciers stammten ja aus dem Großbürgertum. Die eigentliche Frage ist nicht, woher jemand kommt, sondern wo er hingeht und, vor allem, wie er sich unterwegs auf seine Umgebung bezieht. Um *Erledigt in Paris und London* zu schreiben, tauchte George Orwell zwei Jahre in die Unterschicht ein. Hingegen zog es Victor Hugo vor, sich gemütlich in seinem vornehmen Privathaus aufzuhalten, um an *Die Elenden* zu arbeiten. Das Material hatte er aber aus erster Hand erworben. Gute Literatur hat immer mit Verrat zu tun. Dafür muss ein Schriftsteller nicht unbedingt sein soziales Milieu verlassen. Wer hätte *Die Buddenbrooks* besser schreiben können als Thomas Mann? Er verfügte ja über Insiderwissen. In diesem Sinne dürften wir heute von Autoren aus dem postmodernen Mittelstand erwarten, ein gnadenloses Sittenbild der eigenen, verfallenden Klasse wiederzugeben – zumindest in seinen ersten Romanen ist das Michel Houellebecq gelungen. Erstaunlich ist indessen, dass deutsche Literaten, deren konkrete Lebensbedingungen trotz Herkunft und Ausbildung meistens dem Kulturprekariat zuzurechnen sind, es nicht einmal für nötig halten, uns zu erzählen, wovon ihre Figuren überhaupt leben. Das hinge damit zusammen, so ein weiterer Vorwurf, dass sie zu unpolitisch seien. Auch das Argument ist mit Vorsicht zu genießen. Linke Romane laufen stets Gefahr, wie die katholischen in Erbauungspropaganda auszuarten. Aus hehren Absichten wird meistens schlechte Literatur. Mit der Beschwörung einer leuchtenden Zukunft lässt sich die Einsicht in die Abgründe der menschlichen Seele meist schwer vereinen. Und überhaupt: Was schert uns die politische Meinung des Verfassers, wenn es darauf ankommt, die Qualität seiner Prosa zu beurteilen? Balzac war ein konservativer Monarchist, dennoch schätzte ihn Engels mehr als »alle vergangenen, gegenwärtigen und künftigen Zolas« (sprich: linke Romanciers).

Wenn nicht das Mittelschichtmilieu und auch nicht die Politikferne bestimmend sind, was ist denn das Problem der schreibenden Zeitgenossenschaft? Vielleicht dass sich zu viele dem weichen, doch verbindlichen und allemal lähmenden wertliberalen Konsens unterwerfen; meistens nicht aus eigener Überzeugung, sondern aus Angst, zur Gegenmoderne gezählt zu werden. Man erinnere sich an den Skandal, den die Schriftstellerin Sibylle Lewitscharoff mit einer Rede auslöste. Was war passiert? Sie hatte ihre Furcht und Abscheu vor künstlicher Befruchtung und Leihmutterschaft kundgetan und somit die Konsenszone verlassen. Nebenbei gesagt: Was wäre heute ein besseres Thema für die Literatur als die technisch modifizierte Fortpflanzung, um (dem Balzac'schen Programm getreu) die möglichen Desaster aufzuzeigen, die der Wandel der Sitten mit sich bringen könnte? Es lassen sich sofort einige Erzählungen ausspinnen. Die verzweifelte Suche eines Heranwachsenden nach der anonymen Leihmutter, in deren Schoß er einst schwamm und die seither wie ein Alien in seinem Leib umherspukt. Die Mordgelüste einer Teenagerin auf ihre altersdemente Erzeugerin, die sie im Rollstuhl überall hinschieben muss, weil die Narzisstin im Rentenalter ihr Mutterglück noch ausleben wollte. Die intrauterine Kolonisation armutsgeprägter nepalesischer Frauenbäuche durch wohlhabende Schwule aus Israel, Figuren der Unschuld schlechthin, die ihr Grundrecht auf Kinderkriegen käuflich einlösen. Welch hervorragende Zutaten kämen da nicht zusammen: die Ausschaltung biologischer Bedingtheiten durch Technik und Geschäft, das Aufeinanderprallen von kultureller Emanzipation und neoliberaler Ausbeutung, die Sektion der letzten Bindung, die noch als heilig empfunden worden war – der zwischen Mutter und Kind. Kein Sachbuch könnte diesen soziotechnisch-organischen Umwälzungen gerecht werden; allein ein Roman wäre imstande, die schwindelerregenden Auswirkungen auf die Seele bewusst zu machen. Genau dafür sind Romane da. Ich erwarte nicht von ihnen, dass sie mich beruhigen, sondern erschüttern; nicht, dass sie meine Weltsicht bestätigen, sondern sprengen. Aber selbstverständlich begäbe sich der Schriftsteller dann auf extrem dünnes Eis; jeden Augenblick könnte er in die katholisch-fundamentalistische Güllegrube geworfen werden. Um nicht zu riskieren, wegen Verbrechen gegen den Zeitgeist angeklagt zu werden, behalten Autoren und Autorinnen ihre mögliche Verlegenheit lieber für sich. Möglicherweise vollzieht sich so derzeit unter unseren Augen ohne große literarische Zeugnisse jene anthropologische Revolution, deren Ausgang Aldous Huxley in *Schöne neue Welt* folgendermaßen prophezeite:

»›Kurz gesagt‹, fasste der Direktor zusammen, ›die Eltern waren der Vater und die Mutter.‹ Diese unflätigen Begriffe, die in Wirklichkeit streng wissenschaftlich waren, fielen wie Donnerkeile in das allgemeine verlegene Schweigen. ›Die Mutter‹, wiederholte er laut und rieb ihnen nochmals die Wissenschaft unter die Nase. ›Ich weiß‹, bemerkte er ernst, in seinen Stuhl zurückgelehnt, ›ich weiß, das sind peinliche Dinge. Aber die meisten geschichtlichen Tatsachen sind peinlich.‹«

Freilich schrieb Lewitscharoff keinen Roman darüber, sondern nur eine Rede und diese war auch kein stilistisches Glanzstück (wobei ich den Satz rührend fand: »Ich bin auch froh, nicht der Onanie meine Existenz zu verdanken«). Dennoch erhob sich aus der Gelehrtenrepublik ein nahezu einstimmiger Sturm der Entrüstung: Frau Lewitscharoff sei »menschenverachtend«! Ein Verdikt, das auch die Schriftstellerin traf, fingen doch zig Kritiker an, die Romane der Autorin mit spitzen Fingern nach ideologischen Parallelen zu ihrer »Hassrede« abzusuchen. Untalentiert, ungeschickt, gedankenarm meinetwegen, das wären zulässige Anklagepunkte, aber menschenverachtend! Was hat das Wort bitte in der Literaturkritik zu suchen? War Kafka vielleicht menschenlieb? Dostojewski kulturliberal? Joyce ein Samariter? *Contemptus mundi* war schon immer ein kraftvoller Antrieb für großartige Werke. Der Menschenverächter Céline ist genial; infam wird er erst, wenn er seinen Hass allein auf die Juden auskotzt (was wohlgemerkt in keinem Roman stattfindet, sondern in Pamphleten, die er hinterher des schlimmen Stils wegen bereute). Zudem ist wohl bekannt, dass viele schreibende Misanthropen im realen Leben aufmerksame, großherzige Menschen waren, was wiederum auf manch einen Bekenner der unantastbaren Menschenwürde nicht zutrifft. Wie auch immer: An diesem Beispiel lässt sich sehen, wie der Herdentrieb die Vorherrschaft über den individuellen Standpunkt, der kundenfreundliche Service die Oberhand über die Nestbeschmutzer gewonnen hat. Sicherlich lässt sich Konformitätsdruck nicht nur im Literaturbetrieb spüren, allerdings ist er dort besonders fatal. Die Grenze zwischen Belletristik und Dienstleistung wird verflüssigt. Doch reicht der Befund noch nicht, um eine Mutation nachzuweisen. Wir müssen nachhaken.

Im Blog »10 nach 8« von *Die Zeit* lässt uns eine Autorin wissen, woran die wichtigen Schriftstellerinnen der Gegenwart zu erkennen seien. Die, die wirklich »rocken«, meint sie, haben »sich von der Idee, die Welt kollektiv zu verstehen, befreit«. Stattdessen schreiben sie nur noch »über sich« und seien deswegen »wahrhaftig«. Da es um Autorinnen geht, möchte man gleich anmerken, auf welch seltsame Weise sich das scheinbar feministische Argument eines antiquierten Geschlechterstereotyps bedient. In den schlechten alten Zeiten zogen sich nach dem Abendessen die Männer ins Herrenzimmer zurück, rauchten Zigarren und redeten über Weltpolitik, Philosophie und Geschäft. Währenddessen plauderten die Frauen bei der Hausarbeit in der Waschküche über Ehe, Kinder und Mode. Nun ist also die Literatur in der Waschküche gelandet. Dort wird »sehr elegant, sehr unterkühlt und sehr kraftvoll« über das Private erzählt, selbst wenn dieses nicht mehr ausschließlich aus Make-up und Beziehungsproblemen besteht, sondern neuerdings auch Suff, Sex, Drogen und Depression einschließt. Das Herrenzimmer wurde abgeschafft und mit ihm die Anmaßung, die Welt kollektiv verstehen zu wollen. Schließlich haben Nachwuchsautorinnen und -autoren Margaret Thatchers Maxime mit der Muttermilch aufgesogen: »There is no such a thing as society! There are individual men and women and there are families.« Dementsprechend sei ein Buch in dem Maße wahrhaftig, wie es sich um die kleinen Skurrilitäten, Krisen und Peinlichkeiten des familiären Alltags dreht. Warum nicht, wenn die Geschichte gut erzählt ist? Der Haken ist: Mit dem Streben nach »Authentizität« geht die Möglichkeit der Fiktion verloren. Im Freundeskreis eines Romanciers ist wohl kaum mit einem Raskolnikow oder einem Josef K. zu rechnen. Anstatt die eigene Vorstellungskraft auf verschiedene Gestalten des anderen zu projizieren, die so eine eigene Existenz entwickeln, bemüht sich die Schriftstellerin, ihre persönlichen Mikroerlebnisse aufzusexen. Sie verschwindet nicht hinter den Romanfiguren, ganz im Gegenteil, sie tritt ins Zentrum, während um sie herum ihre Protagonistinnen mehr oder minder verfremdete Spiegelbilder ihres tatsächlichen, fantasierten oder befürchteten Egos darstellen. Demnach wird Fiktionalität auf den Hinweis reduziert, der unter manchen Reportagen steht: Die Namen wurden geändert. Hegel meinte, dass im Roman der »Konflikt zwischen der Poesie des Herzens und der entgegenstehenden Prosa der Verhältnisse« vorgetragen wird. Die mutierte Literatur widmet sich der konfliktfreien Prosa des Herzens.

Die logische Konsequenz zieht ein Feuilletonist in *Die Welt*. Er brüstet sich damit, keine Romane mehr zu ertragen. Nicht nur die zeitgenössischen fallen ihm nach dreißig Seiten aus den Händen, auch Flaubert oder Kafka, Fiktionen überhaupt – für einen Rezensenten ein ziemlich außergewöhnliches Bekenntnis. Zeit für den Jobwechsel, möchte man meinen. Aber nein, seine Verdrossenheit an der Fiktion gibt er nur preis, um dem ihm bevorzugten Genre zu huldigen: Die *personal essays*, die Ich-Geschichten, in denen Schriftsteller aus ihrem wahren Leben erzählen. Ein Leben, das dem des lesenden Ichs verblüffend ähnlich ist und doch irgendwie total anders, da das schreibende Ich irgendein Alleinstellungsmerkmal vorzuweisen hat, sei es ein Laster, eine funktionale Störung oder eine unheilbare Krankheit. Warum Fiktionen, wenn die Wirklichkeit doch so spannend ist? Es wird Zeit, meint der Mann von *Welt*, auf den »Verallgemeinerungsfähigkeitsdrang« in der Literatur zu verzichten. Das Fiktionale käme ihm »wie eine Lüge« vor, ja gar wie »etwas moralisch Verwerfliches«. Und schon sind wir zurückgekehrt in die Zeit der fanatischen religiösen Bilderstürmer, die es als Sünde betrachteten, das Werk Gottes nachahmen zu wollen. Ein Feuilletonist macht noch keinen Herbst und es wäre ihm zu viel Ehre erwiesen, seine Ansichten für den Maßstab des Zeitgenössischen zu halten. Dennoch reicht ein Gang in eine beliebige Buchhandlung, um festzustellen, dass fiktionale Werke in der Tat immer mehr von *personal essays*, Biografien oder Ich-Romanen verdrängt werden. Es könnte also sein, dass wir hier einer Figur der zeitgenössische Mutation auf der Spur sind: die Entwertung der Fiktionen. Offenbar wird allmählich vergessen, was der Begriff überhaupt bedeutet. Wie sonst ließe sich erklären, dass zeitgenössische Autoren ausdrücklich betonen, sie erzählten »über sich«? Es war doch schon immer der Fall. Wenn nach ihrer Biografie gefragt, antworteten stets alle Schriftsteller, diese steckte ganz in ihren Romanen. »Madame Bovary, c'est moi!« Da treffen wir wieder auf die historische Amnesie, die mit der Mutation eintritt. Es wird so getan und erzählt, als ob es die literarische Moderne niemals gegeben hätte. Als ob die Krise des Erzählens erst gestern ausgebrochen wäre. Als ob ausgezeichnete Romane nicht deswegen ausgezeichnet seien, weil sie, jeder auf seine Weise, diese Krise überwunden hätten. Woraus besteht Literaturgeschichte, wenn nicht aus unzähligen, immer neuen Versuchen, die Kluft zwischen Wirklichkeit und Realität zu offenbaren und die angebliche Unschuld der Fakten und Informationen zu demaskieren? Wenn man das Wort überhaupt verwenden will, ist eine gelungene Romanfigur »authentischer« als dein Abteilungsleiter, dein Sonnabend-Date im Club oder deine Freundin Emma, die gerade abgetrieben hat. Diese hilft, jene zu verstehen, und nicht umgekehrt.

Ist das nicht sonderbar? Just zu der Zeit, als das Wirkliche durch und durch fiktionalisiert wird, wird die fiktive Prosa zugunsten einer angeblich wirklichen entwertet. Werbekampagnen, Wirtschaftsanalysen und gar Wissenschaftsberichte werden allesamt als *Storytelling* konzipiert, als lauter Narrative, auf die im Zweifel mit Gegennarrativen gekontert wird. Wahrhaftigkeit ist etwas, das irgendwo zwischen Selbststilisierung, *alternative facts* und gefühlten Temperaturen pendelt. Authentizität? Ein Marketingwort für Bioprodukte. Die Welt ist ein interaktiver Metaroman, wenngleich in Hypertext geschrieben, sodass die Lektüren je nach den gefolgten Querverweisen stark variieren. Facebook und Snapchat sind die perfekten Medien dafür. Alles, was als real galt, ist Erzählkunst geworden, indessen geriert sich die Kunst als letztes Refugium des Realen.

Doch auch im außerkünstlerischen Bereich lässt sich eine Authentizitätsfiktion feststellen, und zwar dort, wo man sie am wenigsten vermuten würde, nämlich im sogenannten Qualitätsjournalismus. »Es icht immer häufiger in den deutschen Zeitungen und Zeitschriften. Es icht ganz furchtbar«, empört sich der Old-School-Journalist Michael Sontheimer. Anstatt hinter den vermittelten Geschehnissen zurückzutreten, wird der Berichterstatter zunehmend zum Protagonisten. Er (oder sie) schreibt nicht mehr »Es ist heute brütend heiß«, sondern: »Ich schwitze schon am frühen Morgen« – und sofort dünstet die Zeitung einen unangenehmen Schweißgeruch aus. Der Wahrhaftigkeit halber wird für nötig gehalten, in einer Reportage über Afghanistan mitzuteilen: »Als mir keine Fragen mehr einfallen, kaufe ich zwei Litergläser Honig, zwei große Tücher und ein Knoblauch-Shampoo.« Im Gesellschaftsteil wird erst recht ge-icht. Unzählige Reportagen beginnen mit Sätzen wie: »Ich habe mir Eizellen einfrieren lassen.« Damit soll angeblich die Nähe zum Leser gefördert werden. Auf mich löst das Prozedere allerdings die Gegenwirkung aus; oft kann ich nicht anders als auszurufen: Was interessiert mich denn dein Leben! Kurzum: Wie die Romane entwickeln sich die Zeitungsberichte zunehmend zu *personal essays*, Letztere bloß in kürzerer Fassung. Natürlich gibt es gute Gründe, Zweifel an einer »objektiven« oder gar »neutralen« Berichterstattung zu hegen, und das wissen mittlerweile alle. Der falsche Schluss ist allerdings, die Wahrheit sei nur in erster Person Singular zu haben. Das ist in gewisser Weise Mainstream gewordener Gonzo-Journalismus, bis auf einen kleinen Unterschied: Als in den Sechzigerjahren Hunter S. Thompson mit LSD und Kokain zugedröhnt einen Staatsanwaltskongress zur Drogenbekämpfung besuchte, berichtete er nicht über ein Ereignis, er *war* das Ereignis. Dabei versuchte der absolute Freak keineswegs, dem Leser das Gefühl zu geben, er sei ihm ähnlich, ganz im Gegenteil. Er machte sich zum Antihelden und Provokateur. Das kann man von zeitgenössischen Journalisten sicherlich nicht behaupten, die sich ganz brav und respektvoll in die vorgegebenen Rahmen fügen, uns dann aber kundtun, wie es ihnen dabei ging und welche Shampoosorte sie anschließend kauften. Da soll der Einfühlungseffekt nach dem Subtext funktionieren: Seht, mein Leben ist so langweilig wie eures. Wir sind alle Mittelstand, liberal und ängstlich, haben dieselben Problemchen. Im Normalfall läuft es auf Kolumnen hinaus, in denen der Verfasser erzählt, was er alles gestern auf Facebook erfuhr, welche Apps er sich letztens besorgt hat und welch lustiger Einfall das Kleine heute am Frühstückstisch hatte. Wenn es auf *Breaking News* ankommt, wird Selfie-Journalismus schlichtweg zum Egoporno. Mitten in einer Massenpanik nach einem Terroranschlag japst ein Reporter in einem elendslangen Livestream: »Ich weiß nicht, was los ist! Es sieht ganz gefährlich aus! Ich habe Angst! Ich laufe trotzdem weiter!« Mehr werden wir nicht erfahren.

Wobei wir wiederum beim Theater wären. Besonders dramatisch lässt sich die Mutation in der »postdramatischen« Darstellungskunst erfahren, obgleich sie dort nur wenige Menschen erreicht. Geschminkte Schauspieler, die unter Anweisung eines Regisseurs eine vorgegebene Rolle spielen: Diese Konzeption gilt zunehmend als furchtbar antiquiert oder schlimmer, restaurativ. Ähnlich wie die Fiktivität im

Roman wird das Mimetische im Drama als Lug und Trug bewertet. »Als ob«-Theater war gestern, stattdessen wird »als ob ich nicht als ob spielte« gespielt, pardon, performt. Das, was der Performer unmittelbar vermittelt, sind seine blanken Affekte. Überholt die Bemerkung Diderots, die Träne des Schauspielers stamme aus dem Gehirn; es müssen echte Tränen auf der Bühne fließen. Echte Gefühle in den Zuschauerraum herabtröpfeln. Echtes Leid vorgeführt werden. So soll Authentizität über die Illusion obsiegen. Oder aber auf die kühlere Art: »Experten des Alltags«, also Laien, werden auf die Bühne gebeten, ihre Lebenswirklichkeit zu Protokoll zu geben (und somit Darsteller ihres Selbst zu werden). Um gleich einem erwartbaren Vorwurf vorzugreifen: Ja doch, im Theater ist alles erlaubt, und nichts wäre fataler, als die etablierten Formen zu kanonisieren. Das Mindeste ist jedoch, über die sogenannte performative Wende (übrigens längst kein Novum mehr) nachzudenken, anstatt sie als besser, weil zeitgenössischer, automatisch zu beklatschen. Mehrere Autoren haben das theoretische Problem der *performing arts* bereits erläutert. Seit seiner Entstehung vor 2500 Jahren und trotz aller formalen Umwälzungen basiert das mimetische Drama auf der Grundidee, Realität lasse sich nur gestellt und metaphorisch darstellen. Es geht nicht darum, die Welt »da draußen« abzubilden oder zu dokumentieren, sondern sie zu interpretieren. Dafür ist die Errichtung eines symbolischen Raumes notwendig, in dem auch Exzesse möglich sind, die ansonsten strafbar wären, Wahnsinn, Mord und Totschlag inklusive. Natürlich setzt der Vorgang voraus, dass die Schauspieler ihre Identität hinter der Figur, der *persona*, die sie verkörpern, verschwinden lassen – was nicht heißt, dass sie nicht die Freiheit einer distanzierten Interpretation hätten. Sie spielen eben. Wie Schiller sagt: »Der Mensch […] ist nur da ganz Mensch, wo er spielt.« Das ist die Verabredung.

(Im Übrigen gilt sie auch für die Komödie, die nun einmal ein völlig unauthentisches Tempo voraussetzt.) Die unvermittelte Vorführung der Gefühle und des Leidens erregt vielleicht Mitgefühl und Mitleid, aber noch kein Denken. Ebenso kommt Dokutheater meistens einer didaktischen Talkshow in fein gekünstelter Form gleich. Nichts dagegen, nur ist hier das naiv-idealistische Authentizitätsgerede fehl am Platz. Denn allein auf der symbolischen Ebene und mit mimetischen Mitteln lässt sich die Kollision sittlicher, sozialer oder politischer Gegensätze darstellen, die das Leiden verursacht und die hinter den nackten Fakten steht. Zu Recht meint Frank M. Raddatz: »Was sich als ›Einbruch des Realen‹ ankündigt, erweist sich als ästhetische Strategie, Problemlagen zu verengen und zu befrieden.«

Trennungen, die vormals als Bedingung der Autonomie begriffen worden waren, werden nun als lauter trügerische, antiquierte Hindernisse empfunden. Die Trennung zwischen Fiktivem und Wirklichem, Privatem und Öffentlichem, Gefühltem und Gespieltem, Symbolischem und Faktischem: All diese Barrieren sollen eingerissen werden, um in einer merkwürdigen Mischung aus Romantik und Marktdenken an das reale, wahre, integrale Ich zu gelangen. Das Streben nach Authentizität, meint Wolfgang Engler, entspräche »der gesellschaftlichen Leitfiktion des unverfälschten Einsseins mit mir«. Diese Leitfiktion kommt nicht von ungefähr, führt er fort. Sie ist die Stütze für die konkrete Abschaffung einer Trennung, die nicht nur die Kunstwelt, sondern die Gesamtgesellschaft betrifft: der zwischen Arbeit und Nichtarbeit. Als Marktteilnehmer und unternehmerisches Selbst bin ich 24/7 mit meiner Rolle identisch. Das allgegenwärtige Ich ist keine saftige Frucht, die sich hinter der Schale der gesellschaftlichen und moralischen Konventionen verbergen würde. Es ist eine Zwiebel, eine Ansammlung von Scheiben, Funktionen, Zeitsegmenten.

Der Striptease der Ego-Zwiebel enthüllt bloß eine Scheibe nach der anderen und zum Schluss eine Leere – dabei fließen echte Tränen.

Die Mutation war noch am entstehen, als sie Christopher Lasch als »Kultur des Narzissmus« charakterisierte. So lassen sich die oben beschriebenen Erscheinungen in Prosa, Journalismus und Theater auch begreifen. Um präziser zu sein, sollten wir von Narzissmus-Nihilismus sprechen. Es geht ja um ein doppeltes Mantra: »Es gibt keine Wahrheit – außer Ich.« Alles, was das Ego übersteigt, wird als verwerfliche Illusion, Lüge oder Wahrnehmungsstörung solipsistisch geleugnet. Nur ist der Verzicht auf Weltanschauung auch eine Weltanschauung. Zeitgenössische Narzissten glauben, dass sie an nichts mehr glauben; auch dieser Glaube trügt. Sie meinen, ihre Individualität vor Fiktionen gerettet zu haben, und schwelgen in der Fiktion ihrer Individualität.

Entgegen einem hartnäckigen Missverständnis ist der Narziss des griechischen Mythos nicht selbstverliebt: Er hat nämlich kein Selbst. Sein Leben lang, das hat der Seher Teiresias vorausgesagt, muss er »sich fern bleiben«. Verliebt ist er – ein kleiner Unterschied – in sein Spiegelbild (oder moderner: in sein Image). Dieses hält er für einen authentischen anderen. So wie heutige Publizisten oder Performer ihre Leser oder Zuschauer mit narzisstischen Mitteln »berühren« wollen, versucht der Urnarziss sein Spiegelbild im Wasser zu berühren, dabei verzerrt es nur bis zur Unkenntlichkeit. So laut er nach Liebe und Anerkennung schreit, eine Antwort bekommt er nur von seinem Echo. Kein Wunder, dass dieses furchterregende Drama der Unerfüllbarkeit Urbild und Namensgeber für eine schlimme Geistesstörung wurde. Bis vor Kurzem zumindest. Neuerdings wurde der Begriff positiv umgewertet. Der Psychologe Craig Malkin behauptet: »Wenn jeder an sich selbst denkt, ist an alle gedacht« – eine eindeutige Übertragung von Adam Smiths Ökonomie auf die Psychologie, die der Moralphilosoph Smith jedoch sicherlich nicht unterschrieben hätte. Malkin definiert Narzissmus als Drang, sich als etwas Einzigartiges zu fühlen, was wiederum ganz gut zum postmodernen Singularitätenkult passt. Der Narzisst, führt er fort, sei enthusiastischer, kreativer, gesunder, durchsetzungsfähiger und führungsstärker. Er hätte also alle erforderlichen Qualitäten, um im Neoliberalismus zu reüssieren. Als junge Schriftstellerinnen in einem Magazin Narzisstinnen genannt wurden, bekannten sie sich ganz stolz dazu. Liebe deine Entfremdung wie dich selbst: So heißt vielleicht die optimale Überlebensstrategie im mutierten Zeitalter. Müssen wir uns Narziss als einen glücklichen Menschen vorstellen? Angesichts seines Schicksals eine schwierige Aufgabe; je nach Überlieferung ertrinkt er oder verstümmelt sich selbst. Ein besseres Geschick wollen wir dem Mutanten wünschen.

7. When the music's over

Manchmal fühlt man sich wie ein Geisterfahrer auf der Meinungsautobahn. Der Gegenverkehr ist so überwältigend, dass die Idee einer Mutation von dem Eindruck verdrängt wird, man wäre ganz allein und läge einfach falsch. Aus diesem Grund hatte ich lange Zeit gezögert, über das folgende Thema zu schreiben. Nicht dass die Leute, mit denen ich darüber redete, mir widersprochen hätten; sie verstanden nicht einmal, worum es mir ging. Mich beschlich erst der Gedanke, vielleicht etwas verpasst zu haben, Wachs in den Ohren zu haben. Doch je mehr ich nach Widerlegung suchte, desto stärker bestätigte sich mein Eindruck: Seit geraumer Zeit geschieht nichts Neues in der Musik. Es ist, als ob der Soundtrack des Alltags im Repeat-Modus stehen geblieben wäre, das Ohr von der ewigen Wiederkehr des Gleichen betäubt. Leicht bekommt man das Gefühl, unter einer speziellen Gedächtnisstörung zu leiden, einem permanenten Déjà-vu, besser gesagt Déjà-entendu mit dem Symptom: Der Patient hört ein Stück zum ersten Mal und kann nicht erraten, ob es gestern oder vor zehn Jahren aufgenommen wurde. Diese Abwesenheit des Neuen ist neu. Nehmen wir zum Vergleich die legendären zwanzig Jahre, die die ersten Rockfestivals Mitte der Sechziger von den ersten Raves Mitte der Achtziger trennen. Innerhalb dieser Zeitspanne lässt sich das Erscheinungsdatum eines beliebigen Albums ganz leicht einschätzen. Kein halbes Jahr verging, und schon wurde es von einem anderen Trend überholt. Einem Umbruch folgte der nächste und jeder brachte einen dazu, periodisch seine Hörgewohnheiten, von eigenen Präferenzen abgesehen, umzustellen. Dabei ging es nicht bloß um einen modischen Wechsel der akustischen Ausstattung. Die beschleunigte Entwicklung folgte einer nachvollziehbaren Logik. Als am Ende der erwähnten Periode das Instrumentalspiel von zwei Seiten aus, Rap und House, abgeschafft wurde, wartete man gespannt auf den nächsten Schritt. Nur kam kein nächster Schritt. Schauen wir auf die vergangenen zwanzig Jahre, ähnelt die Überraschungskurve einer flachen EKG-Linie. Im Vergleich zum heroischen Doppeljahrzehnt der Popmusik ist die Ereignisarmut unleugbar. Dieser Aspekt der Mutation ist nicht so belanglos, wie er scheint. Musik ist ein guter Indikator für die gesellschaftliche Atmosphäre, ähnlich dem Kanarienvogel, der früher in Zechen eingesetzt wurde. Hörte er auf zu zwitschern, lag Gefahr in der Luft.

Da braucht sich niemand Sorgen zu machen: Das Gezwitscher geht weiter, vermehrt sogar. Nicht dass die Musik technisch schlechter geworden wäre, im Gegenteil. Heute sind Tausende Saxofonisten und Gitarristen virtuosere Spieler, als es John Coltrane und Jimi Hendrix jemals waren. Im Durchschnitt haben Instrumentalisten wie DJs eine solide musikalische Kultur. Und Geschmack dazu. Meistens haben sie einen Sinn für Proportion und Ökonomie, der in den früheren Jahrzehnten oft fehlte. Es geht definitiv nicht um Nostalgie. Wer vermisst schon die unendlich langen, uninspirierten Machogitarrensoli der Rockära? Seien wir froh, dank elektronischen Beats die vielen schlechten Schlagzeuger nicht mehr ertragen zu müssen. Hinzu kommen die Fortschritte der Aufnahmetechnik, vermöge derer sich alle älteren Alben irgendwie schwachbrüstig anhören. Nichtsdestoweniger steht fest: Es ist alles unheimlich konventionell geworden. Das Überraschende, das Unerhörte fällt aus. Als ich begann, meine Verwunderung darüber mitzuteilen, war die übliche Antwort: »Na und?« Auch das ist Teil des Wandels und vielleicht der wichtigste. Nicht nur besteht eine Erneuerungsflaute, sie wird zudem für unproblematisch gehalten. Hauptsache, es kommen ständig neue Titel (neu im chronologischen Sinne), um den akustischen Flow aufrechtzuerhalten. Schließlich ist für Atmosphäre und Tanz egal, ob der Beat im Hintergrund ein Remix ist oder nicht. Und wer möchte schon jahrelang immer dieselben alten Stücke hören?

So kam ein seltsamer Generationsbruch zustande. Bislang besagte die Norm, dass mit jeder neuen Welle die Älteren zu meckern begannen: »Das ist doch keine richtige Musik, nur Krach, mach diesen Müll leiser!« Die Empörung war ja auch von den Jüngeren erwünscht, sie wollten die Alten schockieren, sich von ihnen distanzieren. Der Zwist war in Ordnung: Mit jedem Stil wechseln die Kriterien, womit Gut von Schlecht getrennt wird. Doch jetzt beklagen sich die Alten umgekehrt, dass ihnen die zeitgenössische Produktion zu vertraut ist! Oder schlimmer: Anstatt sich zu beschweren, kommen sie mit blasierten Kommentaren: »Nicht schlecht, dieser Mix aus Nico und Depeche Mode!« Sie können sich den altklugen Hinweis nicht verkneifen, jenes neue Lied sei bloß die leicht entstellte Coverversion eines uralten Songs. Bei den *Millennials* kommt das an wie ein Dauervorwurf, sie seien unfähig, so originell zu sein wie ihre Vorbilder damals. Das hat die Band Kraftklub in »Zu jung« schön ironisch auf den Punkt gebracht: »Wie soll man rebellieren? Egal wo wir hinkommen, unsere Eltern waren schon eher hier!« Ohne in ein Lamento zu verfallen, wäre das rätselhafte Verebben der Inventivität schon eines Nachdenkens wert, schien mir. Nur schien sie niemand zu stören. Zumindest war darüber nichts zu lesen. Das war umso erstaunlicher, als die Gattung der Poptheoretiker sich längst etabliert und an Hochschulen vermehrt hatte.

Entsprechend erleichtert nahm ich eines Tages zur Kenntnis, dass ein englischer Kulturtheoretiker ausgerechnet von der Feststellung, dass in der Musik nichts Neues mehr geschehe, ausgegangen war, um feine Gegenwartsanalysen zu erarbeiten. Als ich Mark Fisher traf, bedankte ich mich tausendmal dafür bei ihm. Seine Bücher hatten eine ziemlich große Resonanz in Deutschland (und auf einmal wurde die bislang unausgesprochene Behauptung zur Selbstverständlichkeit!); ich werde sie also nicht paraphrasieren, sondern lediglich prüfen, wie sich seine Diagnose zu unserer Hypothese verhält. Was sagt uns die Musik über die Mutation? Zentral in Fishers Darstellung ist die Figur des Zombies, dem wir bereits in neoliberalem und postmodernem Gewand begegnet sind. Die Popkultur ist nicht tot, sie geistert als Untote herum, als Endlosschleife von immer wieder rekombinierten Sounds aus vergangenen Zeiten. Dabei kann von einer Retrowelle keine Rede sein: Retro kann es nur in Bezug auf Progressivismus geben. Wenn alles Retro ist, ergibt das Wort keinen Sinn mehr. Es ist auch nicht so, dass Musiker und Konsumenten selbstbewusste Traditionalisten wären. Ganz im Gegenteil, nichts hätten sie lieber, als sich vom Vergangenen zu emanzipieren. Anscheinend haben sie aber keine andere Wahl, als endlos Grundformen durchzuspielen, die noch vor ihrer Geburt etabliert worden sind. Sie sind einer Zeit ausgesetzt, die ständig von Innovation schwärmt und bloß technische Upgrades schafft.

Woher die Starre? Eine erste Erklärung wäre eine immanente, formale Ausschöpfung der Möglichkeiten. Es käme nichts Neues, einfach weil alles bereits durchgespielt worden wäre. Schließlich ist aus zwölf Tönen die Zahl der möglichen Kombinationen nicht unendlich. Im Grunde war die Geschichte der E-Musik mit Webern und John Cage bereits erledigt. Zeitgenössische Komposition ist Schnee von gestern. Zwar unternahmen es Afroamerikaner, erneut den ganzen Parcours vom Kontrapunkt zur Atonalität im Schnelllauf zu absolvieren, diesmal improvisatorisch, aber selbst die Entwicklung des Jazz ist schon lange abgeschlossen. Einen Ausweg schien die elektronische Musik zu bieten, bloß: Unbegrenzt sind die Möglichkeiten der Klangmanipulationen auch nicht. Die eigentlichen Neuerungen sind technologisch, und sie bedeuten nicht unbedingt, dass sich dadurch der stilistische Horizont erweitern würde. Gewiss ist der formale Aspekt für Popmusik nur bedingt relevant, da diese definitionsgemäß auf Simplizität angewiesen ist (wie es einmal hieß: eine E-Gitarre, drei Akkorde und los geht's), aber es ist ausgesprochen kompliziert, einfache Mittel zu erneuern. Wenn man einen Hit analysiert, staunt man, wie schlicht er gebaut ist, dennoch schaffen es nur die wenigsten, gute Hits zu komponieren (Glenn Gould meinte dazu: »Ich verstehe diese Musik nicht, sie ist zu simpel«). Es könnte also sein, dass nun alle Optionen gespielt worden sind. Wie im letzten Kapitel schon erwähnt wurde, besteht eine Definition von Postmoderne in der Erschöpfung der kreativen Möglichkeiten, die die Moderne charakterisierten – eine These, die nur mit der Erfindung neuer schöpferischer Mittel widerlegt werden könnte. So lautete ja damals die Ausgangsthese der Situationisten auf ihrem Weg von der Kunst in die revolutionäre Praxis: Da die formale Auflösung der einzelnen Künste vollendet sei, bliebe nur, das kreative Potenzial auf die »Konstruktion von Situationen« zu richten. Das Programm ging nicht auf. Die Kunst-Kröte hat sich in keinen Revolutionsprinz verwandelt, dafür geistern viele Zombies herum.

Dennoch wissen wir, dass zwischen formalen Umbrüchen in der Kunst und gesellschaftlich-politischen Aufbruchssituationen ein enger, wenngleich nicht ganz erklärbarer Zusammenhang besteht. Selbstverständlich gilt dies auch umgekehrt für regressive Momente. Der Grund für Starre ist niemals kunstimmanent. Als politisch denkender Brite wies Mark Fisher auf die Existenzbedingungen von Musikern in neoliberalen Zeiten hin. Er meinte: »Vielleicht arbeitet heute der potenziell neue Jimi Hendrix bei McDonald's oder Amazon.« Die legendäre Zeit des *British pop* wurde ja sowohl kraft sozialstaatlicher Abfederung als auch durch der Probemöglichkeiten in besetzten Basements ermöglicht. Vom durchgentrifizierten London ist kein neuer Beat mehr zu erwarten. Wie deutsche Literaturkritiker es in Bezug auf zeitgenössische Autoren kritisieren, beklagte auch Fisher, der selbst aus der Arbeiterklasse stammte, heutige Musiker gehörten nur noch zur *middle class*. Zweifelsohne spielen wirtschaftliche Faktoren eine Rolle, jedoch glaube ich nicht, dass sie ausschlaggebend sind. Ohne behaupten zu wollen, Not mache erfinderisch: Viele Glanzstunden der Musik sind doch in den Slums von Lagos, Rio oder Kingston entstanden. Davon abgesehen fanden sich selbst in England unter den Größen der Popgeschichte bei Weitem nicht nur Arbeiterkinder – obschon auch die bessergestellten ziemliche Drop-outs waren, die für eine ungewisse Zukunft auf eine gesicherte Laufbahn verzichteten. Wenn materielle Bedingungen allein für musikalischen Aufschwung sorgen würden, wären überdies von der Popakademie zu Mannheim Explosionen der Unkonventionalität zu melden. Einmal traf ich einen jungen Menschen, der dort seine Bachelorarbeit über »psychedelische Musik der Sechziger« schrieb, ohne jemals LSD probiert zu haben! Dafür besuchte er einen Begleitkurs zu Marketingmanagement.

Die Mutation in der Musik betrifft auch die Art und Weise, wie diese gehört wird. Zu analogen Zeiten thronte bei jungen Menschen die Hi-Fi-Anlage samt Riesenboxen und Plattensammlung wie ein Altar im ansonsten karg möblierten Interieur. Die Veröffentlichung einer neuen LP war der Anlass für einen Quasigottesdienst. Ob sich die Versammelten auf dem Teppich liegend in die Musik vertieften oder wild dazu tanzten, es war auf jeden Fall ein klar abgesonderter Moment. Im digitalen Zeitalter ist das entsprechende Leitbild der Einzelmensch, der über Ohrstöpsel mit einem endlosen Streaming verbunden ist: einerseits privatisierter Konsum, andererseits Klangkontinuum, wobei Letzteres nur ein Segment der verfügbaren Konzentration beanspruchen kann. Parallel zur Musik laufen andere Informationen auf sein Gerät, die unablässig seine Aufmerksamkeit verlangen. Im Übrigen ist die Sucht nach lückenloser Unterhaltung ein prinzipielles Hindernis, den Einbruch des Neuen wahrzunehmen (angenommen, dieser ist noch möglich). Experimentelle Zeiten erfordern ein gerüttelt Maß an Langeweile. Es gibt keine Entdeckung neuer Territorien ohne misslungene Versuche und aufgegebene Entwürfe, keine Perle ohne Abfall, kein Fortschreiten ohne Hässlichkeit. Das muss man aushalten. Allein Akademismus und erstarrte Kanons sind frei von Langeweile. In der zeitgenössischen Erlebniswelt scheint also die Musik ihre privilegierte Stellung eingebüßt zu haben. Sie ist bloß Segment, Hintergrund, sie wird gar interpassiv konsumiert (man muss sie nicht hören, es reicht zu wissen, dass sie läuft). Da die Tonträger immateriell sind, wurde auch der Fetischismus des Plattenbesitzes und Sammelns geheilt. Überhaupt wird in der digitalen Kultur Besitz zunehmend abgeschafft. Der Nutzer ist ein Besitzloser, er steht im feudalen Abhängigkeitsverhältnis zum Anbieter, dem Gutsherrn seiner Daten, und sobald er ihm seinen Zehnt nicht bezahlt, ist alles *perdu*. Dafür darf er den Zugang zu einer endlosen Klangwelt genießen. Noch nie stand so viel Musik zur Verfügung, was den Wert jedes Einzeltitels tendenziell herabsetzt. Schnell gehört, schnell abgelöst. Das Gedächtnis ist kurz, die Warteliste lang. Da treffen wir auf die schwer lösbare Frage der Vorteile von relativer Knappheit. Die stets präsente Datenfülle ist stressig, sie drängt zum permanenten Wechsel, nicht zur Entdeckung des Neuen. Ein perfektes Beispiel dafür ist der Algorithmus, der, um den überforderten Hörer zu entlasten, Playlists anhand seiner bereits gehörten Titel generiert.

Auch auf den Musikern lastet die vorhandene Musikfülle, meinte Mark Fisher. Alle Klänge, Harmonien und Melodien der Vergangenheit sind jederzeit abrufbar, sie hemmen die Suche, schnüren den Raum für das Neue ab. Auf den ersten Blick scheint diese Tatsache meiner Behauptung im vorletzten Kapitel zu widersprechen, die Gegenwart hätte die Vergangenheit aufgefressen. Um auf die mittelalterliche Metapher zurückzugreifen: Sind wir nicht eher Zwerge, auf deren Kopf ein Riese ruht und uns daran hindert aufzuwachsen? Nur ist das Vergangene in einer ganz bestimmten Form allgegenwärtig, und zwar *als Archiv*, also als tote Materie, als bedrückende Masse vollendeter Tatsachen. Ein Archiv ist recht nützlich, wenn man weiß, was man sucht, aber die Selbstermächtigung findet im Vorraum statt. Oder anders formuliert: Gedächtnis ist nicht nur Erinnerung, sondern zugleich Vergessen. Wir können uns nicht auf einmal die ganze Vergangenheit vergegenwärtigen, wir können nicht alle Musiken hören, alle Texte lesen, das heißt, dass ein Selektionsprozess stattfinden muss. Der kreative Akt besteht eben darin, eigene Filter zu erstellen, um genau die nötigen Elemente herauszusieben, die der Suche entsprechen. Sonst ist man von der Informationsmasse hoffnungslos überfordert. Das Problem ist also nicht, dass es zu viel Vergangenheit gäbe, sondern dass die Unterscheidung zwischen Vergangenheit und Gegenwart immer schwieriger wird. Oder in Mark Fishers Worten: »Unsere Gegenwart ist dermaßen gesättigt vom Vergangenen, dass wir die Vergangenheit nicht mehr als solche wahrnehmen.«

Wie sieht aber die Sache vom Standpunkt des Mutanten aus? All die angesprochenen Probleme könnten umgekehrt als Lösungen gedeutet werden. Schließlich barg die permanente Suche nach dem Neuen neurotische Züge, demnach kann es als Entlastung verstanden werden, davon befreit zu sein. Was spricht denn dagegen, durch die Überreste der Kultur zu streifen, um Stilmittel zu rezyklieren? So löst man sich vom allgemeinen Kreativitätszwang. Schließlich wurde auch am Anfang dieses Buches für das Recycling von Theorien geworben. Nur produktivistisch denkende Menschen können über den schwindenden Ertrag der Musikproduktion besorgt sein. So wie es vormals die Avantgarden ersehnt hatten, kann heute jeder nach Lust und Laune Komponist, DJ, Fotograf oder Videokünstler sein, die Technik hat dafür gesorgt. Vielleicht ist davon nichts Umwerfendes zu erwarten, aber immerhin macht jeder sein Ding und hat seinen Spaß. Es ist ohnehin zu begrüßen, dass Musik für die jüngere Generation ihren übergeordneten Platz eingebüßt hat. Die Überidentifikation mit einer bestimmten Band oder Szene war doch kindisch! Es ist ein Zeichen von Reife, zwischen einem Punkkonzert, einem Abend an der Philharmonie und einer Techno-Party zu pendeln und Musik lediglich als eine unter vielen Formen der Unterhaltung zu betrachten.

Das mag alles stimmen, geht jedoch an Mark Fishers Hauptargument vorbei. Zentral an der Musikkultur, meinte er, war das unmittelbare Versprechen einer möglichen Zukunft. Nicht nur die Klänge an sich, nicht nur die Texte, sondern der ganze Lebensraum, der sich um sie drehte, die geladene Atmosphäre, die Menschen, die sich zu diesem Anlass begegneten. Natürlich waren Business, Star-System und Abzocke nie sehr weit entfernt. Doch verwies die kollektive Energieverschwendung auf ein anderes Leben jenseits von Vereinzelung, Arbeitszwang und Resignation. Das stimmte sowohl für Heavy-Metal-Fans in Industriegebieten als auch für Rocker in Vorstädten, Hippies in Landkommunen oder Punks in besetzten Ruinen. Um ein etwas jüngeres Beispiel zu erwähnen: Faszinierend an den Raves in Berlin der Neunziger war nicht so sehr der Sound, sondern der Kontrast zwischen der nie endenden Nacht und der Flüchtigkeit der Gelegenheit. Die subjektive Zeit dehnte sich in fortwährende Trance aus, gleichzeitig wussten alle, dass die temporär bespielten Brachen sehr bald aus dem Stadtbild verschwinden würden. Man feierte die Vision eines verheißungsvollen und erträumten urbanen Lebens, streckte der heranschleichenden Gentrifizierung einen letzten Mittelfinger entgegen. Mit Sicherheit werden solche Momente niemals in der Mercedes-Benz-Arena erlebbar sein, ganz gleich, welche Musik dort gespielt wird.

Bei Mark Fisher wie bei Pasolini wird nicht die Vergangenheit vermisst, sondern die Zukunft. Die vergangenen Boten einer anderen Welt. Das sind die eigentlichen Gespenster, die durch die erstarrte Gegenwart spuken. Nun sucht man nach ihr im fortlaufenden *Reenactment* vergangener Zeichen, vergeblich, da gerade die mechanische Wiederholung den Zugang zu den *lost futures* versperrt. Kultur im mutierten Zustand ist von einer »Deflation von Erwartungen« gekennzeichnet, die zur »hedonistischen Depression« führt, meinte Fisher (ich weiß nicht, ob Iggy Pop ihn gelesen hatte, als er sein neues Album *Post Pop Depression* nannte). Offensichtlich ist der Grundton der zeitgenössischen Popmusik tief depressiv. Dur-Akkorde sind in Vergessenheit geraten. Mädchen am Klavier lassen uns unaufhörlich wissen, wie sehr sie leiden. »Kulturpessimist? Ich bezeichne mich lieber als negativ«, antwortete der Brite lachend in einem Interview. In der grassierenden Melancholie wollte er eine letzte Zuflucht der Negativität erkennen, ein Sicht-nicht-abfinden-Wollen mit dem verschlossenen Horizont des »kapitalistischen Realismus«. Depression folge wohl aus der Unmöglichkeit, sich aus der Gegenwart herauszuziehen, und sei auch eine Weigerung, die Sehnsucht nach Zukunft aufzugeben. Mark Fisher wusste, wovon er sprach. Sein Leben lang litt er unter schweren Depressionen, im Grunde war seine *Hauntology* eine persönliche Auseinandersetzung mit diesem Zustand. Leider kam es nicht zu einer Überwindung; 2017 nahm er sich das Leben. »Die Zeit hat ihren Geschmack verloren«, schrieb er. »Es gibt Unzeiten, genauso wie es Unorte gibt. Mit der Zeit ist es heute wie mit Einkaufszentren oder Flughäfen: Sie ist völlig austauschbar geworden, ganz egal, in welchem Jahr wir uns gerade befinden.« Wir wollen uns jetzt von der Unzeit an den Unort, von der Uchronie in die Utopie begeben.

8. Die Welt als Hotel

Binnen weniger Jahre wurde die Stadt kaputtrenoviert. Historische Monumente, Kultstätten, Gassen, jahrhundertalte Häuser mit ihren elegant geschnitzten Türen und Gitterwerken, nichts davon wurde von den Bulldozern geschont, um Schnellstraßen, Shoppingmalls, Spaghettibuden, Toilettenhäuschen und Luxushotels Platz zu machen. Eine vertraute Geschichte. Nur ist hier nicht von Paris oder Beijing die Rede, sondern von Mekka. Der pakistanisch-britische Autor und nach eigenen Angaben »skeptische Muslim« Ziauddin Sardar beschreibt, wie ab Mitte der Siebzigerjahre die heilige Stadt des Islam in ein Disneyland verwandelt wurde. Sogar die zur Zeit des Propheten errichtete Bilal-Moschee wurde von den Baulöwen zertrampelt. Die Argumente für die Verunstaltung liegen auf der Hand: Die explodierende Zahl der Pilger ließe keine andere Wahl. Drei Millionen Besucher müssen adäquat gemanagt, ihre Ströme rational reguliert, die Logistik angepasst werden. So einzigartig die religiöse Bedeutung Mekkas ist, im Grunde hat es dieselben Probleme wie alle Touristenmagneten der Welt. Der Ort entzweit sich nämlich. Die konkrete Stadt mit ihren Bewohnern und Erfordernissen wird von einem abstrakten, sich grotesk aufblähenden Doppelgänger verdrängt, welcher für die reibungslose Zirkulation stadtfremder Massen und die Erfüllung ihres monomanen Wunsches geschaffen wurde, hieße dieser die siebenfache Umwanderung der Kaaba oder ein Selfie vor der Seufzerbrücke. Es ist aber nicht so, dass nur mehr Menschen Zugang zu einem unveränderten Ort ermöglicht werden soll. So wie die profane Reise hat sich die Pilgerfahrt mit ihrer Vermassung in ihrem Wesen verändert. Der Zielort wird durch die schiere Präsenz der Besuchermenge ein für alle Mal vernichtet. Für Muslime, erklärt Sardar, war der Haddsch früher eine einmalige Gelegenheit, anderen Kulturen, Ethnien, Sekten zu begegnen, eine Erfahrung der spirituellen und kulturellen Vielfalt der islamischen Welt. Heute ist der Haddsch zu einer Pauschalreise verkommen, Shoppen und Beten inklusive. Vom Bus zum Hotel haben die gedrängelten Pilgergruppen so gut wie keine Chancen, andersartige Menschen kennenzulernen, wie Pendler in einem beliebigen Flughafen. Wallfahrt auf Rolltreppen: Vor diesem Hintergrund wirkt der Aufruf europäischer Intellektueller ziemlich albern, der Islam möge sich bitte schön »modernisieren«. Modern ist er schon, und genau darin liegt vielleicht das Problem. Das alte Mekka soll eine pluralistische Stadt gewesen sein, wo Geschichte allgegenwärtig und Streitkultur lebendig war. Genau aus diesem Grund musste es zerstört werden.

Es mag vielleicht verwundern, dass die Modernisierung von den herrschenden Wahhabiten vorangetrieben wurde, welche eher für ihre feudalen Sitten und deren fundamentalistische Auslegung des Korans berüchtigt sind. Wie konnten sie die Stätte des heiligen Schreins derart entweihen? Sardar meint: Nichts hassen die Saudi-Geistlichen so sehr wie die Geschichte. Geschichte ist pluralistisch, widersprüchlich, ambivalent, in einem Wort: unrein. Es ist ein Irrtum zu glauben, Fundamentalisten wollten in die Vergangenheit zurück. Sie wissen wohl, dass keine historische Epoche jemals so einseitig und einfältig war wie ihre Doktrin. Sobald sie ein Gebiet in ihre Gewalt bekamen, bestand die erste Geste der Taliban oder des IS darin, dort die historischen Stätten und Schätze zu zerstören, ganz gleich ob heidnisch oder islamisch. Der Fundamentalismus macht Tabula rasa. Bezeichnend ist, dass das Bauunternehmen, das zur Errichtung Neu-Mekkas maßgeblich beitrug, die Bin-Laden-Gruppe war. Während Osama die Zerstörung der Twin Towers plante, ließ der Rest der Sippe die alte Wüstenstadt unter einer prächtigen Skyline verschwinden. Alles musste nagelneu aussehen, führt Sardar fort, denn, und das ist der springende Punkt: Das, was die Wahhabiten etablieren wollen, ist ein Regime der fortwährenden Gegenwart.

Fortwährende Gegenwart. Der Ausdruck lässt aufhorchen. Man kennt ihn von Sozialkritikern, etwa Moishe Postone, Guy Debord oder Fredric Jameson. Gewöhnlich wird er verwendet, um das postmoderne Zeitempfinden zu charakterisieren. Die Symptome sind bekannt: der ununterbrochene Nachrichtenstrom, die 24/7-Selbstvermarktung, die Endlosschleife der Events, Liveticker und Sonderangebote, das lückenlose Beharren auf einer scheinbar ewigen Dringlichkeit. Nicht zuletzt hat das Phänomen eine architektonische Dimension. Städte werden erneuert, um alte Spuren auszuradieren sowie jene freien Plätze zuzubauen, die noch »die Möglichkeit dessen« bezeichnen konnten, »was in Bezug auf die Wirklichkeit fehlt« (Leibniz). Es ist sicherlich kein Zufall, dass Berlusconi und Trump, die beiden Herolde der Postpolitik, sowohl in der Baubranche als auch im Reality-TV unternehmerisch tätig waren, zwei mächtige Hebelarme, die Menschen in die Zange der unüberwindbaren Jetztzeit nehmen. Es stellt sich also die Frage: Was, wenn Mekka, Ort der Exotik schlechthin (Nicht-Muslime dürfen die Stadt nicht einmal betreten), etwas Wesentliches über unser westliches Lebensumfeld aussagte? Wenn religiöse Fundamentalisten sich derselben Mittel bedienen wie die Stadtentwickler der ganzen Welt und wenn das Resultat ein ähnliches ist, nämlich die Produktion einer fortwährenden Gegenwart, kann man nicht auf eine gewisse

Affinität der Absichten schließen? Ziauddin Sardar ist konsequent, wenn er sowohl die islamfundamentalistischen Verunstaltungen verwirft als auch die postmodernistischen, *und das aus demselben Grund*. Postmodernismus, dieser »neue Imperialismus der westlichen Kultur«, schreibt er, »höhlt die Geschichte aus ebenso wie Traditionen, Moral, Weltbilder – in einem Wort alles, was nicht-westlichen Kulturen Sinn und Orientierung gibt«. Sicherlich verfolgen Salafisten und Postmoderne verschiedene Ziele, dafür verwüsten sie dieselben Kulturwerte. Gegen archaische wie gegenwärtige Obskurantismen plädiert Sardar für eine dialektische Synthese von Tradition und Modernität. Freilich setzt sein Wunsch voraus, dass die Tradition sich für Wandlungen öffnen würde und die Modernität ihrerseits herkömmliche Lebensweisen akzeptieren könnte. Wie diese Umwandlung zustande kommen könnte, ist schwer vorstellbar, Anzeichen davon sind in der gegenwärtigen Situation eher dürftig. Aber wünschen kann man immer. Kritisierbar an seiner antiimperialistischen Perspektive ist allerdings, dass sie die neue »westliche Kultur« als eine vollendete Tatsache erscheinen lässt, die alle Bewohner der entwickelten Länder gleichermaßen einschließen würde. Nach dieser Ansicht wäre dort die Mutation vollständig vollzogen. Um zu zeigen, dass dies nicht der Fall ist, wollen wir jetzt durch eines der europäischen Territorien streifen, die sich noch im vollen Prozess der Transformation befinden.

Fahren wir zunächst eine Landstraße entlang, können wir erstaunt feststellen, dass die durchquerten, unscheinbaren Ortschaften noch bewohnt sind. Unwillkürlich stellt sich die Frage, wovon und vor allem wie die Menschen dort überhaupt leben. Ab und an versucht eine als Museum umgewandelte stillgelegte Fabrik, die Durchreisenden für eine kurze Pause zu gewinnen. Wenn dort Geschichte zu erfahren ist, dann als ruhende Last. Die Erklärung dafür ist offensichtlich. Historisch waren die meisten Städte als Marktplätze, Häfen oder Kreuzungspunkte von Handelswegen entstanden. Sie hingen mit der damaligen Konfiguration des Wirtschaftslebens zusammen. Einerseits war die lokale Industrie auf die Rohstoffvorkommen der Umgebung angewiesen, andererseits war die Entfernung der Knotenpunkte von dem Tempo der Zeit bestimmt: Je niedriger die Geschwindigkeit war, desto näher lagen sie beieinander. In der Regel entsprach die Strecke zwischen zwei Städtchen dem damaligen Tagesritt eines Reisenden. Dies macht klar, wie überholt diese Faktoren im Rahmen der neuen Wirtschaftsgeografie sind. Globaler Handel, Softwareindustrie und Dienstleistungsjobs benötigen keine besondere Umgebung. Flughäfen, Autobahnen und Hochgeschwindigkeitszüge haben das Tempo extrem beschleunigt und somit die Entfernungen unwesentlich gemacht. Relevant sind nur noch die gut vernetzten, gut angeschlossenen Metropolen. Brutal ausgedrückt: Aus rein ökonomischer Sicht sollten unzählige Orte am besten komplett aufgegeben werden. Wenn sie nichts Pittoreskes anzubieten haben, gibt es für ihren Fortbestand keinen Grund. Es sind bloß Bevölkerungsreservoirs, aus denen regelmäßig die dynamischen, nutzbaren Kräfte abgeschöpft werden. Dort beginnt nämlich jener Prozess, der sich dann auf der Ebene von Regionen, Ländern und Kontinenten fortsetzt und den Titel eines Horrorfilms trägt: Braindrain. Die Metropole braucht ständig frische Hirne, deren Träger man lockt, aus den Peripherien zuzuwandern. Und das tun sie meistens gern. Jemand, der in einem strukturschwachen, abgeschotteten Gebiet aufwächst, wo vielleicht auch noch Abweichler schief angeguckt werden und Vorurteile aller Art herrschen, der hört bald den inneren Ruf auf: Nichts wie weg! Ohne dabei politische Parallelen zu ziehen, kann sich ein jeder fragen, was er tun würde, hätte er das Unglück, im Gaza-Streifen, auf einem sibirischen Dorf, im Rust Belt der USA oder in einem Kaff in Mecklenburg-Vorpommern geboren zu sein. Den Absprung wagt aber nur die Minderheit, und es sind meistens die Gescheiteren, die Jüngeren, die Abenteuerlustigen. Frauen öfter als Männer, was der allgemeinen Frustration der Gebliebenen eine sexuelle hinzufügt. Genau das ist der Knackpunkt: Ist einmal der dynamische Teil weggezogen, verkommen die Orte. Nunmehr fehlt die Hefe, um den Teig des lokalen Lebens gehen zu lassen. Auf unsere Hypothese übertragen: Die Mutierten sind weg, doch bleiben die Nicht-Mutierten keineswegs intakt. Sie machen keine Evolution durch, sondern eine Involution, eine Rückentwicklung ihrer herkömmlichen Struktur. Nicht fortwährende Gegenwart ist ihr zeitliches Milieu, sondern fortwährende Vergangenheit. Doch sosehr sie sich an die Tradition klammern, sie ist tot. So schmoren sie in Ressentiment, fühlen sich von der Welt verlassen und verraten.

Auf den ersten Blick scheint diese Segregation die bloße Fortsetzung einer jahrhundertealten Geschichte zu sein. Die gegenseitige Verachtung zwischen Großstädtern und Provinzlern ist legendär. In ruhigen Zeiten lief sie auf friedliche Ignoranz hinaus. Die einen schwelgten in der Meinung, Stadtluft mache frei, die anderen, sie lebten nah am Busen der Natur. Doch konnte die Opposition auch virulent und verhängnisvoll sein. Es war zum Beispiel ein Grundfehler des Marxismus, die Bauern als reaktionäre Masse zu betrachten. In der Sowjetunion, wo neun Einwohner von zehn Bauern waren, musste diese Ansicht zur blutigen Diktatur führen. Vorurteile haben ein langes Leben. Heute noch schreiben Historiker über die Französische Revolution, als ob diese allein in Paris stattgefunden hätte. Die Tatsache, dass viele Städte und Landflecken eine entscheidende revolutionäre Rolle spielten, jedoch eingebettet in eine föderalistische Vision, wurde vom jakobinischen Zentralismus brutal unterdrückt. Nach zweihundert Jahren bleiben die entsprechenden Zeugnisse in den Archiven weitgehend unerforscht. Solche Verzerrungen führen zu der Ansicht, Zentren seien Motoren des Fortschritts, Peripherien hingegen ein zu vernachlässigender Überrest. Andererseits geschah es nicht selten, dass das provinzielle Ressentiment gegen die Hauptstadt von der Reaktion angestachelt wurde, um dort emanzipatorische Aufstände niederzuschlagen. Ohnehin ist Land nicht gleich Land, zwischen den von Junkern unterjochten Landarbeitern in Preußen und den basisdemokratischen Bauerngemeinschaften des russischen Mir liegen Welten.

Noch weniger vergleichbar ist allerdings die historische Provinz mit der mutierten. Erstere hatte ein eigenständiges Leben. Für letztere lässt sich feststellen: Tradition wird besonders gern von Menschen missverstanden, die keine haben. Sie stellen sich darunter eine langweilige Wiederholung von Ritualen und Gemeinplätzen vor. Aber eine Tradition lebt nur, indem sie permanent aktualisiert wird, einem Shakespeare-Stück ähnlich: Auch *Hamlet* wird immer wiederholt, doch variiert die namensgebende Figur bei jeder Vorstellung je nach Persönlichkeit des Schauspielers. Gerade an Orten mit geringer Bevölkerungsdichte konnte die Stimme eines Einzelnen entscheidend sein. In Face-to-Face-Beziehungen waren Eigenüberlegungen und Eloquenz ausschlaggebend. Veränderungen von außen kamen zwar langsam an, aber sie kamen. Doch nach dem Braindrain fehlen an vielen Orten gerade die Elemente, die zu positiven Aktualisierungen hätten beitragen können. Nur diejenigen bleiben, die nicht so flink, hell und wendig sind. Vor allem die materielle Basis ist kaputtgegangen. Allenfalls an sonnigen Flecken werden Traditionsfetzen für zahlende Touristen wiedergekäut. Da ansonsten nicht nur lokale Landwirtschaft und Handwerk verschwunden sind, sondern auch die Industrien ausgelagert wurden, hat sich die Einöde auf ganze Gebiete ausgeweitet, größere Städte eingeschlossen. Kein Wunder, dass in traditionslosen und marktverlassenen Orten die Restbevölkerung ein gefundenes Fressen für missionarisch agierende Rattenfänger ist, seien diese je nach Breitengrad Neonazis, Religionsfanatiker oder sonstige Demagogen. Besuch von urbanen, aufklärerischen Linken kommt ja eher selten. Nicht einmal die etablierten Parteien geben sich noch die Mühe, dort Wahlplakate zu hängen. Doch einen Wahlzettel haben sie noch, die Vernachlässigten, und diesen nutzen sie – wen wundert's? –, um ihrer Wut Ausdruck zu geben. Da treffen wir auf ein ethisches Dilemma: Wie geht man mit unsympathischen Opfern um? Nein, lieben kann man sie nicht, diese geschädigten Wesen. Selbst wenn sie keine Rassisten oder Rechte sind (denn das ist doch noch eine Minderheit), sind bei ihnen Zuvorkommenheit und Lebenslust nur selten anzutreffen. Und doch können sie nichts dafür, dass sie machtlos einer Entwicklung ausgeliefert wurden, die sie vollkommen verneint. Wenn diese Globalisierung heißt, dann sind sie halt Globalisierungsfeinde, die möchten, dass ihr Leben wieder normal wird, so wie es früher war. Manchmal wird gefragt: Warum artikulieren sie sich nicht intelligenter und richten ihre Wut nicht an die richtigen Adressaten? Die Antwort ist einfach: Wenn sie das könnten, wären sie vermutlich schon weg.

Auch wir verlassen sie jetzt, die Peripherie. Wir wollen uns in der Metropole umschauen. Wie dort die Mutation aussieht, hat der französische Hofintellektuelle Jacques Attali eindrucksvoll dargestellt: Im Grunde, sagte er, ist heute jede Stadt nichts anderes als ein Hotel. In dieser Hinsicht ist es zwar wichtig, dass die Eingesessenen angemessen bezahlt werden und über annehmbare Arbeitsbedingungen verfügen. Wichtiger ist aber, dass das Personal eines begreift: Es ist nur da, um internationale Gäste zu empfangen und zu bedienen, jene globale Klasse, die für Forschung, Innovation und Wertschöpfung sorgt. Lässt der Service zu wünschen übrig, dann ziehen die Gäste in ein anderes Hotel und der Standort verkommt. Von diesem Modell verspricht sich Attali viele Vorteile und gar die Ankunft des ewigen Friedens: »Man kann sein Leben für ein Territorium, eine Kultur oder für Werte opfern; aber wer wäre schon bereit, für ein Hotel zu sterben?«

Die Welt als Hotel. Da treffen wir wieder auf das eingangs beschriebene Mekka-Bild. Was gäbe ein adäquateres Gefühl von fortwährender Gegenwart wieder als ein Hotelzimmer, neutral, abgekapselt, austauschbar? Ein Rudel rollender Koffer auf gepflasterten Gehwegen: *That's the sound of the city.* Freilich stehen in Attalis Metapher nicht die Touristen im Zentrum. Tourismus ist sowieso ein zu begrenztes Phänomen, um als Merkmal der Mutation zu taugen, allenfalls als Mutationsbeschleuniger. Vorstellbar ist zum Beispiel, dass das Airbnb-Prinzip Vorreiter für ein Leben des temporären Wohnens ohne Eigenbesitz ist. Befallen sind nur die Städte, die das Unglück haben, schön zu sein. Noch härter trifft es die Küstenstädte, die von monströsen Kreuzfahrtschiffen geentert werden (wenn die Besatzungstruppen, die sich auf einen solch unwürdigen Transport freiwillig einlassen, keine Mutanten sind). Aber der Extremfall verdeutlicht die allgemeine Dynamik. Er zeigt, wie die vitalen Funktionen eines Gemeinwesens mit scheinbar weichen Mitteln und friedlichen Absichten abgewürgt werden können. Und verdeutlicht, dass Mobilität im modernen Sinne nicht die Möglichkeit bedeutet, von einem Ort zum anderen zu ziehen, sondern die, einen Ort zu zerstören. Gegen Touristen lässt sich schwer etwas sagen. Zum einen, weil irgendwann jeder selbst einer ist. Zum Zweiten, weil die Pflicht zur Gastfreundlichkeit zu den grundlegenden zivilisatorischen Tugenden gehört. Und schließlich, weil Touristen eine Geldquelle sind. Daher lassen die Bewohner einiges über sich ergehen, ehe die Situation in den Irrsinn ausufert. Zum Beispiel wenn einem Städter die letzten Nachbarn abhandenkommen, weil im Wohnhaus nur noch Ferienwohnungen sind. Oder wenn alle Fischmarkthändler dichtmachen, da nunmehr die Stammkunden fernbleiben, von einem nichts kaufenden, alles fotografierenden Rudel abgeschreckt. Ein heimischer Kunstliebhaber besucht keine Ausstellung mehr, weil das bedeutet: drei Stunden Schlangestehen, um die Bilder vor lauter Gedränge nicht einmal zu sehen zu bekommen und sich mit der Beschreibung aus dem Audioguide begnügen zu müssen. Obwohl die Lärmtoleranz der Spanier legendär ist, schimpfen Barceloner auf die Dauerparty unter ihren Fenstern. »Die Revolution wird eine permanente Fete sein«, meinten die 68er. Heute wissen wir es besser: Die permanente Fete ist die Hölle auf Erden, der permanente Ausnahmezustand.

Mehrmals in der Geschichte wurde versucht, die ideale Stadt zu erschaffen. Eine davon war Canudos im brasilianischen Bahia, die von religiös-kommunistischen Bauern und Ex-Sklaven unter der Leitung des Wanderpredigers Antônio Conseilhero gegründet wurde. Nach drei Militärexpeditionen wurde die Stadt eingenommen und zerstört, die Bevölkerung massakriert. Stellen wir uns vor, ein ähnliches Experiment würde heute unternommen. Um die gebaute Utopie zu vernichten, wäre es nicht mehr nötig, dort Panzer hinzuschicken. Reisebusse würden genügen. Dann verstopfen Touristenströme die Gassen, verkaufen chinesische Händler ihre Plastiksouvenirs, alles wird laut, bunt, schrill und stinkig, und schon ist die ideale Stadt zu einem Freizeitpark mutiert. Es sei denn, die Bewohner entschieden sich, einen antitouristischen Schutzwall zu errichten und die Stadttore von bewaffneten Milizionären bewachen zu lassen, doch so ideal wäre auch diese Lösung nicht. Scheinbar hat sich der Albtraum jener alten Reaktionäre verwirklicht, die Demokratie stets mit Vermassung verwechselten und eine Überschwemmung ihrer Privilegien befürchteten. Doch erweist sich ihre Angst als gegenstandslos. Es reicht doch, in Rückzugsgebieten die Preise in die Höhe zu treiben, um den Pöbel fernzuhalten und Exklusivität wiederherzustellen.

Damit wechseln wir von der Economyclass in die Businessclass und kommen zum Kern von Attalis Vision. Die Hotelkundschaft, die er meint, ist die globale, kreative, vernetzte Elite. Menschen, die sich für ein paar Monate oder Jahre wegen eines Investitionsvorhabens, eines Forschungsprojekts, eines Joint Ventures oder einer Start-up-Gründung in einer bestimmten Stadt aufhalten, ehe sie nach Tel Aviv, L. A. oder Peking weiterziehen. Es können auch Dreharbeiten sein, ein Vorlesungssemester oder das Kuratieren einer Kunstbiennale. Ob die Wertschöpfung eine direkt marktwirtschaftliche oder eine symbolische ist, spielt hier keine Rolle, ohnehin sind beide symbiotisch aufeinander angewiesen. Jedes Hotel konkurriert mit den anderen um die zahlungskräftigen Gäste, und diese treffen ihre Wahl nach Prestige und Distinktion. Nachgefragt ist kein Rokokopalast, auch keine Kakerlakenkaschemme, sondern ein funktionales, vertrautes Etablissement, das sich von anderen Filialen der globalen Kette allein durch ausgesuchte Details und Wahrzeichen auszeichnet, damit der Gast sich versichern kann, dass er da war und nicht woanders. (Erinnern wir uns dran, dass »Hotel« hier metaphorisch für die Stadt steht; natürlich residiert der mobile Symbolvermarkter in einer Maisonettewohnung in einem angesagten Viertel oder in einer ruhigen

Villa am See.) Der Silicon-Valley-Historiker Fred Turner listet die Charaktereigenschaften der globalen Elite wie folgt auf: »intellektuelle Feuerkraft, gute Ausbildung, soziale Flexibilität, die Fähigkeit, sich schnell von Chance zu Chance umzuorientieren, und die Fähigkeit, mit sozialen Milieus klar zu kommen« – wobei man meinen sollte, sie hätten selten Gelegenheit, von letzterer Gebrauch zu machen. Durch diese Qualitäten, meint Turner weiter, spalten sie sich von den »nichtglobale[n], nicht vernetzte[n] Nicht-Eliten« ab.

Kurioserweise ist die kulturelle *global class* sofort beleidigt, wenn man sie kulturelle *global class* nennt (ich hätte auch »Establishment« schreiben können; bezeichnend ist übrigens, dass dieser ursprünglich aus der linken Ecke kommende Begriff heute nur noch von den Rechten verwendet wird). Es ist, als ob ihnen vorgeworfen würde, sie seien professionell und intelligent, statt dilettantisch und dumm. Es geht hier nicht um Vorwürfe, allein um diese Feststellung: Eine bestimmte Anzahl von Personen, ganz gleich welcher Herkunft, welcher genauen Berufsgruppe und welcher politischen Meinung, verkehrt in demselben geschlossenen Kreislauf, ist mit ihren Mitkreaturen in anderen Metropolen mehr *connected* als mit den Reststadtbewohnern, führt ein freischwebendes, deterritoriales Dasein und ist glücklich damit. Wohl bekomm's! Zu diesem Lifestyle darf übrigens eine Vokabel nicht fehlen: kosmopolitisch.

Reden wir also über Kosmopolitismus. Das Wort wurde von Diogenes ersonnen, der darunter die Ablehnung aller Staatsformen verstand; wovon die Stoiker wiederum eine Ethik der Herrschaftsfreiheit herleiteten. In diesem Sinne kann man sich nur freuen, dass der Begriff wieder en vogue ist! Nach einer späteren Definition ist ein Kosmopolit jemand, der »die Einflüsse aller Länder versteht und mit variierten Sitten zurecht kommt«. Auch gut. Exemplarisch dafür waren die Altägypter. Als zu ihrer Zeit Reisende in einer fremden Stadt ankamen, nahmen sie ohne Wenn und Aber die lokalen Gottheiten und Rituale an. Das war ein Vorteil des Polytheismus: Da die Götter an einen Ort gebunden waren, war die Religion wandlungsfähig und abwechslungsreich. Auf die heutige Zeit übertragen erwartet man also von einem Kosmopoliten, dass er, wenn er sich in Kairo befindet, zum Ramadan mitfastet und, wenn er sich in Sevilla aufhält, zur Karwoche bei der Prozession mitzieht (am besten mit den Gitanos und der Marienstatue von Triana). Das tut er aus Respekt für die Bewohner, aus Neugierde und aus postreligiöser Indifferenz. Und wenn ihn in Senegal ein Baum anspricht, lässt er ihn auch aussprechen. Ebenfalls wird wohl ein Kosmopolit, der sich in einer ihm unbekannten Stadt aufhält, die ortstypischen Gerichte und Getränke kosten, die Musik entdecken und als teilnehmender Beobachter so viel wie möglich von lokalen Gepflogenheiten, Vorlieben und Konflikten mitbekommen. Im Falle eines längeren Aufenthalts wird er selbstverständlich genug Rudimente der Landessprache erlernt haben, um mit den Bewohnern zu kommunizieren und sich als gleichberechtigtes Subjekt einbringen zu können.

Nun ist aber die Mutation eingetreten, und mit ihr wird der Begriff in sein genaues Gegenteil umgedeutet. Demnach sind Kosmopoliten Menschen, die, egal wo sie sich befinden, immer die gleichen Locations, Hotellobbys, Konferenzräume und Galerien besuchen, dieselbe globale Kultur teilen, ihre Ehre daransetzen, Englisch zu sprechen (wohlgemerkt: nicht die wunderbare Sprache eines Chesterton oder Faulkner, sondern *Simplified English*), und sich an der Stadtbevölkerung nicht mehr reiben als absolut nötig. Zwar sind unter ihnen auch Afrikaner, Inder oder Bayern, doch zu ihrem Herkunftsland haben sie nur noch selten Kontakt, es sei denn unter den besagten Bedingungen. Wir sind also ganz weit von den Altägyptern entfernt. Diese Art von Kosmopolitismus ist furios monotheistisch. Verständlich ist, dass Menschen, die davon überzeugt sind, die Zugehörigkeit zu einer Elite ihrem guten Geschmack, ihrer einwandfreien Vernetzung und ihrer Fortschrittlichkeit zu verdanken, wenig geneigt sind, mit Leuten zu verkehren, denen solche Qualitäten eben fehlen. Problematisch ist allerdings die theoretische Untermauerung dieser Abneigung. Dem Kosmopolitismus wird ein konträrer Begriff entgegengestellt: Essenzialismus. Essenzialisten sind Menschen, die sich mit ihrer geografischen, kulturellen und sozialer Herkunft verbunden fühlen. Sie halten an den Gepflogenheiten ihrer Stadt fest. Interessieren sich nicht so sehr für zeitgenössische Kunst. Gehen nie japanisch essen. Im schlimmsten Fall treffen sie sich regelmäßig am Stammtisch, das genaue Gegenteil von Mobilität. Es ist also genau jene Art von Menschen, die Altkosmopoliten aufsuchten, um fremde Sitten und Denkarten kennenzulernen. Hingegen weisen Neokosmopoliten diese Lebensweise als vulgär und provinziell von sich. Den Bewohnern fehlt das Raffinement, die Weltgewandtheit. Sie sind eben die grobschlächtigen Gepäckträger und Zimmermädchen der Hotelgesellschaft.

Essenzialismus ist ein Begriff fürs Grobe. Für feine Unterscheidungen wurde er nicht geschaffen. In diesen Topf wirft man Stammkunden einer Eckkneipe zusammen mit Salafisten, oder Neonazis mit jenen Bewohnern Marseilles, die jedes Jahr ihren ungenehmigten, weil selbstorganisierten Karneval feiern. Alle verteidigen auf ihre Art eine Kultur des »Identitären«. Weil ich mich gegen die Aussage des neuen Intendanten der Berliner Volksbühne aufgelehnt hatte, deutschsprachiges Theater sei in der kosmopolitischen Stadt nicht mehr erwünscht, wurde ich deutschnational genannt. Überhaupt ist Sprache eine heikle Angelegenheit. Pasolinis Zeiten sind längst vorbei, als er sich über das Entschwinden der lokalen Dialekte beklagte. Jetzt geraten selbst die Landessprachen unter Verdacht der Rückständigkeit. Wollen wir daran erinnern, um nur eine winzige Stichprobe zu erwähnen, dass der Tscheche Kafka auf Deutsch schrieb, der Rumäne Cioran auf Französisch, der Russe Nabokov auf Englisch, der Italiener Matteo Ricci sogar auf Chinesisch? So viel zum Nationalismus. Selbstverständlich ist Englisch für die transnationale Kommunikation unabdingbar. Und nein, die Nationalsprachen sind nicht bedroht. Die geflüchteten Syrer und Afghanen müssen tunlichst Deutsch lernen, um überleben zu können. Nur die jungen Innovatoren und Kreativen können sich leisten, die Landessprache souverän zu ignorieren. Genau darin liegt das Problem: Die Spaltung zwischen Hotelgästen und Hotelpersonal ist auch eine sprachliche. Da sich der öffentliche Raum generell und die Kultureinrichtungen speziell zunehmend den Gästen zur Verfügung stellen, wird eine soziale Trennung zementiert, die ohnehin schon bestand.

Nicht, dass diese immer manifest wäre. Unter den Hotelangestellten bilden sich nicht wenige ein, sie sprächen auf Augenhöhe mit den – durchaus zuvorkommenden – Gästen oder sie gehörten, wenn sie lange genug vorauseilenden Gehorsam leisten, eines Tages vielleicht zur erlesenen Elite hinzu. Das ist besonders in Deutschland der Fall, aus evidenten historischen Gründen. Hierzulande wurden die meisten lebenden Traditionen entweder von der NS-Diktatur verunstaltet oder von der anschließenden Katastrophe zerstört. In der ganzen Welt gilt es als natürlicher Reflex, Vorbehalte gegenüber einer Veränderung zu hegen, deren Vorteile nicht unmittelbar schlüssig sind. In Deutschland wird jede aufmüpfige Reaktion des Hotelpersonals psychologisch als *German Angst* interpretiert. Es sei typisch deutsch, sich vor Neuerungen zu fürchten, und da keiner als typisch deutsch auffallen möchte, führt die Angst vor *German*

Angst, also die typisch deutsche *German Shame*, zur überstürzten Bejahung.

Besonders delikat an der konstruierten Gegenüberstellung von Essenzialismus und Kosmopolitismus ist, dass Letzterer die Vielfalt für sich reklamiert. Die Neokosmopoliten verträten die Pluralität der Kulturen, während die anderen sich in die eigene Lebensweise einigeln würden. Es ist doch evident: Musiker, die in den entsprechenden Regionen Flamenco, Tango, Rumba, Pizzica, Rembetiko, Gamelan, Soukous oder Mande spielen, sind jeweils identitätszentriert – sie sind sogar stolz darauf, was sie natürlich nicht daran hindert, fremde Einflüsse aufzunehmen oder Crossover-Experimente zu machen, wie es schon immer der Fall war. Dabei beharrten sie jedoch auf einer »Essenz«, insofern seien sie Gegner der Vielfalt. Nach dieser einwandfreien Logik müssen wir schließen, dass der Pluralismus erst an dem Tag siegen wird, an dem sich alle Sonderidentitäten aufgelöst haben – oder sämtliche Farben der Palette zu einem einzigen Grau zusammengemischt worden sind. Nur: Wenn alle zu Reisenden werden, wen können sie dann besuchen? Der Haken an dieser Vision ist: Die globale Kultur kreiert nichts selbst. Sie schafft Ordnungen, Verbindungen, Normen und Hierarchien. In ihrem Dunstkreis haben die »Kreativen« so viel Bodenkontakt und Eigengeschmack wie eine anorganisch kultivierte, holländische Tomate. Ihr idealtypischer Vertreter ist nicht der Künstler oder der Erfinder, sondern der Kurator. Insofern ist die globale Kultur ebenso auf die verpönten »Essenzialisten« angewiesen wie Hotelgäste auf die Zimmermädchen. Um beim Beispiel der Musik zu bleiben: Als in den Achtzigerjahren im Westen nichts Neues mehr kam, entdeckten Labels und Agenten die noch unerschlossene Originalitätsquelle der zahlreichen Klänge der Welt. Künstler aus den entlegensten Regionen wurden unter Vertrag genommen, verbunden mit der Bedingung, ihre Musik den westlichen Hörgewohnheiten anzupassen. Das Ergebnis war ein einheitlicher *global sound*, mal mit afrikanischer Kora-Harfe, mal mit Oud-Laute, mal mit *throat singing* – abstrahierte Momente des Originals auf einen gemeinsamen World-Music-Teppich. Das ließ sich anhören, war aber sehr erwartbar. Der schlaue Senegalese Youssou N'Dour nahm von jedem Album zwei Fassungen auf, eine für die weißen Kosmopoliten, eine für die essenzialistischen Afrikaner. Von der globalen Kultur wird eines systematisch verkannt: Populäre Formen sind in ein Geflecht aus Traditionen, Glauben, Zusammenkünften, Konflikten und Innovationen eingebettet, also in ein jeweils eigentümliches, identifizierbares Universum. Viel eher als die Vokabeln »Identität« oder »Essenz« anzuwenden, die Geschlossenheit und Wandlungsunfähigkeit implizieren, sollte man da mit Pasolini von Sonderkulturen sprechen. Dass diese nicht mit sich selbst identisch bleiben müssen, zeigt zu Genüge die rasante Entwicklung der jamaikanischen Musik von Mento über Ska, Rocksteady, Reggae, Dub, Raggamuffin bis hin zu Jungle, ohne jemals auf die *roots* zu verzichten. Nur sind Sonderkulturen eben doch etwas Besonderes, insofern verstießen sie gegen die offene Gesellschaft. Einmal hatte ich das Vergnügen, mich mit enthusiastischen Anhängern der offenen Gesellschaft zu unterhalten. Wir waren auf einem privat gesponserten Event, das nur für geladene Gäste unter Einhaltung eines Dresscodes zugänglich war, durch Zäune und Security vor Gemeinsterblichen geschützt. Der Widerspruch fiel ihnen nicht auf. Auch dieser Begriff ist eine Zumutung. Die offene Gesellschaft ist schön und gut, solange sie eben eine Gesellschaft ist und keine zufällige Anhäufung von Monaden mit Rollkoffern.

Essenzialismus ist ein essenzialistischer Begriff. Sein Gebrauch beinhaltet eine ideologische Verzerrung, die auch für die Gesellschaftssicht von Reaktionären aller Couleur kennzeichnend ist: Wer der globalen Klasse nicht angehört, sei starr, immer gleich, identitätsfixiert und fremdenfeindlich. Als ob sich die Identität einer Stadt nicht aus der Zufuhr sukzessiver Migrationswellen speisen würde! Eine äußerst bunt gemischte Hafenstadt wie Marseille zum Beispiel hat eine starke Identität. Mit ihr identifizieren sich Menschen, die aus unzähligen Ländern, Kontinenten und Kulturkreisen stammen, die sie jedoch mit Leidenschaft als ihre Heimat empfinden. Neuerdings macht ihnen die Ankunft der Hotelgäste aber schwer zu schaffen. Denn diese müssen und wollen sich nicht mit der lokalen Bevölkerung vermischen. Das ist der Punkt: Die mittellosen Zuzügler haben keine andere Wahl, als die Stadtkultur anzunehmen. Für sie ist es eine Überlebensfrage. Freilich geschieht ihre Ankunft nicht konfliktlos, weil sie als Konkurrenten (vor allem der vorangegangenen Migrantengruppe) eintreffen. Es kann eine bis zwei Generationen dauern, bis sie wirklich ankommen. Da sie nicht in der Küche arbeiten müssen, können sich die Hotelgäste umgekehrt leisten, formell ausländerfreundlich zu sein und reell unter sich zu bleiben. Migrant ist nicht gleich Migrant. Es ist ein Unterschied, ob sich ein arbeitsloser Grieche oder ein schwäbischer Immobilienbesitzer in Berlin-Neukölln niederlässt.

Um auf Attalis Hotelmetapher zurückzukommen: Im Grunde wird damit das Hohelied der Mobilität besungen, die Kardinaltugend des Neoliberalismus. Das Humankapital muss immer bereit sein, dort hinzuziehen, wo es gebraucht wird. Wer diesem Gebot nicht nachkommt, habe selbst verschuldet, vor sich hin zu vegetieren. Seltsamerweise wird dieses Lied gleichwohl von Linken angestimmt. Einmal musste ich No-Border-Aktivisten, die sich für absolute Freizügigkeit engagieren, freundlich darauf hinweisen, dass die allermeisten Migranten gar keine Lust hätten zu migrieren. Sie wären viel lieber in der Heimat geblieben, wurden aber gezwungen, die aus äußerster Not zu verlassen (das leugnen natürlich auch die Rechten, die von einer »Invasion« fantasieren). Es geht also nicht darum, Mobilität als eine an sich erstrebenswerte Lebensweise zu propagieren, die den Bewohnern des globalen Südens verschlossen sei. Bewegungsfreiheit ist auch die Freiheit, dort zu bleiben, wo man lebt. Sonst ist es Bewegungszwang. Gegen die laufende Katastrophe wird am effektivsten vor Ort agiert, wie zum Beispiel in Marokko, wo Einheimische sich bemühen, die von der EU-Agrarpolitik ruinierte lokale Landwirtschaft wiederzubeleben, damit ihre Mitbürger ihr Leben nicht riskieren müssen, um schließlich als Sklaven auf einer andalusischen Tomatenplantage zu enden. Das bedeutet natürlich nicht, dass die Empörung über die Tausenden Toten an der EU-Außengrenze unberechtigt sei. Wohl aber, dass der auf die Grenze eingegrenzte Blick nur einen geringen Teil des Problems erfasst. Doch wie wir gesehen haben, ist *No Border* die Quintessenz der postmodernen Ideologie, der Sirenengesang der Mutation.

Es ist nicht einmal nötig wegzuziehen, um kosmopolitisch zu sein. Der Ethnologe Arjun Appadurai schlägt eine ganz andere Definition des Begriffes vor als die oben erwähnten. Im Gegensatz zu den mobilen Unternehmern und den reisenden, neugierigen Weltverstehern, die er ebenfalls zur privilegierten Elite zählt, hat die ärmere Bevölkerung, das heißt die Mehrheit der Menschheit, ganz andere Sorgen. Appadurai lenkt unsere Aufmerksamkeit dabei auf einen »Kosmopolitismus von unten«. Er bezieht sich speziell auf Slumbewohner von Mumbai, die sich selbst organisieren, um ihre Lebensbedingungen zu verbessern, und dafür mit ähnlichen Initiativen in Afrika oder Lateinamerika vernetzt sind. Zwischen Slums aus aller Welt werden Ideen ausgetauscht und gemeinsame Strategien entwickelt. So wurzelt dieser volkstümliche Kosmopolitismus in lokalen, alltäglichen und familiären Praktiken. Gleichwohl wird mit der Herstellung globaler Affinitäten und Solidaritäten der politische und kulturelle Horizont erweitert. Solche Initiativen seien »eher durch die Herausforderungen der Exklusion motiviert als durch die Privilegien (und den Ennui) der Inklusion«. Das wäre ein Modell für die konkrete Überwindung der falschen Opposition von Lokalem und Globalem.

Den exakten Gegensatz zum immobilen »Kosmopolitismus von unten« hat der Soziologe Alain Tarrius erforscht: Es sind Migranten, die ihr Herkunftsland verlassen haben, ohne irgendwo anzukommen. Zwischen Afghanistan, Iran, der Türkei, dem Balkan, der EU, Marokko und Westafrika haben sich zahlreiche, gut strukturierte nomadische Schwarzhändlernetzwerke formiert. Erstaunlicherweise nutzen sie Handelsrouten, die vor Jahrhunderten befahren wurden. Hauptsächlich handelt man mit elektronischen Markenprodukten aus Südostasien, die, spottbillig weil sie steuerfrei, Millionen ärmere Abnehmer erreichen – selbstredend ganz im Sinne der Hersteller. Vorschüsse fürs Geschäft werden von Drogenhändlern zu Geldwäschezwecken geleistet. So betreiben unzählige »Ameisen« *poor to poor business*, ohne sich jemals niederzulassen. Weltbürger sind sie allemal: Sie ignorieren alle Landesgesetze, haben ihre eigenen Codes und Regeln. Kosmopoliten sind sie auch, weil in direkter Verbindung mit Zwischenhändlern aus anderen Kulturkreisen stehen. Dafür würden sie sich der Forderung »No borders!« sicherlich nicht anschließen, dies würde ja ihre Lebensgrundlage ruinieren. Die Entscheidung für eine solche Lebensweise ist nicht ganz freiwillig; sie ist für arme Menschen mit Unternehmergeist einfach die bessere Überlebensoption. In den Metropolen gäbe es für sie keinen würdigeren Platz. Tarrius nennt das (weitgehend unbemerkte) Phänomen »Globalisierung von unten«. Ohne Zweifel hätte sich Milton Friedman für dieses spontan entstandene Modell von freier Marktwirtschaft begeistert, das Steuern und staatliche Regulierungen umgeht. Auch Deleuze und Guattari hätten die rhizomatisch organisierten Nomaden gefallen: folgen sie doch wortwörtlich ihrem Vorschlag im *Anti-Ödipus*, sich »mit noch mehr Verve in die Bewegung des Marktes, der Decodierung und der Deterritorialisierung zu stürzen«. Deterritorialisierung ist ein Stichwort der Mutation. Alles andere heißt dann Lokalismus, riecht nach Folklore, Scholle und Kuhmist. Das hat in erster Linie politische Konsequenzen.

9. Weder Volk noch Raum

»Große Teile des Volkes sind dumm« – so spricht der unersetzliche Politologe Herfried Münkler mit der Ehrlichkeit desjenigen, dessen Existenzgrundlage nicht von Wählerstimmen abhängt. Nicht dass die Mehrheit der Bevölkerung über weniger Denkfähigkeiten verfügen würde, sie habe bloß keine Zeit und kein Interesse. Sei schlecht informiert. Gebe sich auch keine Mühe, die Dinge zu verstehen. Glaube aber umso mehr, genau Bescheid zu wissen. Für die Aussage kassierte Münkler einige Prügel, wobei er nur über eine transhistorische, wenn auch selten offen ausgesprochene Grundlage der Politikwissenschaft sinnierte. Zumindest an diesem Punkt ist keine Mutation feststellbar. Im 18. Jahrhundert waren die vornehmen Philosophen darauf bedacht, keine aufklärerischen Gedanken aus ihren Salons durchsickern zu lassen, damit der unwissende Pöbel nicht in Aufruhr gebracht würde. Amerikanische Plantagenbesitzer, die zum großen Teil Demokraten waren, so wie später französische Kolonialbeamte, die politisch nicht selten links standen, waren nicht alle Rassisten. Manche konnten sehr nett zu ihren Sklaven sein. Bloß war für sie unvorstellbar, dass Bürgerrechte von ungebildeten Schwarzen ausgeübt werden konnten (ohnehin hätten sie weder Zeit noch Interesse dafür gehabt). Natürlich herrscht heute Konsens darüber, dass solche Ansichten verwerflich sind. Die rückblickende Ablehnung kostet auch keine große Mühe: Alle wissen ja, wie die Geschichte ausging. Zu jener Zeit wären aber entsprechende Vorwürfe als realitätsfern und utopisch ausgelacht worden. Dem Weltverbesserer wäre mit hundert Augenzeugenberichten ausgemalt worden, wie grob gestrickt und politikunfähig die bildungsfernen Hottentotten tatsächlich seien – von den Weibern ganz zu schweigen. Wer sich vergegenwärtigen möchte, wie damals über die Leibeigenen gesprochen wurde, braucht sich nur anzuhören, wie heute über die heimischen oder eingewanderten Unterschichten (selbstredend: immer mit viel Beweismaterial) geredet wird. Nicht nur von der herrschenden Klasse wurde das Volk für dumm verkauft, sondern auch von denen, die es zu befreien versprachen. Lenin und Trotzki verschoben die Macht des Proletariats auf den fernen Zeitpunkt des Kommunismus; in der Zwischenzeit mussten sich die Massen der Parteielite unterwerfen. So »völkisch«, wie er war, vertrat Hitler die abfällige Meinung, das Volk sei »weiblich« und müsse deswegen von einem starken Mann geführt werden. Immer und überall dieselbe Geringschätzung. Ja doch, solche Zeiten sind längst vorbei. In der freiheitlich-demokratischen Ordnung stellt sich keine Kaste über das Volk, jeder hat dieselben bürgerlichen Rechte, ein Vergleich mit Epochen des Ausgrenzens und Geringschätzens wäre also eine alberne Übung. Aber was meinte Gerhard Schröder genau mit seiner Behauptung, zum Regieren brauche man nur »*Bild*, *BamS* und Glotze«?

Einmal vorausgesetzt, dass die Mehrheit des Volkes dumm sei, ist Demokratie, also Volksherrschaft, eine offensichtliche Anomalie. Diese wäre beinah vermieden worden. Als zu Beginn der Französischen Revolution debattiert wurde, welche Staatsform die absolute Monarchie ersetzen sollte, erklärte der Abt Sieyès, zu diesem Zeitpunkt die einflussreichste Stimme im Dritten Stand:

»Unsere Absicht ist es nicht, die nationale Regierung einem demokratischen Regime zu unterwerfen. In einer Demokratie werden die Gesetze von den Bürgern selbst gemacht und die Beamten direkt von den Bürgern ernannt. Hingegen sieht unser Plan vor, dass die Bürger ihre Abgeordneten in die gesetzgebende Versammlung mehr oder minder unmittelbar wählen. Also hört unsere Gesetzgebung auf, demokratisch zu sein, um repräsentativ zu werden. Gewiss können die Völker Einfluss auf ihre Repräsentanten ausüben, aber das Gesetz dürfen sie nicht selber sprechen und weniger noch ausführen.«

Nur ging diese klare Aussage in der Hitze der Debatten und unter Druck des Pöbels unter. Beschlossen wurde, genau die von Sieyès vorgeschlagene Regierungsform zu adaptieren, sie jedoch »Demokratie« zu taufen. Fast könnte man da von Etikettenschwindel sprechen, und dieser hatte zwei Konsequenzen, die heute noch virulent sind. Einerseits fingen die Bürger an, die Einlösung des demokratischen Versprechens zu verlangen. Nicht nur in der politischen Sphäre im engsten Sinne, sondern auch in der despotisch regierten Arbeitswelt und in sämtlichen Sphären ihres Alltags, über die sie offensichtlich keine Entscheidungsmacht hatten. Andererseits musste die Fiktion von Volksherrschaft mit einer Konstruktion aufrechterhalten werden, in der das real existierende, dumme Volk durch einen abstrakten, souveränen Doppelgänger ersetzt wurde. Alle paar Jahre wieder treffen beide in der Wahlkabine aufeinander. Im Berliner Hauptbahnhof steht auf einem Riesenplakat: »400 Meter von hier regiert das Volk« – und tatsächlich sehen die an das Plakat vorbeiziehenden Pendlermassen nicht so aus, als ob sie irgendeine Macht über ihr eigenes Leben hätten. Das Volk, das ist immer 400 Meter weit entfernt.

Mit Blick zurück auf die Geschichte lässt sich feststellen, dass der eigentlich strittige Punkt zwischen den meisten politischen Lehren nie so sehr die Dummheit der Masse war, sondern die Intelligenz der Elite. Dem Blutadel wurden die Kompetenz und die Legitimität abgesprochen, das Land regieren zu können. Ebenso ein Jahrhundert später dem Geldadel, obgleich mit weniger überzeugenden Resultaten. Lange Zeit wurden in Parlamenten nicht so sehr Volksschichten vertreten als konkurrierende Interessengruppen und Wirtschaftszweige. Es war die historische Aufgabe der Sozialdemokraten, Demokratie umzudefinieren und zwar als Chancengleichheit. Fortan ging es nicht mehr darum, das Volk herrschen zu lassen, sondern jedem Einzelnen im Volk die gleiche Aufstiegsmöglichkeit im bestehenden System zu bescheren. Sicherlich war und bleibt Chancengleichheit weitestgehend eine Illusion. Solange das Erbrecht besteht, werden einige wenige mit erheblich günstigeren Startbedingungen geboren. Vom Geldvermögen einmal abgesehen, bleibt noch das ungleich verteilte kulturelle Kapital. Das lässt sich am Beispiel der unterschiedlichen Biografien in der Post-DDR-Nachwuchsgeneration beobachten: In der Regel haben sich diejenigen besser durchgeschlagen, deren Eltern zwar nicht finanziell, doch kulturell gut ausgestattet waren. Es lässt sich nicht bestreiten, dass auch in Westdeutschland einige Jahrzehnte lang die soziale Mobilität einigermaßen funktioniert hat. In Vorständen, Aufsichtsräten und Regierungen sitzen auch Menschen, die aus armen Verhältnissen oder zumindest dem unteren Mittelstand stammen, wenngleich sie immer in der Minderheit blieben. Generell sind in der Mittelschicht die allermeisten besser ausgebildet als ihre Eltern. In all diesen Jahren schien also die Demokratie unaufhaltsam auf dem Vormarsch. In Wirklichkeit schaufelte sie systematisch ihr eigenes Grab.

Im Jahr 1958 schreibt der britische Soziologe Michael Young einen satirisch-dystopischen Essay, in dem er eine Zukunftsgesellschaft darstellt, in der jeder Mensch nach seinen individuellen Kompetenzen und Leistungen seinen Platz erhält. Nicht mehr die Klassenherkunft bestimmt die soziale Hierarchie; dank der allgemeinen Schulbildung und des offenen Zugangs zu sämtlichen Ämtern werden aus allen Milieus die Intelligenteren und Leistungsfähigeren ausgelesen. Um diese neue Herrschaftsform zu charakterisieren, prägt er einen Neologismus: Meritokratie (das Buch heißt dann auch *Es lebe die Ungleichheit. Auf dem Wege zur Meritokratie* [*The Rise of the Meritocracy*]). Dystopisch ist die Vision aus zwei Gründen. Zunächst übt die neue Elite ihre Macht mit bestem Gewissen aus. Für sie besteht kein Grund, auf andere zu hören: Dass sie nicht dazugehören, zeigt doch, dass ihnen das Verständnisvermögen für komplexe Probleme fehlt. Die Meritokraten sind sich sicher, immer die richtigen Entscheidungen zu treffen. Ihre Position bezeugt doch, dass sie über Klarsicht und die Expertise verfügen. Zweitens werden die unteren Schichten permanent mit ihrem Versagen konfrontiert. Ihnen sind der Stolz und der Kampfgeist der Unterdrückten vormaliger Epochen abhandengekommen. Sie sind nur Loser, haben in der Schule schlecht abgeschnitten, über sie wird in Film und Fernsehen gelacht – Komiker verspotten nicht mehr die Mächtigen, sondern nur noch die »Assis«. Die Individualisierung, die dieser Gesellschaftsform zugrunde liegt, ist für sie rein negativ charakterisiert, als ein Mangel an Ansehen, Sicherheit, Geld, Gütern und Beziehungen. Selbst die Zugehörigkeit zu einer Minderheit schützt nicht vor dem Gefühl des selbst verschuldeten Versagens. Unter den Meritokraten finden sich ja auch Schwarze, Frauen, Schwule, Lesben, sie werden sogar in den Vordergrund gerückt, um zu verdeutlichen, dass die, die unten stehen, keine Diskriminierung erleiden (freilich steht dieses Element nicht im Buch, ich extrapoliere). Noch härter trifft das Urteil diejenigen, die nicht einmal einer Minderheit angehören, sprich: die weißen heterosexuellen Männer aus der verarmten Arbeiterklasse, auch *white trash* genannt. Sie haben nicht einmal den

Hauch einer Ausrede, stehen halt auf der schlechten Seite der Evolution. In der Meritokratie kann niemand behaupten, dass Exklusion das Ergebnis von Vorurteilen sei, wird diese doch mit statistischen Daten, IQ-Tests, Psychogrammen und Kompetenzbögen untermauert. Da haben wir es, Münklers dummes Volk. Nur ist dieses in der Mehrheit. In Youngs Erzählung siegt im Jahr 2033 ein Aufstand, der sich gegen die Meritokraten erhoben hat.

Michael Young hatte sein Buch als Mahnung geschrieben. Doch mit Entsetzen musste er zusehen, wie der von ihm geprägte Begriff der Meritokratie bald allgemeine Anwendung fand, und zwar als positives Programm! Auch ein Zeichen der Mutation: Selbst im Lande des *british humor* wurde Satire nicht mehr verstanden. Unter Tony Blair avancierte die Meritokratie sogar zur zentralen Vision von New Labour. In Deutschland kam zwar das Wort selbst nur selten vor, aber das ganze Gerede der rot-grünen Jahre, der McKinsey-Sprech, der Kult der Leistungsträger und die Herabwürdigung der Arbeitslosen und Geringverdienenden ergaben sich eindeutig aus diesem Denkmuster. Kurz vor seinem Tod veröffentlichte Young, der *Old Labour* verpflichtet war (1945 hatte er das Parteimanifest verfasst), eine Widerrede unter dem Titel: »Nieder mit der Meritokratie!« Bitter stellte er fest, dass die meisten seiner Vorhersagen Wirklichkeit geworden waren. Er schrieb:

»Es ist sehr hart in einer Gesellschaft, in der man es sich so sehr zum Verdienst anrechnet, so angesehen zu werden, als ob man keinen hätte. Nie zuvor wurde eine Unterklasse moralisch so nackt ausgezogen wie diese. Die Schulselektion hat sie der natürlichen Leader beraubt, jener gescheiten Wortführer und Wortführerinnen aus der Arbeiterklasse, die ihrer sozialen Herkunft treu blieben. Im Parlament oder in der Industrie opponierten sie gegen die Reichen und

Mächtigen in einem fortwährenden Streit zwischen Besitzenden und Besitzlosen. Mit dem Aufstieg der Meritokratie sind die führerlos gewordenen Massen zum Teil entrechtet worden, mit der Zeit wurden immer mehr abgekoppelt und entfremdet, sie gehen nicht einmal mehr wählen. Es ist niemand mehr aus ihren Reihen da, um sie zu vertreten.«

Freilich wird hier die tatsächliche Funktion von Arbeiterparteien und Gewerkschaften rückblickend verklärt. In Wahrheit musste die Basis schon immer gegen die Biegsamkeit und die Bestechlichkeit ihrer eigenen Funktionäre kämpfen. Die Arbeiterbürokratie war viel eher die Matrix der Meritokratie. Mit ihr begannen die strukturelle Auslese und die Neutralisierung des Konflikts. Entgegen Youngs Behauptung ist das Problem nicht, dass die Subalternen führerlos geworden seien, sondern dass ihr eigenständiges kulturelles Milieu vernichtet wurde, ein Milieu, das sie vor Vereinzelung und Machtlosigkeit weitgehend schützte. In der Trennung zwischen Führern und Befohlenen lag bereits der Keim dieser Entmachtung. Geköpft kann nur das werden, was einen Kopf hat.

Wie schon erwähnt, ist die Meritokratie nur sehr partiell verwirklicht worden. Noch bestehen jede Menge Klüngel, Seilschaften, geerbte Privilegien. Das ist aber nicht das Entscheidende. Was zählt, ist, dass die Eliten *meinen*, sie verdankten ihren Kompetenzen und Leistungen die Stellung innerhalb der meritokratischen Ordnung. Und dass den anderen ständig eingetrichtert wird, ihnen fehlten die Informationen und die Expertise, um korrekte Entscheidungen treffen zu können. Darum ständen sie da, wo sie sind. Das heißt, dass zum ersten Mal die Intelligenz der Eliten nicht mehr angefochten wird. Woraus folgt, dass das Volk objektiv dumm ist. Das oben schon genannte Problem kommt aber auch hier zum Tragen: Einen Wahlzettel hat es noch.

Wenn es überhaupt noch davon Gebrauch macht, kooptierten es in der Regel Kandidaten der Meritokratie, eine Alternative gibt es eh nicht. Nur kann es immer passieren, dass die angestaute Frustration auf politische Outsider trifft, die den Benachteiligten versprechen, sie endlich zu umsorgen und die Eliten zu verjagen. Ausgerechnet das demokratisch-repräsentative System, das den Aufstieg der Meritokratie ermöglicht hatte, wird also zur Gefahr für ihr Fortbestehen. Diese seltsame Entwicklung führt dazu, dass die smarten Liberalen sich vor Wahlen und Volksentscheiden fürchten, während die autoritären Rechten die alte Parole »Mehr Demokratie wagen!« mit hämischem Grinsen lauthals einfordern. Die logische Folge wäre eine Rückkehr zum Zensuswahlrecht, nur nicht unter Nachweis von gewissen Finanzmitteln, sondern von Bildungsniveau. Also eine Art Führerschein für Wähler. Doch noch scheint diese Lösung schwer umsetzbar.

Davon abgesehen: Was lässt sich genau gegen das meritokratische Prinzip einwenden? Erneut nicht so sehr die Annahme, das Volk sei dumm, als die, die Elite sei intelligent. Nein, wir wollen uns nicht dem vulgärpopulistischen Chor anschließen und »Versager! Verräter! Lügner!« schreien. Ausschlaggebend sind vier strukturelle Elemente. Das erste betrifft die Einbildung, moralisch überlegen zu sein. Der Soziologe Charles Wright Mills nannte diese: »Positionseffekt«. In der Regel ist Politikern, Unternehmern, Professoren, Experten, Kolumnisten oder Fernsehmoderatoren die Sorge fremd, wie man am Monatsende finanziell über die Runden kommt. Angst vor Altersarmut kennen sie nur aus der Zeitung. Sie mögen sich für Revolten gegen Oligarchen begeistern, solange diese in der Türkei oder Russland stattfinden, sie mögen sogar für kapitalismuskritische Theorien empfänglich sein, vorausgesetzt, diese bleiben im gesitteten

Rahmen. Aber niemals geben sie ihre ruhige, ironische Distanz zum Weltgeschehen auf. Offensichtlich verdanken sie diesen unaufgeregten Abstand ihrer finanziellen, existenziellen Sicherheit. In ihren Augen stellt sich die Sache jedoch umgekehrt dar. Ihre Besonnenheit halten sie für eine persönliche Tugend, welche sie in ihre privilegierte Position geführt hätte; die Wutausbrüche der Plebs seien wiederum der Beweis dafür, dass diese kein besseres Los verdient.

Dem schließt sich ein zweites strukturelles Element an: Die Selektion der Besten entscheidet sich anhand hochspezialisierter Kompetenzen. Je komplexer ein System, desto mehr Fachidioten, die keine Zeit und keine Möglichkeit haben, über die Konsequenzen ihres Agierens für die Gesellschaft nachzudenken, müssen ausgebildet werden, um es zu bedienen. Ebenso wenig – drittes Element – werden sie die Bedingungen hinterfragen, im Rahmen derer sie ihre Kompetenzen ausüben. Sie haben gelernt, den besagten Rahmen als wissenschaftlich, rational und unersetzlich zu respektieren. Grundsätzliche Zweifel können nur von Außenstehenden kommen, und sie werden sofort als beleidigende, unqualifizierte Angriffe aufgenommen. Nur: Wenn ein bestimmter Wissensstand zum Dogma wird, geht der Kontakt zur Realität verloren. Das vierte und vielleicht schwerwiegendste Element wird als *Groupthink* bezeichnet. Die mathematische Formel dazu lautet: Die Gesamtintelligenz der Gruppe ist niedriger als die Summe der Einzelintelligenzen ihrer Mitglieder. Dafür gibt es viele Gründe: Zum Beispiel wagt sich keiner, Vorbehalte gegen eine gemeinsame Entscheidung auszusprechen. Oder Maßnahmen vorzuschlagen, obwohl sie offenkundig die richtigen wären. Oder das Fehlverhalten eines Kollegen anzuprangern, damit der Teamgeist nicht gefährdet wird. Oder einen gravierenden Fehler der Gruppe öffentlich zu machen, weil so der gemeinsame Ruf kompromittiert werden könnte. Newcomern und Quereinsteigern setzt *Groupthink* besonders zu. Man ist ja dankbar, aufgenommen worden zu sein, will beweisen, dass man Gepflogenheiten und Jargon gut adaptiert hat, in einem Wort: Überanpassung siegt über Hellsichtigkeit. Man könnte es auch »Gurkenglasprinzip« nennen: Ganz gleich, welches Gemüse im Sud eingelegt wird, bald schmeckt es auch nach Gurke. Konformitätsdruck kennt jeder. Ohne kleine korrumpierende Anpassungen dieser Art wäre kein sozialer Aufstieg denkbar. Dabei wird *Groupthink* jedoch umso stärker, je abgeschotteter die Gruppe von äußeren Einflüssen ist. Und verheerender, wenn die Maßnahmen gesamtgesellschaftliche Konsequenzen haben.

Diese strukturimmanenten Faktoren einmal in Betracht gezogen, steht es schlecht um die Meritokratie. Ein Paradebeispiel ist die Finanzkrise von 2008. Nachträgliche Untersuchungen haben gezeigt, dass die meisten Verantwortlichen wussten, was auf sie zukam (es sind ja intelligente Menschen), doch genau aus den oben genannten Gründen taten sie nichts dagegen. Im Gegenteil: Wohl wissend, dass der Zusammenbruch nahte, zockten sie noch hektischer, so wie sich der Bankräuber beeilt, die letzten Geldsäcke zu füllen, wenn der Alarm schon heult. Entsprechend die Reaktion der Politik. Während des Sinkfluges drückte die panische Crew auf einmal alle Knöpfe im Cockpit, atmete dann auf, als es zum finalen Crash doch nicht kam, ohne aber bis heute zu wissen, welchem Umstand sie ihr Glück genau verdankt. Wohl bewusst war hingegen allen, dass die Bankenrettung zur Schuldenkrise führen würde, mit unheilvollen Konsequenzen, die stillschweigend in Kauf genommen wurden. Nicht das Wissen fehlt, sondern die geeignete soziale Organisation, um das Wissen richtig anzuwenden.

Dazu eine persönliche Anekdote: Drei Jahre vor Ausbruch der Krise hatte ich in der *Frankfurter Allgemeinen*

einen Artikel mit dem Titel veröffentlicht: »Entlasst die Experten!« Ich schrieb, dass die Prognosen der Wirtschaftsinstitute, die der Regierung Monat für Monat feierlich übergegeben werden, nicht zuverlässiger sind, als die Orakel von Kaffeesatzlesern: Hinterher müssen sie immer nach unten oder nach oben korrigiert werden, da zwischendurch ein Ereignis hinzugekommen ist, das eben nicht vorhergesehen worden war. Ferner zeigte ich, dass das systematische Versagen der Experten keiner persönlichen Inkompetenz anzulasten ist, sondern einfach daran liegt, dass die Ökonomie keine Wissenschaft ist. Die arrogante Zunft der Wirtschaftsexperten nannte ich demnach eine »Gesellschaft zur Verbreitung des Glaubens«. Ich staunte nicht schlecht, als drei Tage später bei der Bundespressekonferenz der Regierungssprecher sich auf meinen Artikel bezog, um zu erklären, weshalb die Wirtschaft im vorigen Monat nicht so gut abgeschnitten hatte, wie von den Experten vorhergesagt. Man bildet sich ein, subversiv zu sein, und hilft nur der Regierung, die schlechten Resultate ihrer Politik zu rechtfertigen! Immerhin wurden somit meine Behauptungen quasi offiziell bestätigt. Selbstverständlich änderte das nichts daran, dass nach wie vor unerschütterlich Wirtschaftsprognosen angestellt und später schulmeisternd kommentiert werden.

Politische Überzeugungen und sonstige Klassenstandpunkte einmal beiseitegelassen, rein systemtheoretisch ist die Lösung des Expertenproblems schon längst bekannt und lautet: demokratische Kontrolle. Also nicht mehr nur die bloße Chancengleichheit, auf deren Grundlage Experten in einen abgeschotteten Zirkel befördert werden, um dem dummen Volk Entscheidungen aufzuzwingen. Natürlich kann es auch nicht darum gehen, dass jeder Einzelne Bauingenieur, Energiefachmann, Biotechniker usw. wird. Der Erkenntnistheoretiker Paul Feyerabend hat den Lösungsansatz auf den

Punkt gebracht: »Fachleute kann man nicht allein werken lassen. Sie müssen kontrolliert werden. Von wem? Von den übrigen Staatsbürgern, die, indem sie die Kontrolle ausüben, sowohl die Fehler der Fachleute entdecken – in einem Schöffengericht geschieht das jeden Tag –, als auch selbst sich in der staatsbürgerlichen Reife üben. Und am Ende die Probleme besser kennen, als die Fachleute, aus deren Überwachung sie gelernt haben.« Obgleich die tatsächliche Praxis von Schöffengerichten sicherlich kein Vorbild ist, ist das Prinzip doch exemplarisch: Laien, die durch Losverfahren ausgewählt wurden, hören sich die kontradiktorischen Argumente der Experten an, um dann »im Namen des Volkes« eine Entscheidung zu treffen. Gelegentlich werden sie schwere Fehler machen, aber das passiert Experten auch. Um in Berlin einen absolut unbrauchbaren Flughafen zu bauen, brauchte es keiner unqualifizierten Dilettanten. Oft wird das demokratische Prinzip missverstanden. Es beruht nicht auf der Unfehlbarkeit der Mehrheit, sondern auf der Überzeugung: Besser ein gemeinsam begangener Irrtum als eine autoritär auferlegte Weisheit, weil der Fehler einen Lernprozess ermöglicht, um künftig bessere Entscheidungen zu treffen. Also geht dieses Modell auch nicht davon aus, dass das Volk an sich intelligent sei, sondern dass kollektive Intelligenz allein durch eine geeignete Praxis, durch *trial and error* erworben werden kann (so wie umgekehrt die individuelle Intelligenz der Meritokraten im Gurkenglas verloren geht). Persönlich finde ich die Idee des Auslosens vorteilhafter als die übliche Vorstellung von direkter Demokratie mit ihren Vollversammlungen und jederzeit wähl- und abwählbaren Delegierten. Die Dauerveranstaltung hält kein normaler Mensch aus, nach einigen Stunden oder Tagen steigen alle aus, übrig bleibt die anstrengende Sonderspezies des *Homo politicus politicus*, und die entscheidet dann allein. Wer bereits in linken Zusammenhängen tätig war, wird meinen Vorbehalt sicherlich verstehen. Auf alle Fälle lässt sich eines nicht leugnen: Wäre der letzte US-Präsident ausgelost worden, wäre das Ergebnis mit großer Wahrscheinlichkeit kaum schlimmer ausgefallen als bei der letzten Wahl.

Nur lassen sich abstrakte Modelle der besseren, demokratischeren Entscheidungsfindung nicht auf die Wirklichkeit abpausen. Abstrakt sind sie eben, weil sie die Gleichheit aller Teilnehmer voraussetzen, deren Summe das »Volk« bilde. Daran scheitern auch die technophilen Vorstellungen von *liquid democracy.* In der Praxis sieht es anders aus, und der Grund dafür ist offensichtlich. Erinnern wir uns, was Michael Young über den »fortwährenden Streit zwischen Besitzenden und Besitzlosen« sagte. Sobald und solange dieser Streit anerkannt wird, haben wir nicht mehr mit Kommunikationsproblemen, fehlenden Narrativen und mangelhaften Entscheidungsprozessen zu tun, auch nicht mit divergierenden Interessen, worüber sich feilschen ließe, sondern mit einem fundamentalen Konflikt. Worauf Young anspielt, ist die Tatsache, dass die klassische Arbeiterbewegung ihre eigene Elite generierte, die (zumindest theoretisch!) ihrer Klasse und nicht der herrschenden Elite verbunden war. Wie bereits erwähnt, darf jene »Elite« keineswegs mit Gewerkschaftsbossen verwechselt werden. Dazu zählten vielmehr Menschen aus der Basis, die sich durch Eloquenz, Mut und Charisma auszeichneten, ohne daraus persönliche Vorteile zu ziehen. Weder die Marxisten noch die Anarchisten gingen von einer instinktiven Hellsichtigkeit der proletarischen Massen aus. Man legte viel Wert auf »Volksbildung«; auch wenn die Frage umstritten blieb, ob das Ziel die Aneignung der bürgerlichen Kultur oder der Aufbau einer eigenen, »proletarischen« sein sollte, wobei Bildung jedoch stets nicht nur als individuelle Erziehung, sondern vor allem als Selbstkonstituierung eines autonomen Kollektivsubjekts verstanden wurde. Der Gebildete war der Klassenbewusste. Und das Prinzip war der Konflikt. Wer – wie ich – in einer Arbeiterstadt aufwuchs, der hat einige Kenntnisse mit der Muttermilch aufgesogen: Eine Gesellschaft ist kein harmonisches Ganzes. Nichts wird dir geschenkt. Alles, was du hast, wurde von anderen erkämpft und kann dir immer wieder weggenommen werden. Das hilft im Leben. Es macht einen Unterschied, ob ich mich »ungerecht behandelt« fühle oder in einem Machtverhältnis unterlegen weiß. Sicherlich sollte die Arbeiterbewegung nicht idealisiert werden, sie war meistens (nicht immer) hierarchisch, männerdominiert und (per definitionem) arbeitszentriert. Allerdings geht es hier um etwas anderes: Solange eine subalterne Kultur existierte, unterband die Polarisierung die Formation einer Meritokratie. Die Besitzlosen waren deswegen nicht »abgehängt«, ihnen waren Zugehörigkeit und Stolz sicher. Und die herrschenden Eliten mussten mit dieser kulturell-politischen Gegenkraft rechnen. In diesem Sinne kann man die Mutation als Entstehung einer – hinter ihrer scheinbaren Diversität – grundsätzlich unipolaren Gesellschaft charakterisieren, die keine Klassengegensätze mehr kennt, nur Winner und Loser.

Um auf die Eingangsfrage zurückzukommen: Nicht das Volk ist dumm, sondern der Begriff Volk. Das Wort ist definitiv vergiftet, es beschwört ein transzendentales, wenn nicht »organisches« Wesen, wird meistens genutzt, um die sozialen Antagonismen zu verwischen, und vor allem, um die Identifikation mit der Nation zu fördern. Es kann nicht recycelt werden und gehört folglich in die Mülltonne. Ein letztes bisschen Legitimität kam ihm an jenem Tag im Oktober 1989 zu, als die Leipziger Demonstranten der Durchsage »Hier spricht die Volkspolizei« die Parole »Wir sind das Volk« entgegneten. In dem Moment war vollkommen klar, was sie damit meinten. Sie entlarvten eine Lüge, dabei lag die Betonung auf dem »wir«, und tatsächlich konstituierte sich die Menge dadurch performativ als »wir«. Im Grunde ist der politische Akt nichts anderes als der Versuch, ein Wir aussprechen zu können, das kein verlogenes Abstraktum mehr wäre (wie in »wir Deutsche«). Als fünfzehn Jahre später Arbeitslose mit derselben Parole gegen die Hartz-IV-Gesetze demonstrierten, wurde ihnen ganz schnell deutlich gemacht, dass ihre Behauptung illusionär war. Als Günter Grass zusammen mit dem Arbeitgeberpräsidenten und allerlei anderen Industriellen und Millionären eine Entgegnung mit dem Titel »Auch wir sind das Volk!« unterschrieb, lag darin daher auch nicht die geringste Infamie. Doch selbst die bunten, kreativen Prekären unterließen damals naserümpfend, sich dem plebejischen Protest anzuschließen. Ihnen war das Wort Volk bereits suspekt. Weitere zehn Jahre vergingen, dann wurde die Parole von Rechten übernommen und tatsächlich nur noch völkisch zu verstehen.

Nur stellt sich mit der Entsorgung des Volkes unter meritokratischen Bedingungen eine neue Frage: Welches Subjekt kann der Herrschaft der Privatinteressen entgegengestellt werden? Für Liberale ist diese Frage sinnlos, da die Gesellschaft für sie allein aus konkurrierenden Egoismen besteht. Wie so oft im mutierten Denken verbirgt sich hinter legitimen Einwänden eine regressive Täuschung, in diesem Fall die Illusion eines individuellen Abschens von sozialen Bedingtheiten. So berechtigt der Volksbegriff zum Abschuss freigegeben wird, oft lässt sich deutlich wahrnehmen, dass die eigentliche Zielscheibe hinter ihm liegt. Eigentlich abgelehnt wird die seit Rousseau richtungsweisende Idee der *volonté générale*, des Gemeinwillens. Gewiss wird weiterhin auf »die Allgemeinheit« oder »die Öffentlichkeit« rekurriert.

Doch sind solche Kategorien zu amorph, zu beliebig, um etwas Konkretes auszusagen. »Die Allgemeinheit« will nichts. Die Geschichte kennt nur Volksaufstände, keine Öffentlichkeitsaufstände.

Stellen wir die Frage anders: Ist das gemeine Volk erst einmal weg vom Fenster, welche kollektive Entität bleibt dann gegenüber der Elite noch übrig?

Für diesen leeren Platz gibt es im Deutschen kein Wort, das historisch nicht schon in ein Schimpfwort umgewandelt worden wäre: der Pöbel (ursprünglich: der einfache *populus*), das Gesindel (die Untertanen eines Gutsherren), die Proleten (die besitzlosen Lohnabhängigen), die Plebs (die Menschen, die nicht dem Adel angehören). Zu politisch-korrekten Zeiten, in denen Negerküsse und Zigeunerschnitzel aus dem Vokabular geschasst worden sind, gedeiht nach wie vor die Klassenverachtung in der Sprache. Am deutlichsten lässt sich der Sieg der meritokratischen Ideologie an der ständigen Stigmatisierung der »bildungsfernen Unterschichten« erkennen. Als ob die gesellschaftliche Spaltung an dem Besitz oder Nichtbesitz eines Diploms hinge!

Anders als in vormutierten Zeiten ist allerdings der herabwürdigende Blick auf die ungebildete, unflätige, rüpelhafte Masse nicht den Besitzenden vorbehalten. Wenn wider Erwarten einfache Menschen einen spontanen Protest wagen (und so häufig geschieht das nicht), findet sich immer ein linker Schlaumeier, um ihnen »verkürzte Kapitalismuskritik«, wenn nicht »strukturellen Antisemitismus« vorzuwerfen. Und wenn das so wäre: Die Menge, die 1789 die Bastille stürmte, bestand auch nicht aus feinsinnigen Aufklärern! Von einer plebejischen Zusammenrottung ist eben immer zu erwarten, dass halbgare Meinungen, abstruse Verschwörungstheorien und dümmliche Parolen auftauchen. Wie Hegel meinte, das Bewusstsein ist wie die Eule der Minerva, sie beginnt erst mit der einbrechenden Dämmerung ihren Flug (und meistens ist es dann zu spät). Man hätte glauben können, dass es gerade die Aufgabe linker Intellektueller sei, sich in die Menge zu mischen, um zu versuchen, gemeinsam Gedanken zu klären. Das wäre vielen aber zu populistisch.

Populisten waren im 19. Jahrhundert Sprösslinge der Elite, die Studium und Karriere hinschmissen, um mit den Bauern zu leben und zu agitieren. Das taten sie zum Teil mit der Hoffnung auf Selbsterlösung, doch vor allem aus der einfachen Überlegung: Wer die Welt verändern will, muss die Massen auf seiner Seite haben. In den USA und in Russland war der Populismus eine fortschrittliche, erfolgreiche Bewegung. Heute werden darunter allerlei Strömungen von rechts und links verstanden, die nationalchauvinistische, regressiv-autoritäre Ideologien vertreten und dem Volk das Blaue vom Himmel versprechen. Ihre widerlichen Lügen zu entlarven ist nicht schwer; man muss aber zugleich verstehen, dass ihre falschen Antworten sich auf eine richtige Frage beziehen: die vorhin erwähnte Frage des Gemeinwillens. Sie okkupieren das Terrain, das ihnen die linksliberale Intelligenz überlassen hat.

Es gibt Gegenentwürfe. Bert Brechts Ratschlag folgend, hatte Anfang des Jahrtausends der Philosoph Antonio Negri das Volk aufgelöst und ein neues gewählt. Er taufte es Multitude, und auf den ersten Blick sah das neue Geschöpf vorteilhafter aus als sein Vorgänger: keine graue, uniforme Masse mehr, sondern eine buntes Netzwerk von Singularitäten, die gemeinsam handeln, obgleich jede für sich steht. Bald kam jedoch zum Vorschein, dass sich hinter der scheinbaren Vielfalt eine bedenkliche Homogenität verbarg. Zur Multitude zählten nicht etwa der zur Ausländerfeindlichkeit neigende Bauarbeiter oder die katholische Empfangssekretärin. Voraussetzung, um dazuzugehören, war schon eine vage

Grundgesinnung. Auch die adipöse Supermarktkassiererin konnte sich schwer mit dem Jargon des »kognitiven Proletariats« anfreunden. Was passiert überhaupt mit denen, die sich nicht singulär und vernetzt fühlen? Denn eine soziale Bewegung unterscheidet sich von einer politischen Gruppierung ja genau darin, dass sich Menschen nicht aufgrund einer gemeinsamen Gesinnung zusammenschließen, sondern wegen eines gemeinsamen Anliegens. Die Beschäftigten einer Firma oder die Bewohner eines Stadtviertels haben meistens sehr heterogene Lebenseinstellungen und einen unterschiedlichen Bildungsstand. Hingegen sieht die Multitude der *global class* ziemlich ähnlich. Oder den *global activists*, die von einem Gipfel zum anderen hoppen. Der Begriff will nicht so sehr verbinden als absondern. Ähnliches geschah mit dem »Prekariat«, obwohl das Wort theoretisch alle Menschen einbegreift, die in unsicheren Verhältnissen leben. Wenn jedoch, wie z. B. von der Friedrich-Ebert-Stiftung, die anonymisierte, zersplitterte Masse in verschiedene subjektive »Prekaritätszonen« eingeteilt wird, darunter »autoritätsorientierte Geringqualifizierte« und »selbstgenügsame Traditionalisten«, ahnt man bereits, dass es mit der Selbstkonstituierung eines kollektiven Akteurs nichts wird. Zum selbstbewussten Prekariat gehören die tüchtigen Kopfwerker in Mode, Design, Unterhaltung, Kunst, postmaterieller Dienerschaft und Tourismus. Sie sind stolz darauf, das Bruttosozialprodukt zu steigern, fühlen sich aber unterbewertet und unterbezahlt. Trotz ihres gemeinsamen Verlangens nach Anerkennung kommt eine wirksame Interessenvertretung nicht zustande. Dafür sind sie zu sehr in der individualistischen Konkurrenz gefangen.

Offenbar ist also die Formierung eines sozialen Kollektivs, das sich gegenüber den herrschenden Eliten behaupten könnte, doppelt blockiert. Einerseits ist die Bevölkerung sowohl horizontal nach Bildungsniveau und entsprechenden

Vorurteilen segmentiert als auch vertikal durch die Zersplitterung in Szenen, Milieus und Filterblasen, die sich kaum noch berühren – und selbst diejenigen, die ernsthaft versuchen, die Mauern einzureißen, bilden ein eigenes Milieu. Zudem fehlt ein konkreter Raum, im Rahmen dessen sich Kooperationen und Rivalitäten abspielen könnten.

Dabei wären wir bei der Zwillingsschwester vom Volk, nämlich der Nation. Hier gilt wieder: Sämtliche Einwände gegen das nationale Ungeheuer sind so evident, dass sie keiner weiteren Erläuterung bedürfen. Alle emanzipatorischen Bewegungen der Geschichte waren internationalistisch gesinnt. Jeder Rückgriff auf nationale Identität ist hoffnungslos reaktionär. So weit, so klar. Dennoch ist die abstrakte Aufhebung des Begriffs reines Wunschdenken. Ob man es will oder nicht, ein jeder ist durch Sprache, Geschichte, Kultur und Sitten national geprägt (das weiß am besten der Expat, der tagtäglich die nationalen Differenzen erfährt und zu schätzen lernt). Es reicht, eine polnische, eine französische und eine spanische Zeitung zu lesen, um wahrzunehmen, wie gering die Schnittmenge der Interessen innerhalb der Europäischen Union ist. Mitgliedsstaaten haben jeweils verschiedene Rhythmen und Zyklen. Selbst wenn die Richtlinien aus Brüssel kommen, umgesetzt werden sie schließlich von den nationalen Regierungen. Eine transnationale Öffentlichkeit wird es in absehbarer Zeit nicht geben – oder kann sich jemand eine gleichzeitige Streikbewegung in den 26 Mitgliedsstaaten vorstellen? Für die meisten bleibt also der relevante Rahmen die Nation. Und jede Verneinung dessen ist geheuchelt. Wie ich in einer hiesigen Zeitung las, können »postnational denkende Deutsche« die chauvinistischen Töne protestierender Griechen nicht nachvollziehen. Bequem übersehen wird dabei, dass die besagten Proteste ausgerechnet gegen den deutschen Nationalegoismus gerichtet sind, der die griechische Bevölkerung verbluten lässt. Und dass dieser sich aus den schlimmsten Vorurteilen gegen die »faulen Südländer« speist. So postnational ist diese arrogante Überheblichkeit also nicht. Wirklich europäisch leben nur auserlesene Zirkel. Das führt zu einer paradoxen Situation: Selbst die gut gemeinten Projekte, die zum Beispiel eine Demokratisierung Europas anstreben, werden von einer aufgeklärten, transnationalen Elite getragen, die sich dazu in die staubigen Tiefen der Institutionen und ihrer Reform vergräbt. Dafür werben Verfechter des autoritären Nationalstaates für demokratische Referenden und die Wiederherstellung der Volkssouveränität.

Der supranationale Raum ist unerreichbar, der nationale vergiftet, wie ist es mit dem infranationalen, der Region, der Stadt? Schließlich wurde die Föderation autonomer Gemeinwesen schon immer als Alternative zum Zentralstaat in Betracht gezogen. Doch hier treffen wir wieder auf die Zustände, die im vorigen Kapitel beschrieben wurden. Die Konstituierung einer effektiven Kraft auf der lokalen Ebene setzt eine starke subjektive Zugehörigkeit voraus. Diese wird aber zunehmend als lokalpatriotisch verpönt. Warum sich gegen die Gentrifizierung seines Stadtviertels einsetzen, wenn dieses bloß eine beliebige Station im eigenen nomadischen Lebenslauf ist? So wie es aussieht, kennzeichnet also die Mutation die doppelte Aporie einer Demokratie ohne Demos und einer Politik ohne Polis.

10. Schreckgespenster

Und plötzlich brach die Welt zusammen. Genauer gesagt: die Weltanschauung von Menschen, die sich gewöhnlich so sicher sind, den Durchblick zu haben. Mit diesem Ereignis hatten sie jedoch gar nicht gerechnet: Im November 2016 wurde Donald Trump zum US-Präsidenten gewählt. Ein starkes Vorbeben war bereits die Brexit-Wahl gewesen, mit dem Erstarken rechter Parteien überall in Europa kündigten sich weitere Stöße an; in der Tat war der Moment ziemlich außergewöhnlich. Erstaunlicher noch allerdings die Reaktionen, die diese Nachrichten in der meinungsbildenden Klasse auslöste. Es war, als ob vor ihren Augen auf einmal ein dicker Schleier zerrissen wäre, den sie bis dahin für die reale Welt gehalten hatten. »Das Undenkbare ist geschehen«, lautete eine Schlagzeile. Bedeutete das nicht eher, dass das Denkbare nicht richtig durchdacht war? Es lässt sich schwer einschätzen, welches Gefühl in der allgemeinen Erschütterung die bedeutendste Stelle einnahm zwischen dem professionellen Verdruss, einen Wahlausgang falsch prognostiziert zu haben, der Einsicht, dass man sich in einem sehr geschlossenen, homogenen Kreis (der sprichwörtlich gewordenen Filterblase) bewegt, der Angst, vom hasserfüllten Pöbel überrannt zu werden, aber auch der heimlichen Sehnsucht nach dem radikalen Epochenbruch, so unheilvoll die Folgen auch sein mochten. Überstürzt wurde zumindest »das Ende des Liberalismus« oder gar »des Westens« ausgerufen, und diese Behauptung reihte sich in eine nicht enden wollende Folge von Enden ein, die seit einigen Jahren von unzähligen Neuerscheinungen auf dem Buchmarkt verkündet werden – in einer Blitzsuche nach Büchertiteln auf Amazon stoße ich auf das Ende der Ausreden, der Behaglichkeit, des Imperiums, des Individualismus, der Monogamie, der Demokratie, der Einsamkeit, der Geduld … Tiefer noch saß vielleicht ein grundsätzliches Staunen darüber, dass die Welt in ihrem Zustand überhaupt so lange ohne schwere Katastrophe fortbestanden haben konnte.

Die Situation erinnerte stark an jene Tage im Spätsommer 2008, als weltweit plötzlich alle Entscheidungsträger und Meinungsmacher den neoliberalen Dogmen abschworen, die sie noch am Vorabend als definitive Wahrheiten verkauft hatten, so etwa der damalige Präsident Nicolas Sarkozy in einer dramatischen Rede an die Nation:

»Die Vorstellung, wonach die Allmacht der Märkte durch keine Regel, keine politische Intervention gehemmt werden dürfte, war eine verrückte Idee. Die Vorstellung, wonach die Märkte immer recht haben, war eine verrückte Idee. […] Es wäre ein historischer Fehler, weiterzumachen, als ob nichts geschehen wäre.«

Die Gleichartigkeit war kein Zufall, offensichtlich stellte die fortdauernde Krise der Repräsentation eine direkte Konsequenz der Finanzkrise acht Jahre zuvor dar, besser gesagt, eine Auswirkung des historischen Fehlers, so weitergemacht zu haben, als ob nichts geschehen wäre. Denn selbstverständlich hatten damals Selbstgeißelung und gute Vorsätze nicht länger angehalten als unbedingt nötig. Genauso evident war jetzt, dass die plötzliche Einsicht in die Wirklichkeit folgenlos bleiben würde – welche Kursänderung wäre überhaupt möglich gewesen? Umso kostbarer war daher dieser flüchtige Augenblick des Wahren, oder nach Hegels Wort, dieser »bacchantische Taumel, an dem kein Glied nicht trunken ist«. Eine öffentliche Beichte unter vielen: In einer Zeitung gestand der Romanistikprofessor Hans

Ulrich Gumbrecht, er lebe »in einer elegant duftenden Seifenblase aus Privilegien und wohlmeinenden Vorurteilen von der Mehrheit [s]einer Mitbürger getrennt«. Das hörte sich wie eine abgemilderte Version maoistischer Selbstkritik an, nur musste jetzt niemand befürchten, zur Strafe jahrelang aufs Land geschickt zu werden. Für die abgekapselte Lebensweise sollte man sich schämen, fügte Gumbrecht hinzu, »für einige Tage wenigstens«.

Genau darin lag die besondere Qualität dieses Moments: Es war kein Ereignis, das von externen Beobachtern so oder anders interpretiert werden konnte, die Beobachter wurden mit hineingezogen und selbst infrage gestellt. Nicht nur Hillary Clinton, auch sie persönlich waren abgewählt worden. Es gab keine Unbeteiligten, sie alle waren gemeint: Ihren Reaktionen zufolge schien die Sanktionierung all jene einzuschließen, die der Meinung waren, zwei mal zwei ergebe vier. Das ist nichts Besonderes: In der Regel kommt das Bewusstsein, einer größeren Gruppe anzugehören als der persönlich erlebten, allein durch Angriffe von außen. Die Indianer oder die Afrikaner existierten erst als kollektives Wir in dem Moment, als alle der Unterdrückung durch die Europäer ausgesetzt waren. Davor kannten sie entweder den eigenen Stamm oder die Menschen im Allgemeinen. Ein »Wir Erdbewohner« wird es daher wohl erst an dem Tag geben, wenn aus dem Weltall Aliens den blauen Planeten angreifen. Doch gerade das war passiert. Eines Morgens wachten die Bewohner der liberalen Welt auf und entdeckten lauter Aliens unter sich. »Zur Hölle, wer sind denn diese anderen?«, titelte ein österreichisches Magazin halbironisch. Bereits mehrere Monate zuvor waren die Hörer des *Deutschlandfunks* gefragt worden: »Wie sollen wir mit Pegida reden?« – es verstand sich ja von selbst, dass kein Pegida-Demonstrant je *Deutschlandfunk* hören konnte. Da jedoch die Kommunikation mit

Aliens nicht ohne Gefahr ist, wurde die Frage vorsichtig durch eine weitere ergänzt: »Oder ist es besser, auf Distanz zu bleiben?« Zu diesem Zeitpunkt wurde noch für möglich gehalten, die Außerirdischen einfach zu ignorieren. Jetzt hatten sie aber das Kommando des mächtigsten Landes der Welt übernommen. Allmählich verbreitete sich die Befürchtung, sie seien bereits in der Mehrheit, weltweit.

Drücken wir hier auf Pause. Offenbar stimmt das Bild der Aliens ganz und gar nicht. Die Wesen, die Amerika und Europa in Aufruhr brachten, waren Menschen vom alten Schlag. Genau darin lag das Problem. Sie standen für Dinge, die ein halbes Jahrhundert zuvor ganz normal gewesen waren. Nationalstaat. Heterosexuelle Ehe. Unbefristete Jobs. Xenophobie. Funktionierende Infrastruktur. Sichere Grenzen. Heimatliebe. Intoleranz. In ihren Augen waren *sie* die Alien-Bekämpfer. Sie rebellierten gegen die »Globalisten«, die sie mit unerwünschten Innovationen überrollt hatten. Neoliberalismus. Gendertheorien. Entlassungen. Politische Korrektheit. Verfallene Provinzen. Multikulturalismus. Ihr Feind hatte viele Namen aber einen gemeinsamen Nenner: Es waren alle Mutanten! Besonders hart traf der Vorwurf jene, die sich bis dahin als Opposition begriffen hatten und sich nun genötigt sahen, gemeinsame Sache mit dem Establishment zu machen. Medienkritiker mussten Journalisten vor »Lügenpresse«-Geschrei in Schutz nehmen. Außerparlamentarische Aktivisten die »Volksverräter« verteidigen. Ein Autor der linken *Jungle World* ging gar so weit zu behaupten, die einzige Rettung hieße nun: kapitalistischer werden! Wiederum bestätigte bei den Antiglobalisten das Zusammenrücken ihrer Feinde den Eindruck, einer einheitlichen Mutantenfront gegenüberzustehen, sowohl kulturell als auch ökonomisch, sowohl links als auch liberal.

In diesen aufgeregten Tagen griff ich zu einem alten Buch, das mich schon lange faszinierte. Ich glaube sogar, es hätte zu den wichtigsten kritischen Werken des 20. Jahrhunderts gezählt, wäre es nur vollendet worden. Nur wurde *Die Fabrikation der Fiktionen* von dem Schriftsteller und Kunstkritiker Carl Einstein nie fertiggestellt. Erhalten sind eine Menge sich häufig wiederholender Notizen ohne Aufbau und Struktur. Erst in den frühen Siebzigerjahren wurde das Manuskript von Sibylle Penkert im Pariser Nachlass des Autors entdeckt, publiziert – und bald wieder vergessen. Die Schuld daran trägt nicht nur die schwere Lesbarkeit des Konvoluts. Selbst den Anhängern Einsteins ist diese regelrechte Abrechnung mit der Moderne ein Dorn im Auge. Wie konnte jemand, der ein expressionistisches Meisterstück wie *Bebuquin oder die Dilettanten des Wunders* geschrieben hatte, plötzlich gegen alle ästhetischen Avantgarden wettern? Seite um Seite zog der feine Denker gegen »die Intellektuellen« zu Felde und rechnet ihnen pauschal ihre Mitschuld an der sozialen Katastrophe der Zeit vor. Gewöhnlich wird die verbitterte Tonlage durch sein Pariser Exil erklärt. Als der deutschjüdische Autor sich 1931 an sein Buchprojekt macht, liegt seine Emigration bereits drei Jahre zurück und das totale Fiasko einer ganzen Epoche hat sich bereits angebahnt. Nach der Machtergreifung der Nazis arbeitet er am Manuskript weiter, aufgegeben haben wird er spätestens beim Ausbruch des Spanischen Bürgerkriegs: Der Mittfünfziger optiert für die Kritik der Waffen und schließt sich der anarchistischen Kolonne Durruti an. Nach der Niederlage kehrt er nach Südwestfrankreich zurück, wo er sich nach Einmarsch der Wehrmachtstruppen wie sein Geistesverwandter Walter Benjamin das Leben nimmt.

Das Manuskript trägt den Untertitel *Eine Verteidigung des Wirklichen*, und in der Tat wird ein postfaktisches Zeitalter angeprangert, ehe es das Wort überhaupt gab. Die

Kulturelite, so Einstein, habe »das peinlich Faktische« systematisch geleugnet, es zur »Fiktion« erklärt, um in »Gedankenkonstrukte«, in »boden- und endlose Zeichenkombinationen« zu flüchten. Auf der verzweifelten Suche nach individueller Behauptung hätten sich die Intellektuellen gedanklich vom »positiv Realen« wie praktisch vom Rest der Gesellschaft abgespalten. Der Text, in Vergangenheitsform geschrieben, liest sich wie ein Nachruf auf die »liberale Epoche«, deren vorgebliche Toleranz nichts als »flaue Konzilianz, Mangel an entschiedener Haltung« gewesen sei. »Dies Geschlecht war von der Angst vor der Norm beherrscht. Damit zerflossen die letzten Kriterien. Man betrieb ein Championat der Ausnahmen. […] Vage fühlte man sich links placiert; doch die Individualisten fürchteten den Aufstieg der Massen.« Stets wird der Zusammenhang zwischen Kultur und Ökonomie betont: Der konkrete »Kampf gegen wirtschaftliche Kollektive« sei auf der intellektuellen Ebene von der »Entwertung der kollektiven Ideologie« flankiert worden. »Gleichwie sich die enge Gruppe der Kapitalisten des Volksvermögens bemächtigt« habe, hätte »die intellektuelle Minderheit ein Monopol der Erkenntnisse und der Wertsetzungen erobert.« So wie »die Börsianer mit Getreide, Eisen oder Wolle«, hätten die Künstler mit »privaten Gefühlen und abgespaltenen Empfindungen« gezockt. Blieben die erwarteten Resultate aus, seien in beiden Fällen die Konsumenten für schuldig erklärt worden.

Dann an einer Stelle kommt die Bemerkung: »Betäubt von Modernität und blendendem Aufstieg hatten die Privilegierten die dunkel schwelende Masse des Kleinbürgertums übersehen. Dies wartete geduldig fern von Diskussion und geisterndem Lärm, um eines Tages den Aufruhr der Dekorateure zu zerblasen. […] Die trefflich ausgeruhte Provinz hatte man vergessen.« Und schließlich: »Diese Wirrnis löste die Reaktion aus; man machte sich auf die verzweifelte

Suche nach Übereinkünften. Der reaktionäre Kern dieser Moderne war nicht mehr zu verbergen.«

Der Bezug auf Einsteins Text will keineswegs andeuten, dass mit dem Aufstieg nationalpopulistischer Tendenzen wieder »Weimarer Verhältnisse« eingezogen wären. Zumindest in der EU und in den USA stand kein Faschismus vor der Tür. Eine Ein-Partei-Diktatur war so wenig zu befürchten wie die Inhaftierung der Opposition in Konzentrationslager. Die politischen Institutionen waren unvergleichlich stabiler als in der Weimarer Republik. Vor allem hatten in der global verflochtenen Wirtschaft die Konzerne und mächtige Finanzgruppen kein Interesse an einer faschistischen Lösung. Nein, Geschichte wiederholte sich nicht, nicht einmal als Realityshow. Obwohl häufig bemüht, waren entsprechende Vergleiche irreführend.

Frappierend fand ich allerdings, dass Einsteins Beschreibung viel eher auf die Jetztzeit zuzutreffen schien als auf die frühen Dreißigerjahre, ganz als ob er hellseherisch eine Kritik der Postmoderne unternommen hätte und nicht der Moderne seiner Zeit! Damals war die Arbeiterbewegung trotz der Zerwürfnisse zwischen Sozialisten und Kommunisten doch noch ein bedeutender Faktor. Und was die Kultur betraf: In Malerei, Kino, Fotografie, Theater, Literatur und Poesie wurden neue Maßstäbe gesetzt; die intellektuelle Debatte war ausgesprochen lebendig und kontrovers (in Paris war Einstein nicht isoliert, er verkehrte in dem Kreis um Georges Bataille, der sich mit den Surrealisten andauernd überwarf und wieder versöhnte, wobei der Zank ausgerechnet über die Fragen des Verhältnisses zur Kommunistischen Partei und des antifaschistischen Widerstands ging).

Paradoxerweise ist die anachronistische Treffsicherheit der *Fabrikation der Fiktionen* dem Umstand zu verdanken, dass Carl Einstein in seiner Beurteilung der damaligen Lage historisch falschlag. Noch konnte er nicht ahnen, dass der Nationalsozialismus sich nicht einfach auf eine konservativ-autoritäre Reaktion reduzieren lassen würde. Von heute aus gesehen fehlte seinem Urteil das Wissen über den radikalen zivilisatorischen Bruch, der sich kurz darauf ereignen sollte. Doch gerade weil 2017 keine Wiederholung von 1933 darstellte, war Einsteins ungenügende Einschätzung von 1933 kein Hindernis, um seinen Rückblick auf die vorangegangene Epoche mit der aktuellen Lage zu vergleichen. Ihm ging es um die Flucht ins Fiktive im spätliberalen Zeitalter, und in dieser Hinsicht schien seine Analyse doch mit der Gegenwart übereinzustimmen. In den vorangegangenen Kapiteln habe ich jedenfalls versucht, Parallelen aufzuzeigen.

Auch aus einem anderen Grund erschienen seine Betrachtungen aktueller als zur Zeit ihrer Niederschrift. Einsteins Kritik der damaligen Kulturelite war sehr allgemein formuliert, es lässt sich nicht entschlüsseln, ob er sich auf Deutschland oder Frankreich bezog, obwohl zwischen beiden Ländern die Unterschiede enorm waren. Jetzt nach dem Aufstieg der transnationalen *global class* war die pauschale Beschreibung kein Erkenntnishindernis mehr. Im Gegenteil, sie traf den Nagel auf den Kopf. Auch das Verwobensein von Ökonomie und Kultur, worauf Einstein ausdrücklich hinwies, war jetzt manifest. Eigentlich lasen sich viele Analysen nach der Trump-Wahl wie Fortsetzungen der *Fabrikation*, zum Beispiel wenn der Publizist Michael Seemann von einer »kulturellen Gentrifizierung« schrieb und fortführte: »Insgeheim weiß (die privilegierte Klasse) längst, was die eigentliche Quelle ihrer Macht ist: Sie kontrolliert den Diskurs, sie kontrolliert die Moral.«

Zweifellos würden Menschen, die vom »Primat des Ökonomischen« ausgehen, kulturelle Interpretationen als Ablenkungsmanöver deuten. Was die USA betrifft, hätten sie nicht ganz unrecht. Mit den vielen Kommentaren über die kulturelle Rückständigkeit des *white trash* gingen einige harte Fakten unter. Dass Trump Wundertaten versprach wie: Straßen, Brücken, Schulgebäude und Wasserwerke wieder in Ordnung zu bringen, ließ bereits vermuten, dass etwas Faules im reichsten Land der Welt war. Seit zwei Jahrzehnten war in den USA die Sterberate der weißen US-Mittelschicht zwischen 45 bis 54 Jahren dramatisch gestiegen; in manchen Gegenden hatte sie sich mehr als verdoppelt. Besonders betroffen waren die Bewohner des Rust Belt, der ländlichen Gebiete, der Kleinstädte und vor allem die Frauen. Die Ursachen waren alles andere als natürlich: Drogenkonsum, Medikamentenmissbrauch, Alkohol, Tabak, Fettleibigkeit. Ebenfalls hatte die Selbstmordrate erschreckende Höhen erreicht. Offizielle Berichte subsumierten die verschiedenen Ursachen unter dem Begriff »Tode aus Verzweiflung«. Es wunderte also weniger, dass ausgerechnet innerhalb dieses Bevölkerungsteils der Wahlzettel aus Verzweiflung in die Urne geworfen worden war. Es war das politische Pendant zu Psychopharmaka, mit genauso wenigen Aussichten, das Übel wirklich beseitigen zu können. In den Küstenmetropolen war die Lebenserwartung hingegen angestiegen, und dort stimmte man nicht für Trump. Die Teilung schien also tiefe, existenzielle Gründe zu haben. Das behauptete zumindest Emmanuel Todd. Der französische Anthropologe ist für sein Buch *Vor dem Sturz*, 1976 geschrieben, weltweit berühmt geworden, weil er darin den Zusammenbruch der Sowjetunion vorhergesagt hatte. Seine Prognose basierte auf statistischen Daten wie der Sterberate von Kindern und jungen Erwachsenen, die in der Breschnew-Ära wieder anstieg (selbst in der Stalinzeit war sie gesunken). Demografische Indikatoren, meinte er, sind zuverlässiger als wirtschaftliche, weil sie sich weniger gut manipulieren lassen. Vierzig Jahre später erklärte nun Todd, angesichts ähnlich katastrophaler Daten seien jetzt offenbar die Vereinigten Staaten dem Sturz geweiht, und mit ihnen das neoliberale System allgemein.

Selbst auf der Landkarte der USA schienen sich also Spaltungen abzuzeichnen, die anscheinend quer durch die klassischen Demarkationslinien zwischen Unter-, Mittel- und Oberschicht verliefen. Plötzlich tauchte der totgeglaubte Klassenbegriff wieder auf (die Ulrich Beck noch als »Zombie-Kategorie« deklariert hatte), nur wurde er diesmal rein kulturell definiert. Wieder war von einer *working class* die Rede, allerdings nur von einer weißen – für die Identität von Schwarzen oder Latinos spielte Arbeit offenbar keine Rolle. Kurz nach der Trump-Wahl stellte der Soziologe Andreas Reckwitz in einem viel beachteten Aufsatz einen Widerstreit zweier »Kulturalisierungsregimes« fest. Einerseits habe sich ein neuer, »hyperkultureller« Mittelstand formiert, individualistisch, pluralistisch und global vernetzt; andererseits fänden sich Überbleibsel des alten Mittelstands mit der alten und neuen Unterschicht zusammen, um Werte und kollektive Identitäten zu bewahren. Freilich stellte sich dabei die Frage, ob das kulturelle Dispositiv nicht einer perfiden Strategie des »Teile und herrsche« zuzurechnen sei, damit Menschen, die ein gemeinsames Anliegen hatten, dieses nicht erkannten. Doch welch praktischen Wert hatten objektive Interessen, wenn sie zu keiner subjektiven Identifikation führten? Offenbar fehlte einer Programmiererin in Silicon Valley und einer Empfangssekretärin in Kansas City die elementare Basis, um noch miteinander kommunizieren zu können.

Für die Identifizierung und Bekämpfung wirtschaftlicher und sozialer Missstände fühlt sich normalerweise die Linke zuständig. Da sich in Europa wie in den USA die »Systemverlierer« an die Rechtspopulisten wandten, wurde Linken (auch von Bürgerlich-Liberalen) vorgeworfen, aus lauter Sorge um Transgender-Toiletten die soziale Frage vergessen zu haben. In Deutschland war die Diskussion mit Didier Eribons gerade erschienenem *Rückkehr nach Reims* befeuert worden. Der Soziologe erklärte den Erfolg der Front National unter der französischen Arbeiterklasse ebenfalls mit einem »Verrat« der Linken. Selbstverständlich gibt es »die« Linke nicht. Es gehört zu ihrem Wesen, ständig zerstritten und gespalten zu sein, in dem Fall zwischen – grob gesagt – einer »kulturalistischen« Tendenz, die sich nach postmodernem Muster betätigte, und einer »sozialen«, die sich mit gemischten Resultaten lokalen Kämpfen widmeten. Doch war der öffentliche Diskurs eindeutig von der ersten Strömung besetzt – und von den liberalen Medien wohlwollend aufgenommen worden. Folglich wurde die linke »Meinungsdiktatur« zum privilegierten Angriffsziel der Rechtspopulisten. Denn, und darin lag die Paradoxie: Nicht so sehr mit (angeblich von Linken vernachlässigten) sozialen Themen wurden Globalisierungsverlierer von den Rechtspopulisten gelockt (obgleich unter deren Versprechen ein Jobwunder durch Grenzschließungen, Protektionismus und Rückkehr zur Währungssouveränität nie fehlen durfte) als von kulturellen. Von beiden Seiten also gewann der Kulturkampf den Vorrang über die soziale Frage. Töricht wäre es, postmodernen Linken die Schuld am Aufstieg des Rechtspopulismus zuzuweisen. Offensichtlich war jedoch, dass mit der Mutation, wie sie vorwiegend von Kulturlinken und Postmodernen unterstützt worden war, eine Atmosphäre vorherrschte, die Rechtspopulisten zugutekam und die sie zu nutzen wussten (Beispiele davon habe ich bereits in vorangegangenen Kapiteln genannt). Vor allem offenbarte sich, dass die Abwehrmechanismen kollabiert waren, die die Öffentlichkeit vor der Mutation vor einem Übermaß an Dummheit und Verlogenheit einigermaßen zu schützen vermochten.

Kommen wir auf den kurzen Augenblick der Erleuchtung zurück, den die Trump-Wahl der Kulturelite bescherte. Dieser beschränkte sich nicht auf die Einsicht, man hätte sich zu lange und zu radikal vom gemeinen Volk abgekapselt. Denn das gemeine Volk hatte nicht für Menschen aus seinen Reihen abgestimmt, sondern für sekundär-analphabetische Milliardäre, politische Abenteurer und Demagogen. Keine unterdrückten Wahrheiten hatten gesiegt, sondern *post-truths, fake news* und *alternative facts*. Nun verbreitete sich einen beunruhigende Vermutung: Und wenn die Bedingungen, die zur Apotheose der Lüge geführt hatten, von den Eliten selbst generiert worden wären? Und zwar nicht nur, indem die Massen mit verdummenden Fernsehprogrammen gefüttert worden waren, und auch nicht so sehr, weil die Eliten es mit den eigenen Lügen nun übertrieben hatten, sondern vor allem, weil sie sich längst selbst vom Aufklärungsprojekt verabschiedet hatten. Auf der Suche nach stichhaltigen Erklärungen fürchteten sich einige Feuilletonisten nicht, ins Philosophische zu driften. So bemerkte einer, dass der Siegeszug des Postfaktischen nichts Überraschendes habe, da »die Philosophie der bürgerlich-demokratischen Welt mit einer Kriegserklärung an die Fakten begann«. (Womit en passant deutlich wird, wie selbstverständlich der Konstruktivismus für die offizielle Philosophie des mutierten Zeitalters gehalten wird.) Dem fügte ein Zweiter hinzu: »Donald Trump konnte auch deshalb so schamlos in aller Öffentlichkeit lügen, weil der Begriff der Wahrheit ohnehin diskreditiert war. Eine Wirklichkeit, die nur aus Sprache, Performanz und Ideologie besteht, hat für politische Kampagnen auch etwas Befreiendes: Man kann nun mit gutem Recht alles behaupten. [...] In diesem Sinne ist der Einzug Donald Trumps in das Weiße Haus der finale Triumph der Postmoderne über die Moderne, der Sieg der Ideologiekritik über den Rationalismus.« Nach dieser erschütternden Offenbarung konnte man dankbar dafür sein, dass ein weiterer Kommentator einen Silberstreif am Horizont entdeckte: »Mit dem Sieg Trumps wird eine uralte, fast vergessene gedankliche Disziplin wieder aktuell: die Dialektik.«

Hier trennte sich die Gegenwart radikal von Carl Einsteins »Verteidigung des Wirklichen«. In Einsteins Darstellung wurde die fiktive, liberal-modernistische Blase von der Provinz zerstochen. Auch nach der Trump-Wahl wurde in einem ersten Reflex dasselbe Bild bemüht (wir erinnern uns an Herrn Gumbrechts »elegant duftenden Seifenblase«). Nur war keine Blase geplatzt, sondern einfach eine Wahrheit gegen eine andere eingetauscht worden. Es fand kein Bruch mit der antiuniversalistischen, relativistischen und subjektivistischen Haltung statt, die der mutierten Zeit als Ersatzphilosophie diente, sondern die logische Fortsetzung derselben. Der US-Historiker Daniel T. Rodgers meint dazu: »Es ist nicht, dass es keine Wahrheit mehr gäbe, sondern umgekehrt dass es zu viele davon gibt, die gegeneinander wetteifern, und jede für sich behauptet, sie sei die einzig richtige.« Ein Trump-Sprecher konnte jeden Einwand mit der Behauptung entgegnen: »Das ist Ihre Interpretation, aber wir haben alternative Fakten.« Dem ließ sich nach den Regeln des epistemologischen Relativismus nichts entgegensetzen. Schließlich war das angewandtes Marktdenken. Im riesigen Supermarkt der Wahrheiten waren viel mehr Informationen vorhanden, als verarbeitet werden könnten. Jeder wählte einige davon aus, bastelte sich damit eine Meinung und fand sich eine Community, die dieselbe Wahl getroffen hatte.

Der Aufstieg der Rechtspopulisten war also kein Backlash, kein Rückbau der Mutation. Vielmehr wurden dadurch die Nicht-Mutierten in den gesamten Prozess miteinbezogen.

Die metakulturellen Rahmenbedingungen änderten sich nicht, die ökonomischen blieben wie gehabt – noch mehr Steuersenkungen für die Reichen, noch mehr Ausgabekürzungen zum Nachteil der Armen, Abschaffung der noch verbliebenen Sozialgesetze. Alle Leitbilder standen zur Disposition. Gewiss würde der Sieg der nationalkonservativen, vulgär-autoritären Haltung schlimme praktische Konsequenzen haben, besonders für die Minoritäten und Schutzbedürftigen. Jedoch war kein Systembruch zu erwarten, allenfalls ein kleiner Riss, eine temporäre Verzögerung in der Durchführung des globalen Drehbuchs. Bald legte sich die Hysterie. Über die groteske Schau im Weißen Haus wurde ständig gewitzelt, man wettete über die verbleibende, noch auszuhaltende Zeit und die entstehenden Kosten der dekadenten Präsidentschaft. Dem Trump-Moment konnte gar eine kathartische Funktion abgewonnen werden. In der ganzen Welt wurde all jenen ein heilsamer Schock verpasst, die von einer Beseitigung der Eliten geträumt hatten. Seht, was ihr davon habt! Eine grelle Karikatur, nur dümmer, korrupter und inkompetenter. Der negative und ultimative Beweis dafür, dass es tatsächlich keine Alternative geben konnte.

Der Nutzen der Schreckgespenster zeigte sich wenig später bei der Präsidentenwahl in Frankreich. Dieser vorläufige Höhepunkt der politischen Mutation sei im Schnelllauf dargestellt. Ein Sprössling der meritokratischen Elite lässt sich von den Medien in einen Newcomer und Quereinsteiger verwandeln. Obwohl sein tatsächliches Programm nur von einer geringen Minderheit unterstützt wird, schafft er es, plebiszitär gewählt zu werden: Gestimmt wird nicht für den kleinen Prinzen, sondern notgedrungen gegen die blonde rechtspopulistische Hexe. Aus den noch verwendbaren Resten der abgestorbenen Volksparteien erschafft der junge Sieger eine neue Formation, die sich »weder links noch rechts« verortet und wie eine gewöhnliche Firma strukturiert und gemanagt wird. Abgehängte von rechts und links hatten von einer generellen Entlassung der politischen Klasse geträumt? Sie wird spektakulär umgesetzt. Noch nie saßen so wenige Berufspolitiker im Parlament – und noch nie so viele Arbeitgeber. Die absolute Mehrheit der legislativen Jasager ermächtigt den gekrönten Sonnyboy, per Dekret ohne den geringsten Änderungsvorschlag Gesetze zu verabschieden. Da er auf seiner Zauberflöte coole Soundbites zu spielen weiß, scharrt sich die linksliberale Intelligenz schlafwandlerisch hinter ihm. *Culture jamming* kann er auch; um die Konservativen unter seinen Anhängern zu besänftigen, greift er gelegentlich zu monarchischen oder imperialen Symbolen und Gesten. Dank dieser geschickten, leicht ironischen Inszenierung kann er sich dranmachen, konsequent jene neoliberalen Diktate durchzusetzen, an denen sich seine Vorgänger noch verbrannt hatten (nicht anders als bei Trump heißt es: noch mehr Steuersenkungen für die Reichen, noch mehr Ausgabenkürzungen zum Nachteil der Armen, Abschaffung der noch verbliebenen Sozialgesetze). Freilich hat das Wunder von Paris einen kleinen Schönheitsfehler. Weit über die Hälfte der Wahlberechtigten hat sich der Teilnahme entzogen. De facto gehört die Mehrheit der Bevölkerung zur außenparlamentarischen Opposition. Damit diese virtuell bleibt, stützt sich der Liberalismus wieder einmal auf den permanenten Ausnahmezustand. Die Polizeikräfte werden zunehmend militarisiert, Demonstrationen kriminalisiert, Proteste als rückwärtsgewandt verschrien. Vorläufiges Ende der Episode.

Die Trumps und Macrons dieser Welt kommen und gehen, die Mutation setzt sich fort. Offensichtlich ist die Opposition zwischen einem »global-liberalen« und einem »national-essenzialistischen« Lager kein Ergebnis einer Destabilisierung, sondern ein Mittel, die mutierte Regierbarkeit zu stabilisieren. Die ganze mediale Aufmerksamkeit wird auf zwei randständige Kulturregimes gerichtet, für oder gegen die sich jeder zu positionieren hat. Dabei ist der Eindruck einer Konkurrenz zwischen gleich starken Kräften eine Täuschung. Die eine Seite vertritt die wuchtige Logik des globalen Kapitals (und muss sich deswegen als anfällig und ständig bedroht darstellen), die andere ist ein Reservat für die Frustration der Verlierer (und tritt entsprechend breitbeinig auf). Wie oft sich der durchschaubare Trick wiederholen lässt, ist ungewiss.

Hat es überhaupt noch einen Sinn, sich dem zunehmend erbärmlichen regierungspolitischen Geschehen zu widmen, anstatt diesem mit wohlverdientem Desinteresse zu begegnen? Den einzigen, dafürsprechenden Grund hat der große Sinologe Simon Leys zum Besten gegeben: »In der normalen Prioritätenordnung sollten doch das Frivole und das Ewige den Vorrang vor dem Politischen haben. Auf die Politik müssen wir unsere Aufmerksamkeit wie auf einen tollwütigen Hund richten, der uns an den Hals springen wird, sobald wir aufhören, ihn im Auge zu behalten.«

11. Dissensfindung

Es ist jetzt an der Zeit, die Brille, die wir uns eingangs auf die Nase gesetzt haben, wieder abzunehmen. Durch ihre Gläser sind bemerkenswerte Dinge zu erblicken, aber offenbar sitzt das Gestell etwas schief. Erinnern wir uns: Wir hatten die Hypothese der anthropologischen Mutation aufgestellt, um zu prüfen, inwieweit sie zur Klärung der Gegenwart helfen konnte. In den vorangegangenen Kapiteln haben wir unterstellt, der Prozess hätte sich gewiss vollzogen. Es ging darum, einen Zusammenhang zwischen scheinbar disparaten Erscheinungen herzustellen. Aber selbstverständlich lässt sich die Hypothese nicht wissenschaftlich nachweisen. Mutation, Metamorphose, das waren Metaphern. Gemeint war: Die Lage sieht so aus, als ob die Menschen dabei wären zu mutieren. Es ist nichts Schlimmes an Metaphern, eigentlich sind wir davon umgeben. Manche werden bewusst verwendet. Wir sagen »Sonnenuntergang«, obwohl wir Bescheid wissen, dass die Sonne nicht untergeht. Der Grund dafür ist einfach: Um zum Ausdruck zu bringen, dass die Erde um die Sonne rotiert, steht kein Einzelsubstantiv zur Verfügung. »Sonnenuntergang« heißt eigentlich: Es sieht so aus, als ob die Sonne untergehen würde, obschon wir alle wissen, dass es nicht so ist – und da wir es wissen, ist es nicht nötig, ständig darauf hinzuweisen. Andere Metaphern walten jedoch unbemerkt. Sie haben sich selbstständig gemacht, führen ein Eigenleben. Wer weiß, ob die Religion nicht einmal mit dem Satz angefangen hat: »Alles läuft so ab, als ob ein übernatürliches Wesen die Dinge dirigieren würde«? Mit der Zeit, aus Trägheit, hätten dann die Menschen »als ob« und Konjunktiv weggelassen. Also ist Vorsicht geboten. Wenn die Mutation bloß analogisch gemeint ist, dann müssen die Grenzen der Analogie klar gezogen werden.

Zunächst ist das Wort »Mutation« der Naturwissenschaft entlehnt und als solches schon suspekt. Man weiß ja, welche Monster in einer nicht so fernen Vergangenheit mit der Biologisierung des Sozialen erzeugt wurden. Welcher Sinn wird hier genau übertragen? Biologen unterscheiden zwischen verschiedenen Stadien der Veränderung. Die dramatypische ist eine Reaktion auf unmittelbare Einflüsse, die phänotypische auf nachhaltigere – die Parallelität mit Neurose und Psychose liegt auf der Hand: Es sind Modifikationen, die Einzelwesen ihr Leben lang beeinträchtigen können, auch kollektiv, wenn alle auf dieselbe Ursache reagieren, einen Krieg zum Beispiel. Jedoch kann in solchen Fällen von Mutation im naturwissenschaftlichen Sinne noch nicht die Rede sein; diese setzt erst ein, wenn sich das Erbgut verändert. Nur Gene mutieren. Die Analogie impliziert also, dass Kultur wie Genetik funktioniert. Eine entsprechende Theorie gibt es auch: das von Richard Dawkins popularisierte »Mem«. Unter Memen versteht Dawkins Gedanken oder Verhaltensmuster, die ganz wie die Gene selektiert, repliziert und weitergegeben werden. Demnach unterläge die kulturelle Evolution so strengen Gesetzmäßigkeiten wie die biologische. Offensichtlich ist dieses Konstrukt nichts als fanatisch extrapolierter Darwinismus. Man reduziert Symbole und Erfahrungen auf lauter Informationen, die eins zu eins kopiert und weitergegeben werden. Im Normalfall, das heißt, wenn eben keine Mutation vorkommt, wäre dann das soziale Leben so stabil und prognostizierbar wie das botanische. Dass es nicht so ist, können alle jeden Tag feststellen.

Soweit bekannt, haben Tomaten und Schmetterlinge kein Unbewusstes. Anders die Menschen. Begehren, Wunschbilder, Motivationen, Verhaltensmuster werden nicht einfach durch zeitgemäßere Modelle ersetzt. Sie werden verdrängt, bleiben also unterschwellig aktiv. Das lässt sich empirisch anhand der bis zu unserer Zeit unbekannten Formen des Leidens feststellen. Gegen die Theorie der vollständigen Anpassung sprechen die multiplen Pathologien des Alltags: Mobbing, Burn-out und Aufmerksamkeitsdefizite. Selbst hinter den Modellen einer gelungenen Adaptation lassen sich zwanghafte, neurotische Züge leicht erkennen, die Asozialität des Selbstoptimierers etwa, die Mordlust des Ego-Shooter-Spielers, die Geltungssucht der Youtube-Stars. Um an ihrer Grundannahme einer anthropologischen Veränderung festhalten zu können, muss die Theorie der Mutation Störungen wie Depression oder Narzissmus als positive Zustände verklären, sie muss also das Leiden, das Negative verneinen. Kein Wunder, dass die Psychoanalyse aus der Mode geraten ist. Die Theorie der Verdrängung wird verdrängt.

Mit der Metapher der Mutation wird ein endgültiger, unwiderruflicher Wandel angedeutet, und das heißt: Genau die Anmaßung ihrer vermeintlichen Träger wird für bare Münze genommen. Jeweils auf ihre eigene Art behaupten ja Liberale, Postmoderne, globale Meritokraten und Narzissten-Nihilisten, mit ihnen sei eine radikal neue Ära angebrochen, zu der es keine Alternative gäbe, es sei denn um den Preis eines Rückfalls in die Barbarei. Friss Vogel, oder stirb! Dieser Befehl wird umso autoritärer erteilt, da derlei geistige Haltungen heute zunehmend in die Kritik geraten. Es kann ja gut sein, dass sie ihren Zenit längst überschritten haben. Freilich ging es in den letzten Kapiteln nicht nur um Ideologien, sondern auch um harte, objektive Veränderungen, denen keiner zu entkommen vermag, sowenig er sie auch gutheißt. Immerhin ist ein erster Schritt getan, wenn zwischen Ideologie und Wirklichkeit wieder unterschieden wird – genau das hatten »postideologische« Intellektuelle ja ausgeschlossen.

Erwartbar ist der Vorwurf, ich hätte mich damit begnügt, groteske Auswüchse aufzulisten und Randerscheinungen zu verallgemeinern. Doch ginge dieser Einwand an dem zentralen Punkt vorbei; nämlich dass es mangels allgemeiner Übereinkünfte nicht möglich ist, Schwachsinn von Richtigkeit zu trennen. So wird Kritik unmöglich gemacht. Es bliebe nur die erpresserische Wahl, die »Mutation« als Ganze zu akzeptieren oder nach der Wiederherstellung des vormaligen Zustands zu trachten. Da eine solche Wiederherstellung weder wünschenswert noch möglich ist, gäbe es in der Tat keine Alternative. Wir wollen nicht Michel Foucaults Irrtum wiederholen, der in einem berühmten Text alle »dialektischen« Unterfangen prinzipiell verwarf, die »zu bestimmen suchen, was an der Aufklärung gut oder schlecht gewesen sein mag«. In vieler Hinsicht finden die in diesem Buch beschriebenen Erscheinungen ihren Ursprung in genuinen emanzipatorischen Regungen gegen die alte erstarrte Ordnung. Gerade diesem Ursprung wird Treue gehalten, wenn wir die daraus erwachsenen Entwicklungen der Kritik unterziehen. Gut hegelianisch ausgedrückt: Eher sollte die »Mutation« als Moment einer Entwicklung begriffen werden, als Negation des Bestehenden, welche sich nun mit der Negation der Negation fortsetzen müsste. Frei nach Louis Pasteur: Ein wenig kritisches Hinterfragen entfernt uns von der Dialektik, viel jedoch führt uns zu ihr zurück.

Wie im letzten Kapitel angedeutet, ist die Gentrifizierung in der Kultur weitgehend inszeniert, indem das Flutlicht auf zwei sehr marginale Pole gerichtet wird. Wir werden alle aufgefordert, uns mittels binärer Kategorien zu positionieren, die wir selber niemals gewählt hätten. Sind Sie für Globalisierung oder Identität? Für Freiheit oder Gleichheit? Für Vergangenheit oder Gegenwart? Ankreuzen kann man nur »Ja«, »Nein« oder »Weiß nicht«. Nicht zu Beispiel: »Sowohl als auch, es kommt darauf an, wie die Begriffe definiert sind«. Oder: »Weder noch, die tatsächliche Opposition ist eine andere«. Oder: »Fragen dieser Art stellen sich für mich nicht«. Diese Inszenierung hat eine Funktion: Sie sichert die Unsichtbarkeit der Mehrheit. Die im Dunkeln sieht man nicht. Wahrscheinlich ist dies das sonderbarste Charakteristikum der Gegenwart: Die meisten Menschen sind unsichtbar gemacht worden. Sie sind vollwertige Staatsbürger, gelangen jedoch nicht in die Öffentlichkeit. Wie einmal Robert Pfaller treffend bemerkte: Wenn einfache Menschen zu einer Fernsehsendung eingeladen werden, dann, um über intime Dinge wie »Sex mit meinem Ex« zu erzählen, jedoch niemals über ihre Arbeitsbedingungen oder ihre Meinung zur Außenpolitik. Das Private wird öffentlich gemacht, dabei wird das Öffentliche in die Privatsphäre verbannt. Die meisten Menschen, die der globalen Klasse zugerechnet werden, müssen dafür ihre prekären Lebensbedingungen kaschieren. Anerkannt wird nur ihre kulturelle Partizipation, weshalb sie auf diese Teilidentität so viel Wert legen. Die Übrigen sind völlig von der Bildfläche verschwunden. Allein durch die Statistik erfahren wir, dass in Deutschland immer mehr Bürger am Rand des Existenzminimums leben. Eine wahrnehmbare, soziale Präsenz haben sie nicht. Vor lauter Gerede um »Willkommenskultur« bleibt die Verabschiedungskultur unbemerkt. Die räumliche Entsprechung davon ist das gentrifizierte Stadtzentrum, das einem den Eindruck vermittelt, die Bewohner ernährten sich nur noch von Kunstprojekten, Design und der Entwicklung von Apps.

Nun wollen wir nicht bei diesem jämmerlichen Befund bleiben. Ich möchte jetzt ganz populistisch argumentieren und das Selbstbild der Epoche wie einen Handschuh umstülpen. Dafür ist keine wilde Spekulation nötig, es reicht, mit Menschen um sich herum zu reden. »Die im Dunkeln« sind keineswegs nur Versager, Inkompetente und Verlierer. Jeder kennt etliche andere Fälle: Frauen und Männer, die sich einmal geweigert haben, die Bahn weiterzulaufen, die ihnen offenstand. Menschen, die auf die Dinge verzichten, die als statusstiftend gelten: Karriere, hohes Einkommen, Ruhm, Macht. Sie hätten die nötigen Kompetenzen und die Ausbildung, um aufsteigen zu können, bleiben lieber auf einer niedrigeren Stufe der sozialen Leiter. Eingeladen, sich an den besser gedeckten Tisch zu setzen, antworten sie ähnlich höflich wie Melvilles Bartleby: »I would prefer not to.« Die Gründe dafür mögen ganz unterschiedlich sein. Eine möchte Zeit für die Familie behalten, eine andere für ihre brotlose Kunst. Einer will nicht in eine fremde Stadt umziehen, die andere will ihre moralische Integrität vor Kungelei und Korruption schützen. Oder die angebotene Position ist ganz einfach inhaltlich weniger befriedigend als die Aufgabe, die man trotz schlechterer Bezahlung gerne macht. Es sind also ganz unspektakuläre Mikroentscheidungen. Meistens bleibt diese Wahl völlig unbemerkt, weil sie aus persönlichen Gründen getroffen wurde. Diese Menschen wollen nicht etwas verändern, ganz im Gegenteil: Sie wollen sich vor unerwünschten Veränderungen in ihrer Biografie hüten. Davon geht die bestehende Ordnung nicht unter. Keiner wird gezwungen, erfolgreich zu werden. Es finden sich immer andere, um die ausgeschlagene Stelle zu besetzen. Darunter übrigens auch viele, die ebenfalls lieber in ihrer bisherigen Funktion geblieben wären, doch aus Angst um die Zukunft Chefs wider Willen werden, um dann insgeheim den unerfüllten Wünschen und Prinzipien ihrer Jugend nachzutrauern. So unscheinbar jede individuelle Entscheidung ist, zusammengenommen ergeben sie jedoch eine gesamtgesellschaftlich relevante Masse.

Angeblich unterscheidet sich die chinesische Denkweise von der westlichen unter anderem dadurch, dass die Europäer in einem Gefäß einen Gegenstand sehen, die Chinesen hingegen den leeren Innenraum, der von dem Gefäß eingegrenzt ist. Sinngemäß können wir die soziale Pyramide chinesisch als hohlen Raum betrachten. Das könnte der Gegenstand einer negativen Soziologie sein, welche anstatt der ausgeführten Handlungen und besetzten Positionen die unterlassenen Handlungen und abgewiesenen Positionen erforschte. Natürlich ist für das meritokratische Denken die Weigerung emporzukommen, Ausdruck eines *Mangels* – an Ambition, Durchsetzungsfähigkeit oder Realitätssinn. Aus der Sicht der betroffenen Personen ist jedoch ein solches Urteil eine moralische Verkehrung; wenn ihnen etwas fehlen soll, dann Selbstverleugnung, Rücksichtlosigkeit und Resignation. Auf die Gretchenfrage »Wie hältst du's mit dem Kapitalismus?« gibt es eine einfache Antwort: Die allermeisten Menschen sind einfach nicht dafür geschaffen. Sie haben auf Konkurrenzkämpfe keine Lust. Sind nicht gut im Kaufen und Verkaufen. Haben anderes im Kopf als das ewige Streben nach Optimierung und Gewinnmaximierung.

Seien wir noch einen Tick populistischer. Wenn Menschen sich aufgrund persönlicher Wertvorstellungen weigern, Kunden zu betrügen, eine schädliche Technik zu entwickeln, konformistische Plattitüden zu verbreiten, ihr Ego exhibitionistisch vorzuführen oder auf den Kopf der Kollegen zu treten, aus welchem Grund tun das dann die anderen? Könnte man nicht daraus schließen, dass Karrieristen, Opportunisten, Machtmenschen und Gewinnstrebern jeder Couleur gewisse Dispositionen *fehlen*, die sonstige Menschen davon abhalten emporzukommen? Verbirgt sich nicht etwa hinter »Durchsetzungsvermögen« eine verfehlte emotionale Bindung? Ohne Kompetenz und Begabung herunterspielen zu wollen, ist für den Erfolg nicht eher die Summe der kleinen Kompromittierungen, Bestechungen und Selbstverleugnungen ausschlaggebend? Wir reden nicht von Randerscheinungen. Als ich ein paar Jahre lang als Demotivationstrainer tätig war, konnte ich feststellen, wie weitverbreitet der Abstand zum dominanten Erfolgsbild ist. Entgegen der meritokratischen Erzählung einer Auslese der Besseren können wir also die umgekehrte Hypothese aufstellen: Die Crème der Intelligenz schöpft sich selber ab und lässt die Molke nach oben. Oder wie William Butler Yeats in einem berühmten Gedicht schrieb: »Den Besten fehlt jedwede Überzeugung, indes die Schlechtesten erfüllt sind ganz vom Drang der Leidenschaft.«

Wer an der Realität dieses Massenphänomens zweifelt, kann in zahlreichen übereinstimmenden Untersuchungen nachlesen, wie sehr die Bindung zum liberal-kapitalistischen Gebilde geschwunden ist. So kommentiert die *Frankfurter Allgemeine* die Ergebnisse des »Edelman Trust Barometer«, die zum Weltwirtschaftsforum in Davos 2017 vorgestellt wurden:

»Es wird immer schlimmer: Das Vertrauen der Menschen in die politischen und gesellschaftlichen Institutionen erodiert. Politikern, Managern, Nichtregierungsorganisationen und auch den Medien wird immer weniger vertraut. Die Mehrheit der Menschen glaubt inzwischen, dass das aus diesen Säulen gebildete ›System‹ nicht mehr funktioniert. Und die Wirtschaft muss sich vor diesem Hintergrund Sorgen darüber machen, dass ihr nicht in der Zukunft die Lizenz des gesellschaftlichen Konsens entzogen wird, auf deren Basis sie Geschäfte macht.«

Aus diesen Beobachtungen können wir mehrere Schlüsse

ziehen. Erstens hat die weitverbreitete Weigerung emporzukommen und die darauffolgende negative Auslese versteckte und doch maßgebliche Auswirkungen: Ein System, das aus niedrigen Beweggründen bedient wird, kann nur erratischer werden. Zweitens zeigt das in Medien und Kultur dargestellte Selbstportrait der Epoche keinen repräsentativen Querschnitt der zeitgenössischen Mentalitäten. Die Menschen sind generell nicht so narzisstisch, nihilistisch und dümmlich, wie sie auf dem Monitor vorkommen. Schließlich ist es schlicht unmöglich zu wissen, wie viele tatsächlich noch mitmachen. Mehr denn je gilt die weise Maxime des großen Stanislaw Jerzy Lec: »Es ist schwer erkennbar, wer freiwillig mit dem Strom schwimmt.«

Das waren die subjektiven Gründe, die gegen eine Mutation sprechen. Hinzu kommen noch die objektiven. Die Metapher vermittelt den trügerischen Eindruck einer optimierten Adaptation an die Umwelt. Offensichtlich ist das Gegenteil der Fall: Es handelt sich um unkontrollierte, weitgehend unbewusste Reaktionen auf wachsende Instabilitäten und Störungen.

Immer öfter wird Fredric Jamesons Satz zitiert: »Es ist einfacher, sich das Ende der Welt vorzustellen als das Ende des Kapitalismus.« Nur bedeutet dieses Vorstellungsdefizit nicht, dass ein Ende des Kapitalismus unmöglich sei. Eigentlich ist eher eine postkapitalistische Welt das Unvorstellbare. Im Grunde hatte Marx in *Das Kapital* eine sich selbst zerstörende Maschine beschrieben. Zu seiner Zeit war diese Einschätzung weniger exzentrisch, als sie heute ist. Selbst von manchen bürgerlichen Ökonomen sowie Bankiers und Industriellen wurde der Kapitalismus als eine vorübergehende Phase betrachtet. Das auf Instabilität gebaute System mit seinen zyklischen Krisen und nicht immer schöpferischen Zerstörungen würde nicht sehr lange fortdauern können – umso zwingender der Drang, so schnell und so viel wie möglich von ihm zu profitieren, *take the money and run*. Über die Untergangprognose machen sich heutige viele Liberale lustig, hat doch der Kapitalismus seine Resilienz erwiesen. Sie verkennen, dass dieser Fortbestand allein der Existenz einer Gegenkraft zu verdanken war, nämlich der Arbeiterbewegung. Die organisierte Arbeiterschaft erkämpfte die Lohnerhöhungen, die ihnen die Arbeitgeber niemals freiwillig gewährt hätten, mit dem Effekt, einerseits die Nachfrage für neue Produkte zu steigern und neue Märkte zu erschließen, andererseits das Vermögen der Kapitalbesitzer und somit die strukturelle Ungleichheit zu verringern. Das Proletariat hat den Kapitalismus gerettet. Besonders die beinah fatale Krise von 1929 hatte zum vorsichtigen keynesianischen Kompromiss geführt. Nur sind Vorsicht und Erfahrungen nicht von Dauer. Die Phase, die in diesem Buch als »Mutation« beschrieben wurde, war eigentlich der Moment, an dem das Kapital sich auf mehrere Weise von seiner Gegenkraft befreite: durch die direkte Bekämpfung der Widerstände, durch die Atomisierung der Beschäftigten, durch Verlagerungen in Billiglohnländer und nicht zuletzt durch eine massive ideologische Entwaffnung.

Jetzt kommt die dialektische Pointe: Gerade dieser jüngste Sieg des Kapitals über seine Gegner könnte der Anfang seines Ruins sein. Nur sie konnten seine selbstzerstörerischen Tendenzen noch bremsen. Jetzt steht es mit seiner kurzfristig angelegten Gewinnsucht allein auf weiter Flur. Dabei hat das moralische Argument, es sei inhuman, mit Austeritätspolitiken und der Verelendung ganzer Regionen immer mehr Menschen zu opfern, keinerlei Geltung. In dieser Logik findet lediglich ein Argument Gehör: Je weniger Geld die Menschen haben, je vernachlässigter öffentliche Infrastrukturen sind, desto sicherer kollabieren mittelfristig die

Märkte. Ganz offensichtlich sägt der neufeudale Kapitalrentier munter am Ast, auf dem es sitzt. Es sind heute linke Kapitalismusgegner wie Yannis Varoufakis, die nach eigener Aussage den Kapitalismus retten wollen, da ein unkontrollierter Kollaps fürchterliche Konsequenzen für alle hätte. Aus der anderen politischen Ecke behaupten auch nationalliberale Rechte, sie wollten das globale Kapital ins eigene Land zurückholen, um die kaputten Regionen und Landsleute zu versorgen. Nur will das Kapital partout nicht gerettet werden! Im Gegenteil, es verschwendet viel Energie, um alle Rettungsszenarien zu torpedieren! Will einfach weiter! Die selbst inszenierte Kulturkonfrontation ist nur da, um seine Flucht nach vorne zu decken.

Wir können also all die in diesem Buch angesprochenen Erscheinungen als Auswirkungen einer Situation betrachten, die nicht sehr lange währen dürfte. Letztendlich wirkten postmoderne Denker und kulturalistische Linke doch subversiv: Indem sie dazu beitrugen, den Gedanken des sozialen Kampfs auszumerzen, haben sie die Selbstzerstörungsmaschine schön geschmiert. Auch dürften Auswüchse, die ich als Mittelstandsphänomene beschrieb, zusammen mit dem Mittelstand verschwinden – also ziemlich bald. Obwohl Deutschland vermutlich das letzte Land der Welt sein wird, wo das imaginäre Zugehörigkeitskonstrukt Mittelstand überleben wird, wächst auch hier das Gefühl, dass die fetten Jahre vorbei sind. Das Hohelied von Wohlstand und Freiheit hört sich zunehmend wie ein Schwanengesang an.

»Nur der Sozialismus kann den Planeten retten«, erklärt Bill Gates in einem Interview. Der reichste Oligarch der Welt dürfte wissen, wovon er redet. Das private Kapital, sagt er, sei zu selbstzentriert und ineffizient, um die globalen Energieprobleme der Menschheit zu lösen. Damit kommt die noch mächtigere Schranke in unseren Blick, die sich gegen die Anpassung querstellt. Davor muss ich aber doch kurz auf die ursprüngliche Begriffsbildung zurückkommen. Die bisher einzig bekannte anthropologische Mutation vollzog sich im Rahmen der sogenannten Neolithischen Revolution, also der Domestizierung von Pflanzen und Tieren und des Anfangs von Agrikultur und Sesshaftigkeit, die vor circa 11 000 Jahren einsetzte. Zweifelsohne ist es keine Übertreibung, diesbezüglich von einer Mutation zu sprechen. Auf diesen Prozess sind keine geringeren Institutionen zurückzuführen als Arbeit, Eigentum, soziale Hierarchie und vertikale (auf den Himmel gerichtete) Religionen. Der Begriff ist umso treffender, da die zu Zeiten der Entdeckung Amerikas noch nicht mutierten »Wilden« noch radikaler als von Feuerwaffen durch Krankheitskeime domestizierter Tiere dezimiert wurden, die die immun gewordenen Mutanten mitschleppten. Die Ursachen für die Mutation sind umstritten und werden vermutlich nie geklärt werden. Man weiß lediglich, dass die »Revolution« sich über eine sehr lange Periode erstreckte, vermutlich zu langsam dafür, dass sie den Menschen überhaupt bewusst werden konnte. Als sie vollendet war, ertönte zum ersten Mal die Klage »Früher war alles besser«, wie sie in Erzählungen vom irdischen Paradies und vom Goldenen Zeitalter überliefert worden ist. Noch heute schwärmen »Primitivisten« von einer Rückkehr zum Urzustand, wobei an ihre ersehnte Wiederherstellung der Idylle ohne die vorangehende Vernichtung von gut sechs Milliarden Zeitgenossen nicht zu denken ist.

Als der marxistische Archäologe Vere Gordon Childe den Begriff »Neolithische Revolution« prägte, war seine Absicht evident: Mit dieser rückwirkenden Analogie konnte die industrielle Revolution zu einer weiteren, notwendigen Stufe des linearen Fortschritts auf dem Weg zur Endstation Kommunismus erklärt werden. Der Vergleich wurde lange

Zeit dafür kritisiert, dass er einer Naturalisierung des Kapitalismus gleichkam. Heute wird jedoch ein anderer Blick auf die Geschichte geworfen. Denn wir wissen jetzt, dass zusammen mit der industriellen Revolution ein Wandel eingesetzt hat, dessen Konsequenzen die der Neolithischen bei Weitem übersteigen. Von dieser Zeit an sind Erdbevölkerung und Ressourcenverbrauch exponentiell gestiegen, zunehmend ist der Mensch zum entscheidenden geologischen Faktor auf dem Planeten geworden, kurzum, es bricht das Anthropozän an. In dieser Hinsicht stecken wir also tatsächlich mitten in der größten Mutation, die der Menschheit jemals widerfahren ist. Nur betrifft diese nicht allein *Anthropos*, sondern zugleich Fauna, Flora, Meere, Eiskappen, Böden und Luft. Sie ist keine Anpassung des Menschen an die Umwelt, sondern die unerwünschte Folge des gescheiterten Versuchs, die Umwelt an den Menschen anzupassen. Vielmehr scheinen wir an die Grenzen der Anpassungsfähigkeit zu stoßen. Wenn Temperaturen rasch ansteigen und Trinkwasser knapp wird, ist es für eine weitere Mutation zu spät. Insofern sollte man eher vom Misanthropozän reden.

Mit dem jetzigen Zustand der Kultur hat diese Lage insofern etwas zu tun, als sie einer bereits langen Folge von Kränkungen eine neue hinzufügt. Eine erste Ahnung davon findet sich in Nietzsches *Genealogie der Moral*: »Seit Kopernikus scheint der Mensch auf eine schiefe Ebene geraten – er rollt immer schneller nunmehr aus dem Mittelpunkt weg«. Die erste Kränkung – wir stehen nicht im Zentrum des Universums – war noch zu verkraften. Vermutlich brachte sie niemand um den Schlaf. Die zweite, die Nietzsche ausmachte, hatte bereits erheblichere Konsequenzen: Mit Darwin ist der Mensch »Tier geworden, Tier, ohne Gleichnis, Abzug oder Vorbehalt«. Wir merken, wie virulent diese

Schmach heute ist. Unsere Beziehung zu Tieren ist problematisch geworden, was sowohl in der Frage von Tierrechten und Fleischverzehr zum Ausdruck kommt als auch in der Beschwörung von *animal instincts*, um den nie totzukriegenden Kapitalismus zu erklären. Daran anknüpfend fügte Freud eine dritte Kränkung hinzu: »Das Ich ist nicht Herr im eigenen Haus«. Jetzt war die Vorstellung dahin, die Welt mittels Vernunft umgestalten zu können. Obwohl sie sich davor hüteten, sich auf Freud zu beziehen, zogen Poststrukturalisten und Neoliberale aus seiner Erkenntnis ihre eigenen Schlussfolgerungen. Doch war die Serie längst nicht zu Ende. Mit der »prometheischen Scham« offenbarte Günther Anders einen weiteren Affront: Der Mensch ist seinen eigenen Maschinen nicht gewachsen. Für Computer und Roboter scheint die Welt ein geeigneterer Platz zu sein als für uns Überflüssige. Kurz darauf kam auch noch das ökologische Bewusstsein, unsere Lebensweise würde die Natur nicht lange tolerieren – da rückten wir noch ein Stück weiter weg vom Mittelpunkt.

All diese Demütigungen sind aber nichts im Vergleich zu der Erkenntnis, die bereits seit einiger Zeit Allgemeinwissen ist und auch alle vorangegangenen Kränkungen enthält, nämlich das Wissen von der Endlichkeit der Menschenspezies – nicht in unvorstellbaren Giga-Jahren, sondern womöglich in absehbarer Zeit. Immer wieder kursiert über soziale Netzwerke ein bereits alter Bericht der NASA, in dem Forscher, nachdem sie alle möglichen Modelle durchgespielt hatten, auf das ernüchternde Ergebnis kamen: Die Menschheit ist am Ende. Das Zusammenspiel von Klimawandel, Ressourcenverbrauch, Bevölkerungswachstum und wachsender Ungleichheit lasse keine andere Option zu als den finalen Kollaps. Die Vorstellung wurde auch rabiater artikuliert, etwa von Claude Levi-Strauss kurz vor seinem Tod: »Wir sind wie die Käfer in einem Mehlsack, die sich selbst vergiften, noch ehe die Nahrung fehlt«. Nun, jetzt sind wir alle gewarnt, und dem ist nicht viel hinzuzufügen. Allerdings löst die Nachricht keine Massenpanik aus, jeder hat andere Alltagssorgen als den Weltuntergang.

Es fragt sich jedoch, ob dieses Wissen nicht alle zeitgenössischen Ideen und Handlungen unterschwellig belastet. Selbst wenn man selten daran denkt, bleibt es doch permanent im Hinterkopf. Der Zeithorizont der menschlichen Erwartung wird von einer unbestimmten Frist eingegrenzt. Im Übrigen ist die Frage irrelevant, ob das Endspiel wirklich und nachweislich in einer der kommenden Saisons stattfindet oder erst später. Sei es in hundert (wie von Stephen Hawking behauptet) oder sei es in hunderttausend Jahren, derjenige, der das Licht ausmacht, wird ohnehin keinen wissenschaftlich gesicherten Beweis dafür erhalten, dass er tatsächlich der letzte Mensch war. Wichtiger ist, dass die Vorahnung jetzt im Raum steht. Ausgehend davon wird bereits viel Geld in sinnlose Unternehmungen wie die Suche nach Exoplaneten, die künstliche Abkühlung der Stratosphäre oder die transhumanistische Fusion mit der Maschine gesteckt. Auf internationalen Konferenzen wird endlos um Maßnahmen gefeilscht, damit die Frist um ein paar Sekunden verlängert wird. An die technisch gestützte Erlösung oder die weise Steuerung durch eine Weltregierung kann niemand ernsthaft glauben. Doch um panisch-apokalyptischen Regungen vorzubeugen, wird weiterhin eine Kontrollillusion gehegt. Allein Kapital und Staat seien imstande, das Übel zu beseitigen, das sie selbst verursacht haben. Auch hat die kulturelle Aufarbeitung des Anthropozäns etwas von ästhetischer Anästhesie. Man glaubt, die Katastrophe im Griff zu haben, indem man sie beschreibt.

Aber das sind bloß Epiphänomene. Wichtiger ist die allgemeine Skepsis, mit der sich die Visionen einer besseren Zukunft konfrontiert sehen. Nicht, dass diese unerwünscht seien oder für unrealisierbar gehalten würden, im Gegenteil, sie werden wohlwollend aufgenommen. Doch steht immer die unausgesprochene Frage im Raum: Haben wir noch Zeit dafür? Wie Boris Groys meint: »Der Weg der Solidarität scheint ein langsamer zu sein, der Weg der Konkurrenz ein schneller. Bis man mit dem Gegenüber zur Verständigung komme, bis ich eine neue Ordnung finde, bis ich das alles umstrukturiert habe, da bin ich längst gestorben. [...] Wir rechnen nur mit der Dauer unseres eigenen Lebens. Das christliche Projekt war dauerhaft, das sozialistische auch. Was uns heute bleibt, ist die Konkurrenz.«

Womöglich sind all die Erscheinungen, die in diesem Buch beschrieben wurden, Konsequenzen dieser letzten Kränkung oder Strategien, sich damit zu arrangieren. Sie hätten also doch einen gemeinsamen Ursprung, doch läge dieser in der Zukunft, besser gesagt, in der Vorstellung einer abwesenden Zukunft. Bevorzugt wird dann der schnelle, kurze Kick. Der Rückzug ins Familiäre. Die Flucht in Fiktionen. Die Anziehung des Monströsen. Das Zombiehafte. Das Nicht-wissen-Wollen. Solange es noch geht.

Unzweifelhaft ist zumindest das von Nietzsche angekündigte Wegrollen aus dem Mittelpunkt. Wie oft wurde nicht die anthropozentrische Perspektive der westlichen Kultur angeprangert? Doch wird sie umgekehrt zunehmend von einem Anthropoperipherismus gekennzeichnet. Seitdem die Strukturalisten den Tod des Subjekts ausriefen, ging die Selbstverkleinerung rasant weiter. Jetzt ist das Subjekt völlig weg vom Fenster. Ein Endpunkt wurde mit Alan Weismans Buch *Die Welt ohne uns* erreicht, in dem akribisch eine künftige, menschenleere Erde beschrieben wird – wobei das

Deprimierendste an seiner Schilderung sicherlich das ewige Fortbestehen einer einzigen Spur menschlicher Existenz ist: In Jahrmilliarden, wenn selbst die Sonne erloschen ist, breiten sich die Fernsehwellen weiterhin im All aus. DSDS und Markus Lanz *forever*, wenn das kein Gräuel ist!

Vielleicht war diese ins Extrem getriebene Selbstverneinung des Menschen nötig, damit eine Bewegung in die Gegenrichtung einsetzt und der Mensch wieder in den Mittelpunkt gestellt wird. Nicht der abstrakte Mensch der Humanisten, auch nicht die narzisstische Monade, sondern das soziale Wesen, das mit seiner strapazierten Umwelt endlich versöhnt wäre und in den anderen nicht die Grenze, sondern die Bedingung seiner Freiheit sähe. Anstelle der depressiven Ungeduld und der halbherzig erzählten Zukunftsmärchen tritt jetzt vielleicht eine Philosophie zutage, die dem Verschluss der Zukunft Rechnung trägt, um der Gegenwart das Beste zu entnehmen.

Dies mag jetzt die zentrale Frage sein: Wie ist es möglich, das Streben nach dem Glück nicht aufzugeben, wohl wissend, dass die Welt bald unbewohnbar zu werden droht? Gewissermaßen ginge es darum, den existenziellen inneren Wandel, den Menschen im Laufe einer unheilbaren Krankheit durchmachen, auf das Kollektiv zu übertragen. Plötzlich erscheinen ihnen die Dinge lächerlich, die sie am Vorabend noch für unbedingt nötig hielten. Sie sind nicht mehr bereit, gegenwärtige Zwänge zu dulden. Konzentrieren sich auf das wirklich Lebenswerte. Aktualisieren die Weisheit der Stoiker: »Wir haben nicht wenig Zeit, nur vertan haben wir viel davon.« Keine Hoffnung auf künftige Erlösung ist nötig, um sich von der zeitgenössischen Depression lösen zu wollen. Als Motivation für die wiederzuerlangende Souveränität reicht das Bewusstsein der absoluten Endlichkeit vollkommen aus. »Wir sind die Zeiten: Wie wir sind, so sind auch die Zeiten« – so rief Augustinus seinen Mitbürger im zusammenbrechenden römischen Imperium zu, als diese über die »schlechten Zeiten« jammerten. Eine moderne Entsprechung dieses Gedankens findet sich bei Heiner Müller. In einem seiner späten Interviews kommentierte er eine Stelle, die er bei Nietzsche gefunden zu haben meinte – allerdings in einer sehr eigenwilligen Art und Weise:

»Jeder vernünftige Mensch weiß, daß dieses Universum eines Tages aufhört zu existieren – durch Implosion oder Entropie oder was auch immer –, und die einzige Frage, die sich stellt, ist, ob die Erde zu Sand wird oder in Rauch und Feuer aufgeht. Das ist die Entscheidung, die die Menschheit zu treffen hat: Feuer oder Staub. Und daran knüpft Nietzsche an mit der Frage, ob dieser Untergang als allgemeines Gejammer stattfinden wird oder ob es der Menschheit gelingt, sich vorher zu einer rauschenden Festgemeinschaft zu vereinigen, also ein Gattungsbewußtsein zu entwickeln und aus dem Untergang ein Fest zu machen.«

Am Ende der langen Nacht, das heißt immerfort, steht keine schicksalhafte Metamorphose, sondern diese Alternative: Feuer oder Staub. Möge sich die erste Verwandlung bewahrheiten. Es ist nicht zu früh, um sich darauf einzustellen. Wie auch immer: In einer Million Jahren werden wir darüber lachen.

Literatur

Kapitel 1: Mutantengedanken

»Tatsächlich wurde diese Übung bereits unternommen«:
- Alessandro Baricco, *I barbari. Saggio sulla mutazione*, Mailand 2006.

»Wie Philip Mirowski überzeugend feststellt«:
- Philip Mirowski, *Untote leben länger. Warum der Neoliberalismus nach der Krise noch stärker ist*, Berlin 2015.

»Der Umwandlung der Subjektivität und ihren bahnbrechenden Resultaten haben sich bereits viele Untersuchungen gewidmet«:
- Ulrich Bröckling, *Das unternehmerische selbst. Soziologie einer Subjektivierungsform*, Frankfurt a. M. 2007.
- Richard Sennett, *Der flexible Mensch. Die Kultur des neuen Kapitalismus*, Berlin 1998.
- Luc Boltanski und Ève Chiapello, *Der neue Geist des Kapitalismus*, Konstanz 2003.

Kapitel 2: Der unüberschreitbare Horizont

»... wenn wir auf Karl Mannheims Typologie des ›utopischen Bewusstseins‹ zurückschauen«:
- Karl Mannheim, *Ideologie und Utopie*, Frankfurt a. M. 1995.

»Ein ›Schwarzbuch des Liberalismus‹ würde keinen schmalen Band ergeben«:
- Domenico Losurdo, *Freiheit als Privileg. Eine Gegengeschichte des Liberalismus*, Köln 2011.

»Unter den vielen Definitionen der Doktrin ist die von Ludwig von Mises die knappste«:
- Ludwig von Mises, *Liberalismus*, Sankt Augustin 2006.

Dazu ein lesenswerter Text aus dem Jahr 1934:
- Herbert Marcuse, »Der Kampf gegen den Liberalismus in der totalitären Staatsauffassung«, in: *Kultur und Gesellschaft I*, Frankfurt a. M. 1970.

»Zumindest können wir mit Jean-Claude Michéa diese kleine Frage einwerfen«:
- Jean Claude Michéa, *Das Reich des kleineren Übels. Über die liberale Gesellschaft*, Berlin 2014.

»*Liberté* und *égalité*, schrieb damals der Philosoph Pierre Leroux …«:
- Bruno Viard (Hg.), *Anthologie de Pierre Leroux. Inventeur du socialisme*, Lormont 2007.

»Noch konnte der großartige Anarchist Rudolf Rocker, von der totalitären Erfahrung geprägt, die Hoffnung hegen«:
- Hartmut Rübner, »›Eine unvollkommene Demokratie ist besser als eine vollkommene Despotie‹« – R. Rockers Wandlung von kommunistischen Anarchisten zum libertären Revisionisten, in: *Archiv für die Geschichte des Widerstands und der Arbeit* Nr. 15 (1998).

»Judith Shklar hat festgestellt, dass der Liberalismus schon immer ein negatives Programm war«:
- Judith N. Shklar, *Der Liberalismus der Furcht*, Berlin 2013.

Kapitel 3: Konfusionismen

Für dieses Kapitel bin ich diesen beiden Büchern viele Anregungen schuldig:
- Renaud Garcia, *Le désert de la critique, déconstruction et politique*, Paris 2015.
- David Detmer, *Challenging postmodernism: philosophy and the politics of truth*, Toronto. 2003

»Analyse und Kritik wichen dem neuen Modus Operandi der Dekonstruktion«:
- Ian Hacking, *The social construction of what?*, Cambridge 2000; gekürzte dt. Fassung: *Was heißt soziale Konstruktion? Zur Konjunktur einer Kampfvokabel in den Wissenschaften*, Frankfurt a. M. 1999.

»Angefangen eben mit dem Evergreen: ›Es gibt keine Natur, sondern nur fiktive Erzählungen darüber‹«:
- Steven Pinker, *Das unbeschriebene Blatt. Die moderne Leugnung der menschlichen Natur*, Berlin 2003.

»… eine Haltung …, die der brasilianische Philosoph José Guilherme Merquior treffend ›Kathedernihilismus‹ nannte«:
- José Guilherme Merquior, *Foucault*, Berkeley 1987.

Ebenfalls zur überfälligen Foucault-Kritik:
- Daniel Zamora (Hg.), *Critiquer Foucault. Michel Foucault, Les Années 1980 et le Néolibéralisme*, Brüssel 2014.
- Selbstverständlich liegt keine deutsche Übersetzung dieses Buches vor.

»Am besten beschrieben wurde *pomo-Politik von Thomas Frank«:
- Thomas Frank, »Wie die Theorie auf die Praxis traf. Über das Scheitern von Occupy-Wall-Street«, in: *Le Monde diplomatique* vom 8. Februar 2013.

Schließlich eine Kritik an queerem Aktivismus aus dem Inneren des Milieus:
- Patsy l'Amour laLove (Hg.), *Beißreflexe. Kritik an queerem Aktivismus, autoritären Sehnsüchten, Sprechverboten*, Berlin 2017.

Kapitel 4: Strandgut

»Ihm rennt eine eifrige Kameracrew hinterher«:
- Paolo Brunetto, *Pasolini e … la forma della città* (1974); dieser Film ist online verfügbar unter {www.youtube.com/watch?v=btJ-EoJxwr4}, zuletzt abgerufen am 11.09.2017.

»Andererseits macht er sich in mehreren Aufsätzen daran, die überraschende Zeitenwende nachträglich zu begreifen«:

- Pier Paolo Pasolini, *Freibeuterschriften. Die Zerstörung der Kultur des Einzelnen durch die Konsumgesellschaft*, Berlin 1978.
- Ders., *Lutherbriefe. Aufsätze, Kritiken, Polemiken*, Wien 1996.

»Ungefähr zur gleichen Zeit dreht der situationistische Theoretiker Guy Debord seinen Film«:

- Guy Debord, *In girum imus nocte et consumimur igni* (1978); dieser Film ist online verfügbar unter {https://archive.org/details/InGirumImusNocteEtConsumimurIgni}, zuletzt abgerufen am 11.09.2017.

»Seinerzeit hatte der Maler Asger Jorn die Sache auf den Punkt gebracht«:

- Asger Jorn, *Plädoyer für die Form. Entwurf einer Methodologie der Kunst*, Grafrath 2015.

Kapitel 5: Am Pflock des Augenblicks

»Das Opfer ist der Held unserer Zeit«:

- Daniele Giglioli, *Die Opferfalle. Wie die Vergangenheit die Zukunft fesselt*, Berlin 2015.

Kapitel 6: Selfiction

Die erwähnten Artikel zur Ich-Literatur:

- Anne Philippi, »Geliebte Narzisstinnen«, online verfügbar unter {www.zeit.de/kultur/2016-03/narzissmus-roenne-baum-adorjan-anne-philippi-10nach8}, zuletzt abgerufen am 11.09.2017.

Peter Praschl, »Warum mich Romane heute nur noch langweilen«, in: *Die Welt* vom 7. Januar 2017.

Über das Ich im Journalismus:

- Michael Sontheimer, »Im Zeitalter der Selbststilisierung«, in: *die tageszeitung* vom 23. September 2014.

Über das Ich im Theater:
- Frank M. Raddatz, »Das mimetische Dilemma«, in: *Lettre International* 114 (Herbst 2016).

Zur Kritik der Authentizität:
- Wolfgang Engler, »Entfremdung verboten! Authenzität oder Freiheit des Spiels?«, in: *Lettre International* 114 (Herbst 2016).
- Ders., *Authentizität! Von Exzentrikern, Dealern und Spielverderbern*, Berlin 2017.

Kapitel 7: When the music's over

»... erleichtert nahm ich eines Tages zur Kenntnis, dass ein englischer Kulturtheoretiker ausgerechnet von der Feststellung, dass in der Musik nichts Neues mehr geschehe, ausgegangen war«:
- Mark Fisher, *Kapitalistischer Realismus ohne Alternative?* Hamburg 2013.
- Ders., *Gespenster meines Lebens. Depression, Hauntology und die verlorene Zukunft*, Berlin 2015.
- Sowie im Interview: »Wir erwarten nichts anderes als Retro«, in: *Die Zeit* vom 3. März 2014.

Kapitel 8: Die Welt als Hotel

»Sardar ist konsequent, wenn er sowohl die islamfundamentalistischen Verunstaltungen verwirft als auch die postmodernistischen«:
- Ziauddin Sardar, »The destruction of Mecca, in: *The New York Times* vom 30. September 2014.
- Ders., *Mecca. The Sacred City*, London 2014.
- Ders., *Postmodernism and the Other. New Imperialism of Western Culture*, London 1997.

»Wie dort die Mutation aussieht, hat der französische Hofintellektuelle Jacques Attali eindrucksvoll dargestellt«:
- Jacques Attali, »Penser la France«, online verfügbar unter {www.attali.com/societe/penser-la-france}, zuletzt abgerufen am 11.09.2017.

»Der Ethnologe Arjun Appadurai schlägt eine ganz andere Definition des Begriffes vor«:

- Arjun Appadurai, »Cosmopolitan from Below. Some Ethical Lessons from the Slums of Mumbai«, in: ders., *The Future as Cultural Fact. Essays on the Global Condition*, New York 2013.

»Den exakten Gegensatz zum immobilen ›Kosmopolitismus von unten‹ hat der Soziologe Alain Tarrius erforscht …«:

- Alain Tarrius, *La Mondialisation par le bas. Les Nouveaux Nomades de l'économie souterraine*, Paris 2002.

Kapitel 9: Weder Volk noch Raum

Zur Geburt des demokratischen Missverständnisses:

- E. J. Sieyes, *Quelques idées de constitution applicables à la ville de Paris en juillet 1789*, Paris 1789 (von mir übersetzt).

»Im Jahr 1958 schreibt der britische Soziologe Michael Young einen satirisch-dystopischen Essay:

- Michael Young, *Es lebe die Ungleichheit. Auf dem Wege zur Meritokratie*, Düsseldorf 1961.

»Kurz vor seinem Tod veröffentlichte Young … eine Widerrede«:

- Michael Young, »Down with meritocracy!«, in: *The Guardian* vom 29. Juni 2001.

»Der Soziologe Charles Wright Mills nannte diese: ›Positionseffekt‹«:

- Charles Wright Mills, *Die amerikanische Elite: Gesellschaft und Macht in den Vereinigten Staaten*, Hamburg 1962.

»Drei Jahre vor Ausbruch der Krise hatte ich … einen Artikel veröffentlicht«:

- Guillaume Paoli, »Entlasst die Experten«, in: *Frankfurter Allgemeine Zeitung* vom 19. April 2005.

»Der Erkenntnistheoretiker Paul Feyerabend hat den Lösungsansatz auf den Punkt gebracht«:
- Paul Feyerabend, »Kleines Gespräch über große Worte«, in: ders., *Erkenntnis für freie Menschen*, Frankfurt a. M. 1980.

Kapitel 10: Schreckgespenster

»... es hätte zu den wichtigsten kritischen Werken des 20. Jahrhunderts gezählt, wäre es nur vollendet worden«:
- Carl Einstein, *Die Fabrikation der Fiktionen, eine Verteidigung des Wirklichen*, Hamburg 1973.

»Kurz nach der Trump-Wahl stellte der Soziologe Andreas Reckwitz in einem viel beachteten Aufsatz einen Widerstreit zweier ›Kulturalisierungsregimes‹ fest«:
- Andreas Reckwitz, »Zwischen Hyperkultur und Kulturessenzialismus«, online verfügbar unter {https://soziopolis.de/beobachten/kultur/artikel/zwischen-hyperkultur-und-kulturessenzialismus}, zuletzt abgerufen am 11.09.2017.

»... wenn der Publizist Michael Seemann von einer ›kulturellen Gentrifizierung‹ schrieb«:
- Michael Seemann, »Die globale Klasse. Eine andere Welt ist möglich – aber als Drohung«, in: *Der Tagesspiegel* vom 25. Oktober 2016.

»Auf der Suche nach stichhaltigen Erklärungen fürchteten sich einige Feuilletonisten nicht, ins Philosophische zu driften«.
- Andreas Rosenfelder, »Warum wir die Welt nicht mehr verstehen«, in: *Die Welt* vom 10. November 2016.
- Felix Stephan, »Donald Trump. Mit den Waffen seiner Gegner«, online verfügbar unter {www.zeit.de/kultur/2016-11/donald-trump-praesident-usa-minderheiten-liberalitaet}, zuletzt abgerufen am 12.09.2017.

Nils Minkmar, »Der Avatar«, in: *Der Spiegel* 46/2016.

»Auf die Politik müssen wir unsere Aufmerksamkeit wie auf einen tollwütigen Hund richten«:

- Simon Leys, *Orwell ou l'horreur de la politique*, Paris 1984 (von mir übersetzt).

Kapitel 11: Dissensfindung

»Es wird immer schlimmer: Das Vertrauen der Menschen in die politischen und gesellschaftlichen Institutionen erodiert«:

- Carsten Knop, »Die Menschen trauen den Eliten nicht mehr«, in: *Frankfurter Allgemeine Zeitung* vom 17. Januar 2017.

»Seit Kopernikus scheint der Mensch auf eine schiefe Ebene geraten«:

- Friedrich Nietzsche, *Zur Genealogie der Moral*, III, 25.

»Wir rechnen nur mit der Dauer unseres eigenen Lebens«:

- Lukas Hermsmeier, »In zwanzig Jahren kommt die Linke wieder«, Interview mit Boris Groys, in: *Die Welt* vom 18. Mai 2017.

»Das ist die Entscheidung, die die Menschheit zu treffen hat: Feuer oder Staub«:

- Heiner Müller, *Zur Lage der Nation*, Berlin 1990.

Offenbar ist die von Müller kommentierte Stelle:

- Friedrich Nietzsche, »Die neue Leidenschaft«, in: ders., *Morgenröte*, 4, 429.

Erste Auflage Berlin 2017

MSB Matthes & Seitz Berlin Verlagsgesellschaft mbH
Göhrener Str. 7 | 10437 Berlin
info@matthes-seitz-berlin.de

Einbandgestaltung: Dirk Lebahn, Berlin
Satz: psb, Berlin
Druck und Bindung: Pustet, Regensburg
Printed in Germany
ISBN 978-3-95757-474-9
www.matthes-seitz-berlin.de

Patrick Eiden-Offe

Die Poesie der Klasse

Romantischer Antikapitalismus und
die Erfindung des Proletariats

460 Seiten, gebunden mit Schutzumschlag

Mit der Durchsetzung des Kapitalismus und der Industrialisierung entsteht im frühen 19. Jahrhundert aus verarmten Handwerkern, städtischem Pöbel, umherziehenden ländlichen Unterschichten, bankrotten Adligen und nicht zuletzt freigesetzten prekären Intellektuellen jenes neue soziale Kollektiv, das man in der Sprache der Zeit bald das Proletariat nennen wird. Allerdings existierte dieses zunächst noch nicht als formierte, homogene Klasse mit angeschlossenen politischen Parteien, die den Weg in die bessere Zukunft vorgeben. Die buntscheckige Erscheinung, die Träume und Sehnsüchte dieser allen ständischen Sicherheiten entrissenen Gestalten fanden neue Formen des Erzählens in romantischen Novellen, Reportagen, sozialstatistischen Untersuchungen, Monatsbulletins. Doch schon bald wurden sie – ungeordnet, gewaltvoll, nostalgisch, irrlichternd und utopisch, wie sie waren – von den Vordenkern der Arbeiterbewegung als reaktionär und anarchisch verunglimpft, weil sie nicht in die große lineare Fortschrittsvision passen wollten. In seiner bahnbrechenden Studie verhilft Patrick Eiden-Offe dem lange verdrängten romantischen Antikapitalismus zu seinem Recht und befreit die Sozial- und Literaturgeschichte des 19. Jahrhunderts aus ihren eindimensionalen Sichtachsen. Dabei wird nicht zuletzt deutlich, dass die historische, poetisch besungene unordentliche Klasse den heutigen Figuren von Prekarität nach dem Ende der alten Arbeitsgesellschaft verblüffend ähnlich ist.

»Patrick Eiden Offes originelles Buch stellt überzeugend dar, wie der deutschen Arbeiterbewegung die Poesie ausgetrieben wurde. [...] Selten ist eine Forschungslücke mit so viel Esprit geschlossen worden.«
Judith Leister, *Südwestrundfunk*

Matthes & Seitz Berlin

Jean-Claude Michéa

Das Reich des kleineren Übels

Über die liberale Gesellschaft

Aus dem Französischen von Nicola Denis
192 Seiten, gebunden mit Schutzumschlag

Mit seinem Essay »über die liberale Gesellschaft« avancierte Jean-Claude Michéa in kurzer Zeit zu einem der meistdiskutierten politischen Philosophen Frankreichs. In seiner ebenso scharfsinnigen wie spitzzüngigen theoriegeschichtlichen Untersuchung des Liberalismus zeigt Michéa, dass sich der kulturelle Liberalismus freier individueller Entfaltung, der heute zum Grundinventar linker Positionen gehört, nicht vom Wirtschaftsliberalismus des freien Marktes trennen lässt und immer auf ihn zurückfällt.
Gegen die linke Illusion, beide Spielarten des Liberalismus gegeneinander ausspielen zu können, plädiert Michéa für eine Befreiung des Moralischen aus der Sphäre des Privaten und für allgemein verbindliche positive Werte. Nur so gelingt der Auszug aus dem »Reich des kleineren Übels« des Liberalismus.
Eine radikale Intervention, die das politische Selbstverständnis von links und rechts grundlegend infrage stellt und herausfordert.

»Jean-Claude Michéa ist ein großer Wurf gelungen ... Michéa ist eher ein Geheimtipp. Das dürfte sich mit diesem Buch ändern.«
Hannah Bethke, *Frankfurter Allgemeine Zeitung*